教育部高等学校统计学类专业
教学指导委员会推荐用书

U0853650

21世纪统计学系列教材

市场调查方法与技术

（第4版）

简　明　金勇进　蒋　妍　王维敏　编著

Market Research
(Fourth Edition)

中国人民大学出版社
·北京·

总序

Preface

改革开放以来，高等统计教育有了很大的发展。随着课程设置的不断调整，有不少教材出版，同时也翻译引进了一些国外优秀教材。作为培养我国统计专门人才的摇篮，中国人民大学统计学系自1952年创建以来，走过了风风雨雨，一直坚持着理论与应用相结合的办学方向，培养能够理论联系实际、解决实际问题的高层次人才。随着新知识经济和网络时代的到来，我们在教学科研的实践中深切地感受到，无论是自然科学领域、社会科学领域的研究，还是国家宏观管理和企业生产经营管理，甚至在人们的日常生活中，信息需求量日益增多，信息处理技术更加复杂，作为信息技术支柱的统计方法，越来越广泛地应用于各个领域。

面对新的形势，我们一直在思索，课程设置、教材选择、教学方式等怎样才能使学生适应社会经济发展的客观需要。在反复酝酿、不断尝试的基础上，我们决定与统计学界的同仁共同编写、出版一套面向21世纪的统计学系列教材。

这套教材聘请了中国科学院院士、中国科技大学陈希孺教授，上海财经大学数量经济研究院张尧庭教授，中国科学院数学与系统科学研究所冯士雍研究员等作为编委。他们长期任中国人民大学的兼职教授，一直关心、支持着统计学的学科建设和应用统计的发展。中国人民大学应用统计科学研究中心2000年已成为国家级研究基地，这些专家是首批专职或兼职研究人员。这一开放性研究基地的运作，将有利于提升我国应用统计科学研究的水平，也必将进一步促进高等统计教育的发展。

这套教材是我们奉献给新世纪的，希望它能够为促进应用统计教育水平的提高增添一份力量。这套教材力求体现以下特点：

第一，在教材选择上，主要面向经济类统计学专业。选材既包括统计教材也包括风险管理与精算方面的教材。尽管名为统计学系列教材，但并不求大、求全，而是力求精选。对于目前已有的内容较为成熟、适合教学需要、公认的较好的教材，并未列入本次出版计划。

第二，每部教材的内容和写作注意广泛吸收国内外优秀教材的成果。教材力求简明易懂、内容系统和实用，注重对统计方法思想的阐述，并结合大量实际数据和实例说明统计方法的特点及应用条件。

第三，强调与计算机的结合。为着力提高学生运用统计方法分析和解决问题的能力，教材所涉及的统计计算，要求运用目前已有的统计软件。根据教材内容，选择使用SAS，SPSS，TSP，STATISTICA，EViews，MINITAB，Excel等。

感谢中国人民大学出版社的同志们，他们怀着发展我国应用统计科学的热情和提高统计教育水平的愿望，经过反复论证，使这套教材得以出版。感谢参与教材编写的同行专家、统计学系的教师。愿大家的辛勤劳动能够结出丰硕的果实。我们期待着与统计学界的同仁，共同创造应用统计辉煌的明天。

易丹辉

于中国人民大学

前言

Foreword

目前，在我国经济中，市场在资源配置中日益发挥主导作用，各行各业对市场调查的依赖性不断增强，对市场调查方法与技术的科学性、实用性的要求也越来越高。

有关市场调查的专业书籍已经有许多版本，大体上可以分为两种类型。一种是以介绍市场调查的基本方法为主，将市场调查作为一种工具介绍给读者，读者可以结合自己的领域加以运用；另一种是以企业经营管理中需要通过市场调查处理的主要问题作为主题，介绍市场调查方法和技术如何用于这些方面。前一种类型的书籍很多，后一种类型的书籍却凤毛麟角。

我在多年的教学过程中发现，学生仅通过前一种类型的教材学习市场调查大多不能顺利解决实际问题。市场调查是一门实践性很强的学问，学生要将方法运用于实际还需要专门的训练，市场调查的基本方法如何同企业经营管理现实需要相结合是市场调查课程的重要内容。

我们在参考大量文献的基础上，结合自己的教学、科研、调查项目实践经验，对《市场调查方法与技术》的编写进行了新的尝试，注重市场调查基本方法与运用方式的结合、市场调查理论与调查实务的结合、调查技术与计算机的结合。广大师生多年来对本书的认可是对这些尝试的肯定，同时本书还得到中国人民大学“十三五”规划教材的支持。为了向读者提供更高质量的教材，本书第 4 版对内容和结构都做了较大改动，并且在编写团队中增加了有丰富实践经验的市场调查专业人员——WITOP 创始人王维敏。第 4 版的内容更新主要体现在以下方面：

1. 第 1 章用更为具体的市场调查常见主题替代了宏观角度划分的市场调查内容。

2. 第 4 章由原来全面介绍各种调查方法，调整为专门介绍定量的问卷调查方法，而定性调查方法则另辟一章，在第 11 章专门介绍。

3. 第 5 章调整为调查问卷的设计，第 6 章则介绍调查问卷的测试与评估。

4. 从课时安排考虑对原第 9 章的内容进行了精简，在本版中列为第 10 章。

5. 定性研究在市场调查中具有重要地位，除专门安排第 11 章介绍外，还增加了应用定性方法案例，作为第 12 章。

6. 增加了市场细分案例，作为第 13 章。

7. 完全重写了客户满意度调查案例，作为第 14 章。

8. 增加了客户忠诚度研究案例，作为第 15 章。

此外，本书介绍了在市场调查中最常用的 SPSS，SAS，STATISTICA 等统计分析软件的使用方法。为了教学方便，本书提供了配套的 PPT 课件。各章末都设有小结，对本章内容进行概括，便于教师和学生把握教学重点。同时各章还配有思考题，学生可以通过练习加深认识。在选择思考题时，我们特别注意了新颖性和实用性，部分来自编著者近期参与的真实调查项目。

本书可以作为统计、经济管理和财金等专业学生学习市场调查的教材，也可以作为市场研究人员、营销人员、经营管理人员的工具书。

本书由简明、金勇进、蒋妍、王维敏共同编著。简明编写第1，4，14章，并负责全书最后的总纂，金勇进编写第2，3，7，8，15章，蒋妍编写第5，6，9，10章，王维敏编写第11，12，13章。

特别感谢市场研究协会（CMRA）第一任会长柯惠新教授，她认真审阅了全部书稿并提出了许多宝贵意见。感谢教育部重点研究基地“应用统计科学研究中心”提供的研究条件。感谢中国人民大学出版社王伟娟编辑的支持与帮助。

尽管我们做出了最大努力，期望能奉献给读者一本令人满意的教材，但书中仍会有一些缺陷，欢迎读者和同行提出宝贵意见。

简　明

目录
Contents

第1章 市场调查总论 …… 1
1.1 什么是市场调查 …… 1
1.2 市场调查的作用 …… 2
1.3 市场调查的时机 …… 4
1.4 市场调查的类型 …… 6
1.5 市场调查行业的发展 …… 8
1.6 市场调查行业的道德问题 …… 10
小结 …… 11
思考题 …… 12

第2章 市场调查过程 …… 13
2.1 确定调查问题 …… 13
2.2 设计调查方案 …… 17
2.3 数据的采集 …… 19
2.4 数据的处理与分析 …… 22
2.5 拟写调查报告 …… 24
小结 …… 27
思考题 …… 27

第3章 调查方案设计 …… 28
3.1 概述 …… 28
3.2 调查方案的内容 …… 30
3.3 调查方案的投标 …… 34
小结 …… 39
思考题 …… 39

第4章 问卷调查方法 …… 41
4.1 电话访问调查 …… 41
4.2 面对面访问调查 …… 44
4.3 直递问卷调查 …… 45
4.4 媒体问卷调查 …… 46
4.5 留置问卷调查 …… 47
4.6 问卷调查方法的比较和选择 …… 48
小结 …… 49
思考题 …… 49

第 5 章　调查问卷的设计 …………………… 50
5. 1　概述 …………………… 50
5. 2　问卷设计流程和常见问题 …………………… 53
5. 3　行为问题设计技巧 …………………… 63
5. 4　态度问题设计技巧 …………………… 66
5. 5　自填式问题设计技巧 …………………… 72
小结 …………………… 76
思考题 …………………… 77

第 6 章　调查问卷的测试与评估 …………………… 78
6. 1　前测试问卷评估法 …………………… 78
6. 2　预调查和行为编码法 …………………… 82
6. 3　信度与效度分析 …………………… 84
小结 …………………… 89
思考题 …………………… 90

第 7 章　抽样设计 …………………… 91
7. 1　概述 …………………… 91
7. 2　概率抽样方式 …………………… 94
7. 3　非概率抽样方式 …………………… 99
7. 4　抽样中的误差问题 …………………… 101
7. 5　样本量的确定 …………………… 105
小结 …………………… 108
思考题 …………………… 109

第 8 章　调查的实施 …………………… 110
8. 1　调查前的准备 …………………… 110
8. 2　调查员的培训 …………………… 113
8. 3　现场调查的质量控制 …………………… 118
小结 …………………… 122
思考题 …………………… 122

第 9 章　调查资料的整理 …………………… 123
9. 1　调查问卷的回收及审核 …………………… 123
9. 2　调查资料的编码与录入 …………………… 128
9. 3　调查数据的清洁和预处理 …………………… 136
小结 …………………… 149
思考题 …………………… 149

第 10 章　调查资料的统计分析 …… 150
10.1　概述 …… 150
10.2　描述统计分析 …… 152
10.3　多元统计分析 …… 161
10.4　调查结果的展示 …… 172
小结 …… 180
思考题 …… 181

第 11 章　定性研究 …… 182
11.1　概述 …… 182
11.2　应用领域 …… 183
11.3　研究方法设计 …… 185
11.4　研究执行 …… 192
小结 …… 197
思考题 …… 198

第 12 章　某护肤品牌广告创意测试案例 …… 199
12.1　项目背景和相关研究 …… 199
12.2　广告脚本测试项目设计 …… 200
12.3　项目产出分析 …… 206
12.4　结论与总结 …… 208
思考题 …… 209

第 13 章　某互联网金融理财品牌用户细分案例 …… 210
13.1　综述 …… 210
13.2　项目背景和研究目标 …… 211
13.3　用户细分项目设计 …… 212
13.4　人群描摹与结果应用 …… 221
思考题 …… 223

第 14 章　某省通信公司客户满意度调查案例 …… 224
14.1　确定项目目标 …… 224
14.2　方案设计 …… 225
14.3　数据采集 …… 233
14.4　数据分析与结论 …… 234
思考题 …… 237

第 15 章　某石油集团客户忠诚度研究案例 ········ 238
15.1　项目背景 ································· 238
15.2　忠诚度测量模型构建 ························ 242
15.3　数据采集与处理 ··························· 245
15.4　数据描述 ································· 247
15.5　数据分析 ································· 252
思考题 ······································· 261

参考文献 ·································· 262

第1章 市场调查总论

1.1 什么是市场调查

1.1.1 市场的含义

一般人所说的市场，是指买卖双方聚集在一起进行交换活动的场所，如菜市场、超级市场、小商品市场等。经济学的市场概念则是指一切交换关系的总和，如房地产市场、人力资源市场、资本市场等。市场营销中的市场既不是一般人所说的市场，也不同于经济学的市场，而是指由一切具有特定需求或欲求并且愿意和可能进行交换来使需求和欲求得到满足的潜在顾客所组成的消费者总体。

1.1.2 市场营销体系

从营销的观点来看，卖方构成产业，买方则构成市场。图 1－1 描述了产业和市场的关系，卖方和买方通过四个流程连接起来。卖方把产品、服务以及营销信息（广告、促销）传送到市场；反过来，它们又从市场中收集到货币和市场信息。图 1－1 中内圈表示产品、服务与货币的交换，外圈表示信息的交换。

1.1.3 市场调查的概念

市场调查就是为了满足营销需要而进行的调查活动，市场调查有狭义和广义两种理解。狭义的市场调查仅指对消费者的调查，了解购买、消费等各种事实、动机和偏好。广义的市场调查则是指针对营销过程的每一阶段，对消费者、营销环境、市场运行状态、营销效果等进行调查。

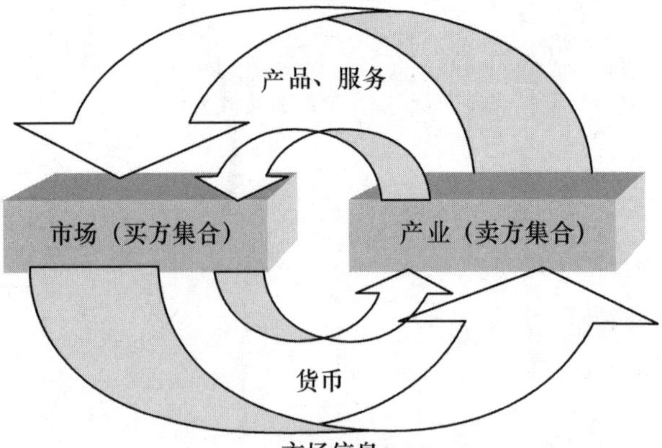

图 1－1　产业和市场的关系图

随着我国市场经济的发展，特别是在加入世界贸易组织后我国经济全面融入世界经济，企业间的竞争进一步加剧，准确、全面的市场和市场环境信息成为企业做出科学决策的基础，决定着企业的兴衰。现代商战呈多元化形态，狭义的市场调查已经不能满足企业的需求，从企业的实战需求来说，倾向于从广义角度理解市场调查，因此本书采用广义市场调查概念。所谓市场调查，就是指运用科学的方法收集、整理、分析产品或服务在从生产者到达消费者的过程中所发生的有关市场营销情况的资料，从而掌握市场的现状及其发展趋势，为企业进行决策提供依据的信息管理活动。

市场调查通过信息把消费者、顾客和公众与商家联系在一起，有利于消费者和商家之间的双向交流。市场调查所得的信息用于：识别和定义市场营销中的机会和问题；制定、改进和评估营销活动；加深对营销过程的理解；加深对能使具体的市场营销活动更为有效的途径的理解。

1.2　市场调查的作用

市场营销的重点在于识别和满足顾客的需求。营销经理为了确定顾客需求，实施以满足顾客需求为目的的营销策略与计划，需要有关顾客、竞争对手以及市场上其他有关方面的信息。

市场调查的任务是判断信息需求，并向管理层提供相关、准确、可靠、有效和及时的信息。

营销经理要对许多最终影响营销成功的因素进行控制，为了做出恰当的决策，管理者应当及时获取制定决策所需的信息。市场调查就是提供这种信息的一个主要渠道。

随着时间的推移以及消费者和企业所处的生存、工作、竞争和制定购买决策的环境的变化，企业必须对营销组合进行调整。市场调查是了解外部环境的一种关键手段。了解外部环境不仅有助于企业改变目前的营销组合，而且有助于识别新的市场机会。

市场调查在营销系统中扮演着两种重要角色。首先，它是市场情报反馈过程的一部分，向决策者提供关于当前营销组合有效性的信息和进行必要变革的线索。其次，它是探索新的市场机会的基本工具。

市场调查有三种功能：描述、诊断和预测。描述功能是指收集并陈述事实。例如，某个行业的历史销售趋势是什么样的？消费者对某产品及其广告的态度如何？诊断功能是指解释信息或活动。例如，改变包装会对销售产生什么影响？最后一种功能是预测功能。例如，企业如何更好地利用持续变化的市场中出现的机会？图 1－2 有助于理解市场调查的作用。

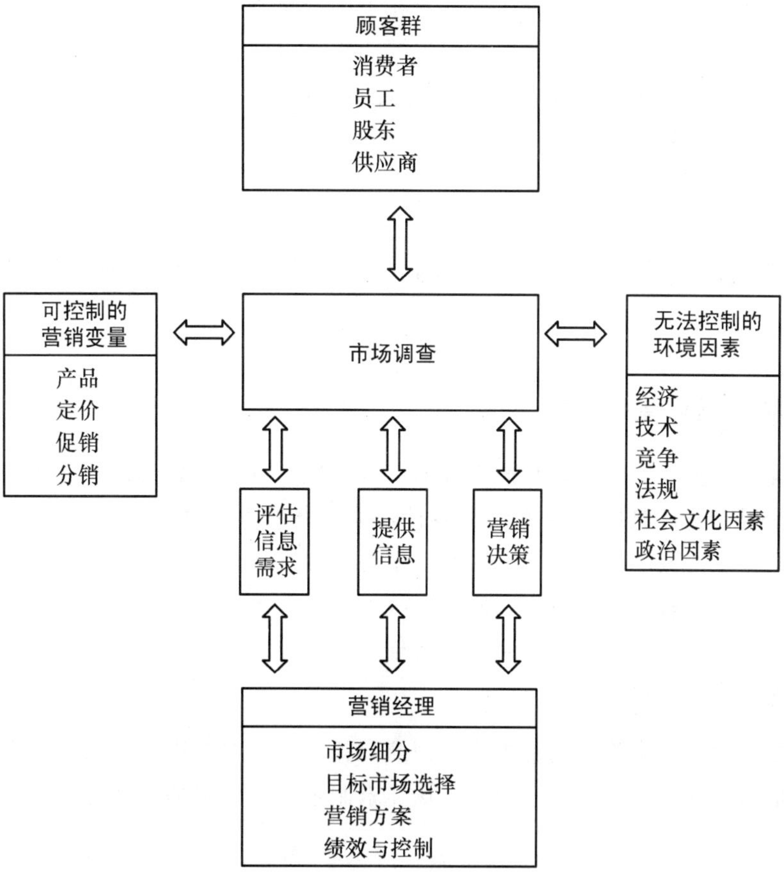

图 1－2　市场调查的作用

市场调查的作用主要有：

第一，通过市场调查，了解市场总的供求情况，据以调整、确定企业的发展方向。

第二，通过市场调查，企业可以进行准确的市场定位并按照消费者的需要组织生产和销售。消费者的需求多种多样，而且会发生变化。企业只有通过市场调查，才能了解和掌握消费者的需求变化情况并进行准确的市场定位，按消费者的需求组织生产和销售。

例如，美国福特汽车公司开办了一个市场调查诊所，对自己的新车型设计进行检验。该所邀请客户在预定的路线上驾驶新汽车，同时派一位受过训练的调查人员坐在驾驶员的旁边，记录驾驶员对汽车的全部反应。驾驶结束后，给每位参与者一份长达6页的调查问卷，询问参与者对汽车各部分优缺点的评价。通过参与者提供的信息，福特汽车公司就可以了解到消费者对其新车型的反应，然后进行适当的改进，使之更受目标消费者的欢迎。

第三，通过市场调查，可以发现市场机会并促使企业开发新产品。企业为了在竞争中处于主动的地位，必须不断地寻找新的经济增长点。随着科学技术的进步，新技术、新工艺不断涌现，新产品不断上市。企业只有通过市场调查，分析产品处在市场生命周期的哪个阶段，并分析市场空缺，才能确定在什么时候开发研制、生产和销售新产品，以满足消费者的需求，把握市场机会，使企业在市场竞争中处于不败之地。

通过市场调查，企业可以充分发挥广告的作用，以促进商品销售。通过市场调查，企业还可以了解到采用哪种广告媒体最适合宣传自己的商品，以便选择一种恰当的广告媒体，达到更好的宣传效果，促进商品的销售。

1.3 市场调查的时机

1.3.1 开展市场调查的时机

做出正确经营决策的前提是掌握充分的市场信息，获取市场信息的方法多种多样，而市场调查是获得市场信息的重要方法。各种获取市场信息的方法具有不同特点和使用前提，采用不同方法的成本也不相同。相对于实验法和观察法来说，以收集第一手信息为主体的市场调查方法具有较高的成本，所以，根据企业营销需求，合理安排市场调查是一项专业性很强的工作，一般来说以下时机可实施市场调查。

1. 决定推出某种产品之前

现在的生产是以需求为导向的生产，因此，任何企业在决定制造某种产品之前，必须对潜在的市场做全面的了解，然后根据市场需求制定有的放矢的生产计划，生产消费者想要的产品。

2. 产品推向市场之后

产品推向市场之后，一般在6个月左右开展评价市场调查，调查的侧重点包括：消费者对产品的认知度、关注度以及产品信息传播效果；进一步的营销网络的扩展方式、营销体系的管理模式；可以使企业觉察到市场的变化，了解消费者对本企业经营的产品品种、数量、质量、价格、规格等方面的具体要求。由此制定产品的经营方法和策略，做到按消费者需求组织生产。此外，市场调查可以帮助企业及时发现市场营销机会或问题，找出问题产生的原因，评价市场营销计划的合理性和实施的有效性，了解竞争对手及制定正确的竞争策略，估计目前的市场份额及预测未来的市场前景等。

3．以新产品替代老产品之前

在某产品推向市场一段时间后，企业若想开发新产品以替代老产品，也要先进行市场调查，这是因为，企业生产或经营什么新产品，在什么时间、用什么样的新产品、以什么方式来替换老产品等，都要视市场需求情况而定。

新产品开发是一种风险性投资，开发费用一般占企业销售额的3%～5%，有的企业甚至达到10%以上。企业投入巨资开发出的产品是否适销对路，是否被消费者认可，还是一个未知数。所以，在新产品开发项目确定后，应对如下问题进行市场调查：开发的新产品目前有没有竞争对手，如果有竞争对手，竞争市场的构成、顾客对产品的满意度、消费者的需求特点、市场份额、细分市场的可能性如何，新产品的市场空间有多大，开拓市场的难度如何，培育市场的周期多长，新产品上市后跟进企业有哪些，开发投资规模，等等。企业对这些信息进行系统分析、评估并量化为实施过程中的监控指标，就能最大限度地保证新产品开发的成功率。

1.3.2 何时不宜开展市场调查

市场调查对于企业的经营决策和营销决策至关重要，但并非做任何决策都一定要做市场调查，企业需要考虑每次的市场调查是否值得做。考虑的基本因素是市场调查所需的费用和市场调查可能带来的收益，另外还有该项决策的重要程度、需要的信息及相应的市场调查的规模和方式、市场调查所需的时间等。在下列情况下，最好不要做市场调查。

1．调查成本超过收益

如果与特定决策相关的信息可以随时免费得到，相信每位管理者都会接受。不过这种情况几乎不存在，事实上，管理者可能不愿意为得到信息而付出太多的金钱或者等太长的时间。获取调查信息的意愿取决于管理者对信息的质量、价格以及时效的认识，只有当信息的预期价值大于获取这些信息的成本时，调查才值得进行。

2．缺乏资金

由于缺乏资金而不进行调查的情况有两种。第一种情况，一个组织可能缺少正常开展调查所需的必要资金。如果一个项目要求样本量要达到800个被调查者，但预算只允许调查50个人，那么很难保证信息的质量。第二种情况，一个组织或许能够提供调查的资金，但是没有足够的资金去实施由调查所产生的任何决策。有时，小企业尤其缺乏创造有效营销组合必需的资源。

3．错过市场时机

如果已经错过成功进入某一市场的机会，就不应该开展市场调查。例如，若一种产品处在生命周期的衰退期或成熟期的末期，此时还去做新产品进入调查就是十分愚蠢的，对于很快就能达到饱和的市场，情况也是如此。但是，对于已经上市的产品，如果需要调整产品来适应消费者口味、竞争和其他因素的变化，调查仍是必要的。

1.4 市场调查的类型

1.4.1 市场调查的多样性

在现实经济生活中，市场调查的范围非常广泛，加上调查者的目的和出发点不同，市场调查呈现出多样性。市场调查有多种分类方法。

1. 按调查主题划分

市场调查要为企业的经营管理服务，要为识别和解决市场中的问题提供决策信息支持，企业面对的问题常常就是市场调查的主题。市场调查按照常见的调查主题可以划分为多种调查类型。

消费者调查：针对特定的消费者做观察与研究，有目的地分析他们的购买行为、消费心理演变等。

市场观察：针对特定的产业区域进行对照性的分析，从经济、科技等角度做研究。

产品调查：针对某一性质的相同产品研究其发展历史、设计、生产等相关因素。

广告研究：针对特定的广告做其促销效果的分析与整理。

市场调查可能包括下列内容：

市场测试（test marketing）：在产品上市前，提供一定量的试用品给指定消费者，通过他们的反应来研究此产品未来市场的走向。

概念测试（concept testing）：针对指定消费者，利用问卷或电话访谈等方式，测试新的销售创意是否有市场。

神秘购物（mystery shopping）：安排隐藏身份的研究人员购买特定物品或消费特定的服务，并完整记录整个购物流程，以此测试产品、服务态度等。又称神秘客或神秘客购物。

零售店审查（store audits）：用以判断连锁店或零售店是否提供妥当的服务。

需求评估（demand estimation）：用以判断产品最大的需求层面，以找到主要客户。

销售预测：找到最大需求层面，判断能够销售多少产品或服务。

客户满意度调查：利用问卷或访谈来量化客户对产品的满意程度。

分销审查（distribution channel audits）：用以判断可能的零售商、批发业者对产品、品牌和公司的态度。

价格调整测试（price elasticity testing）：用来找出当价格改变时，最先受影响的消费者。

象限研究（segmentation research）：将潜在消费者的消费行为、心理思考等用人口统计的方法分为象限来研究。

消费者购买决定过程研究：针对容易改变心意的消费者进行分析，如什么因素影响消费者买此产品，以及消费者改变购买决策时的行为模式。

品牌命名测试：研究消费者对新产品名的感觉。

品牌喜好度研究：量化消费者对不同品牌的喜好度。

广告和促销活动研究：调查所用的销售手法（如广告）是否获得理想的效益，如看广告的人是否真的理解其中的信息，是否真的因为广告而去购买。

2. 按调查方法划分

按调查方法的不同，市场调查可分为文案调研和实地调查，实地调查又可分为询问调查、观察调查和实验调查。

文案调研是指利用企业内部和外部现有的各种信息、情报资料，对调查内容进行分析研究的一种调查方法，也称间接调查法、室内调查法、桌面调查法。

实地调查就是运用科学的方法，系统地现场收集、记录、整理和分析有关市场信息，了解产品或劳务在供需双方之间转移的状况和趋势，为市场预测和经常性决策提供正确可靠的信息。

询问调查就是利用调查人员和调查对象之间的语言交流来获取信息的调查方法。

观察调查就是调查人员通过直接观察和记录调查对象的言行来收集信息资料，这种方法的特点是调查人员与调查对象不发生对话，甚至不让调查对象知道正在被观察，使得调查对象的言行完全自然地表现出来，从而可以观察了解调查对象的真实反应。

实验调查是通过小规模的实验来了解企业产品对社会需求的适应情况，以测定各种经营手段取得效果的市场调查方法。

3. 按调查对象划分

按调查对象的不同，市场调查可分为全面调查和非全面调查。

全面调查是对要研究的整个范围进行无一遗漏的调查，普查就是如此。普查是对要研究的总体中全部个体进行无一例外的观察、询问、登记的调查方法。这种调查方法的优点在于可以获得有关总体全面情况的准确信息，缺点是工作量大、时间长、费用高。

非全面调查包括典型调查、重点调查、抽样调查等。

典型调查是对总体中具有代表性的少数个体进行调查。这种调查方法的特点是调查对象少，可以对调查对象进行细致透彻的了解，因而可以取得调查对象的详尽资料。使用这种方法的关键是要选好典型，即调查对象要具有充分的代表性。

重点调查就是只对总体中具有举足轻重地位的个体进行调查，以此获得总体基本情况。

抽样调查就是从总体中按一定方法抽取部分个体进行调查，再分析推断总体的情况。

4. 按调查深度划分

根据调查深度的不同，市场调查可分为探测性调查、描述性调查和因果性调查。

探测性调查通常是在对调查对象缺乏了解的情况下，要回答有没有、是不是等问题时进行的调查。

描述性调查通常是在对调查对象有一定了解的情况下，要回答怎么样、是什么等问题时进行的调查。

因果性调查通常是在对调查对象有相当程度了解的情况下，要回答为什么、相互关系如何等问题时进行的调查。

1.4.2 选择市场调查方法的原则

市场调查方法的选择会直接影响调查结果，因此，合理选用调查方法是市场调查工作的重要一环。要根据市场调查所研究问题的性质、研究的目的和要求、经费和时间等方面的限制，选择适当的调查方法或调查方法的组合。

选择市场调查方法的原则归纳如下：

（1）在满足研究要求的条件下费用最省。

（2）在满足研究要求的条件下时间最短。

（3）在满足研究要求的条件下最易于控制和操作。

（4）在费用一定的情况下精度最高。

1.5 市场调查行业的发展

1.5.1 市场调查行业的发展

1．市场调查的产生和发展

市场调查是伴随着近代商品生产而出现的，经济的发展是市场调查产生和发展的基础和动力。17 世纪出现的工业革命使西方的经济得到了极大的发展，市场规模也随之扩大。在市场经济条件下，生产与消费必须相互配合，产品必须符合顾客的要求。为此，商家只有了解消费者的需求、爱好、购买能力和购买习惯等，才能生产和销售适销对路的产品，市场调查的出现正是迎合了这一要求。经济的快速发展加剧了厂家之间的竞争。厂家迫切需要了解市场行情的变化和竞争对手的情况，了解市场需求，挖掘市场潜力，降低生产成本，这些都需要科学的市场调查。

20 世纪初，国外大企业纷纷成立了市场调查机构，对市场进行系统的调查和研究，市场调查的观念和理论也随之出现。早在 1911 年，当时美国最大的科蒂斯出版公司就设立了市场调查部门。到 20 年代，其他公司也先后设立了类似的市场调查机构。30 年代是市场调查发展的重要时期，美国市场营销协会宣告成立，并出版了《市场调研技术》等成果，为市场调查这门学科的形成和发展奠定了重要的基础。第二次世界大战后，市场调查得到了迅速发展。1948 年全美有 200 多家专门从事市场调查的公司。准确地说，市场调查这一学科真正形成于 20 世纪 50 年代。进入 70 年代，随着科学技术的进步和发展，新的观念、技术、方法不断应用于市场调查，特别是电脑的出现及其在市场调查中的运用，使市场调查可以凭借信息网络系统来进行。

2．发达国家市场调查业的现状

由于发达国家的企业已经长期牢固地形成了“决策前先做调查”的观念，这些国家对市场调查一直有很大的市场需求。再加上调查业已有几十年稳步发展的历史，因此从整体上说，目前发达国家的调查业是良好的、规范的、技术先进的。与国内调查业的现状相比，发达国家的调查业主要有如下几个特点：

（1）调查业兴旺发达。

主要表现为调查机构数量多，从业人员专业化程度高，营业额逐年稳步增长。调查机构非常多，例如仅伦敦就有60多家大型商业性市场调查公司，中小型公司不计其数。调查公司的类型各异，有提供全方位服务的机构，也有只提供有限服务的机构，例如具体收集数据的调查实施服务、编码和数据录入服务、专门进行定量数据处理的数据分析服务等。从业人员都受过专业训练，有较强的专业素养和较丰富的从业经验。欧洲民意和市场研究会每年一次的对全球调查业的调查研究表明，近年，欧洲、美国、日本等发达地区和国家对调查业的需求逐年稳步增长，平均每年增长8%左右。

（2）调查设备和技术已发展到一个新水平，现代市场调查的效果大大提高。

采用纸和笔的传统调查方式在发达国家的正规调查公司中已经很少见，代之以计算机辅助电话调查系统、计算机辅助面访系统以及其他采用电子手段的调查。采用先进的设备和手段，大大提高了市场调查的效率。例如，调查员利用轻便的超小型便携式计算机进行面访，当天的数据可以及时传回公司的数据处理部门；利用计算机辅助电话调查系统及相应的问卷设计软件、数据处理和报告撰写专用软件，能在24小时内完成传统方法需要一个月才能完成的项目。

（3）调查研究的行业活动、学术活动和出版活动活跃，使调查业的规范化和标准化得到了较好的保证。

目前，国际上有不少关于市场调查和民意调查的协会和学会，这些协会和学会定期或不定期地组织学术交流和业务交流。国外出版的市场调查技术方面的学术性杂志、应用性杂志和著作非常多。

3. 国内市场调查的兴起和现状

我国从20世纪80年代中后期开始出现商业性的市场调查机构，近年来得到了较快的发展。我国调查机构的发展主要有四类来源：第一类是从传统媒介组织的受众、观众或听众服务部门转变或分离而来的机构；第二类是国外公司在我国开辟的分支机构或外方在管理上和投资上有支配权的合资公司；第三类是改革开放后发展起来的本土化调查咨询机构；第四类是由原计划经济中专司统计功能的各级统计行政部门通过业务延伸或重新组合形成的面向市场的调查机构。我国的市场调查公司已呈现专业化趋势，按照聚焦的行业、采用的方法、承担的环节进行分工，比如电话调查的呼叫中心从大城市向中小城市转移。

1.5.2 市场调查的承担者

市场调查的承担者主要是企业的营销调查部门、商业调查公司和广告代理商。此外，政府部门为了宏观调控有时会组织一些市场调查，高校的科研机构为了进行科研或接受政府及企业委托也会做一些市场调查。

1.5.3 市场调查结果的使用者

市场调查结果最主要的使用者是发起调查的公司，公司需要这类信息以提高其有效决策的概率，如果调查结果公开，使用者还包括供应商、特许经营商、竞争对手等。

1.6 市场调查行业的道德问题

道德决定在一定的社会行为准则所规定的某种情况下，什么样的行为被认为是适宜的。社会决定什么是道德的，什么是不道德的。在有些情况下，道德被我们的机构形式化。不合法的行为是不道德的。但是，还有许多其他行为虽然被一些人认为是不道德的，却不违法。

在商业中，有一些行为虽然合法，然而被认为是错误的，对此商业团体或专业机构通常会制定合乎道德的行为准则。

根据道德问题涉及的双方，市场调查行业的道德问题可划分为以下三种类型。

1.6.1 调查提供者和调查购买者之间的道德问题

1. 调查的真实性

营销调研信息经常用于做出重大的决策，决策的结果可能会影响公司将来的战略、预算、工作、组织等。若从调查购买者的长远利益着眼，调查提供者应提供真实的调查结果，以便调查购买者做出科学的决策。但如果调查提供者知道调查购买者的意图并想在今后获得营销调研服务，就会更改调查结果或扣留某些资料，这样调查就会符合后者的愿望，调查购买者也许不知道任何脱离真实性的情况，反而对调查结果甚为满意。维护调查的真实性已成为调查行业最重要的道德问题。

2. 调查的保密性

从实质上说，所有由营销调研公司进行的工作都是保密和专用的。当研究者进行研究时，他便建立了一个信息库。大多数涉及保密性的道德问题是围绕如何处理信息库或背景资料的。美国市场营销调研协会的营销调研道德准则特别提到，研究者不能把一个项目上的数据用于另一个与自己竞争的公司相关的项目中。假设某营销调研公司为买方公司 A 进行了市场调查，调查中收集的信息揭示了消费者对 B 公司（A 公司主要的竞争对手之一）的印象。在为 A 公司完成项目之后，调研公司认识到已获取的 B 公司信息的价值符合 B 公司管理部门的要求，于是向 B 公司卖出一份“保证”能鉴定出消费者对其公司印象的调研，这侵犯了调查提供者和购买者之间的信任关系。

1.6.2 调查提供者和调查对象之间的道德问题

1. 隐瞒真正的调查意图

在市场调查中，通常不告诉调查对象真正的调查意图，因为如果调查对象知道了调查的真正目的，他们就不会以一种公正的态度来回答问题。举例来说，一个金融机构最近对自己在某个市场区域内的形象及其主要的竞争对手的形象颇感兴趣，于是委托调研公司进行一次营销调研。在调研公司向可能的受访者表明自己的身份时，通常会提供一份此次研究是关于什么方面的说明，而不会提到该金融机构。研究行业的经验表明，告诉受访者主办机构的名字后，受访者就不会对那个机构做出公正的评价。

2. 保护调查对象的个人信息

调查中经常会涉及调查对象的一些个人信息，调查提供者要保证调查对象的这些个人信息不被用作其他目的，尤其是不能把调查对象的个人信息提供给调查购买者，使调查对象被调查购买者作为潜在用户进行推销。例如，在一个研究项目中，项目研究公司会要求调查对象描述客户公司的产品，于是客户公司可能要求项目研究公司给它一份所有回复可能购买产品的调查对象名字的清单，这份清单可用作营销潜在客户一览表。项目研究公司必须告诉客户，这是不合法的。如果调查对象知道之后将有一位销售人员与他们联系，他们将拒绝合作。

1.6.3 调查提供者与公众之间的道德问题

1. 不完整的报道

在向公众公布调查结果时，故意略去某些关键的背景资料的报道就是不完整的报道。例如，一些公司进行市场测试，并把结果发布在商业报纸杂志中，但它们没有提到该测试是在公司声望很高的地区进行的，因此，结果会朝着有利于公司的方向扭曲。

2. 令人误解的报道

当只报道结果的一部分时，就会产生令人误解的报道。举例来说，一则烟草广告声称："被抽样调查的消费者中有60%的人说A品牌香烟的味道与B品牌的一样好，甚至超过B。"但真正的结果显示，只有36%的人喜欢A品牌香烟，24%的人说两个牌子的香烟一样好，有40%的人更愿意选择B品牌。如此不公正的结果报道有误导的企图，必须禁止。

小 结

本章主要介绍了市场调查的概念、作用、分类以及市场调查行业的发展、现状和道德问题。市场调查就是为了满足营销需要而进行的调查活动，市场调查有狭义和广义两种理解。市场调查有多种分类方法。根据调查内容的不同，可分为市场营销环境调查、市场需求调查、市场供给调查、市场行情调查和市场营销活动调查；根据调查方法的不同，可分为文案调研和实地调查，实地调查又可分为询问调查、观察调查和实验调查；根据调查对象的不同，可分为全面调查和非全面调查，非全面调查又包括典型调查、重点调查、抽样调查等；根据调查深度的不同，可分为探测性调查、描述性调查和因果性调查。市场调查行业的道德问题存在于调查提供者和调查购买者之间、调查提供者和调查对象之间及调查提供者与公众之间。

思考题

1.1 什么是市场调查？

1.2 市场调查有什么作用？

1.3 何时适宜开展市场调查？何时不适宜开展市场调查？

1.4 市场调查有哪些分类方法？各类型的市场调查有什么特点？

1.5 市场调查行业的发展和现状是怎样的？

1.6 市场调查行业存在哪些道德问题？

第2章 市场调查过程

市场调查过程包含了若干个既相对独立又相互联系的工作阶段，按不同的工作内容，可以分为五个阶段。图 2－1 反映了市场调查的整个过程，本章将分别对这五个阶段的内容加以介绍。

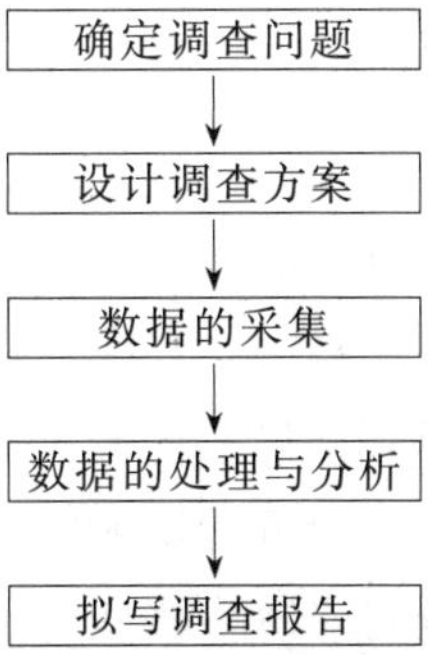

图 2－1　市场调查阶段框图

2.1　确定调查问题

市场调查的第一个阶段是确定调查问题。在不同的背景下，确定调查问题的工作难度是不同的。比较容易的情况是，市场调查项目的承接者接受了一个具体的市场调查项目，委托者对该项目的需求情况表述得细致、具体、充分和详尽。这时，第一阶段的工作就比较轻松。另一种情况是，我们自己就是调查项目的策划者，要策划一项调研课题；或者，我们接受了一项市场调研任务，委托者也对调查课题的相关情况做了介绍，但这种介绍并不详尽和充分。这时，作为调查项目的操作者，我们必须确确实实搞清楚所要调查的问题究竟是什么，也要了解清楚调查的目的究竟是什么。

2.1.1 调查问题的不同类型

从市场调查的研究性质看，调查问题可以分为三种类型：探索性研究、描述性研究、因果关系研究。

1. 探索性研究

顾名思义，探索性研究是通过对一个问题或一些情况的探索和研究，达到对问题的进一步了解和理解，由此产生想法和思路。当我们对所要研究的问题把握不准的时候，当我们对问题理解不够而难以准确定义问题的时候，或者在大规模的正式调查之前，为了将研究问题更准确地定义，为问卷设计提供更好的思路和更丰富的材料，可以考虑首先进行探索性研究。探索性研究具有试验的性质，如同行进在大部队前面的尖兵，其特征是小样本，对原始数据的分析通常是定性的。探索性研究常用的方法有：小样本调查、专家咨询、座谈会、个人访谈、二手资料分析等。

2. 描述性研究

描述性研究的目的是描述研究对象的特征或功能。例如估计某种行为的人群在总体中所占的比例，不同类型家庭在购买某种耐用消费品时所考虑的重要因子排列等。描述性研究通常以大样本为基础，有事先提出的具体假设，所需的信息有很清楚的定义，研究者在调查前对所研究的问题也有相当多的定性了解。描述性研究主要利用二手资料及定量调查等方法收集数据。

3. 因果关系研究

因果关系研究的目的是获取有关研究问题中原因与结果之间的相互关系，进而分析因果关系存在的原因，寻找解决问题的途径。它与描述性研究一样，也需要对研究问题有明确的定义，有提出的假设，并通过调查结果验证假设的有效性。但描述性研究并不能确定因果关系，要考虑因果关系就需要将其他可能影响结果的变量控制起来，以便更好地测定自变量对因变量的影响。因果关系研究要回答哪些变量是自变量，哪些变量是因变量，自变量与因变量之间存在什么样的数量关系。因果关系研究可以采用实验法和可以检验因果关系的统计模型。

上述三种调查问题的比较如表 2-1 所示。

表 2-1　　市场调查三种不同调查问题的比较

项目	探索性研究	描述性研究	因果关系研究
目的	对问题进一步了解 产生想法和思路	描述总体的特征或功能	确定因果之间的关系
特征	小样本 不具总体推断意义 定性分析 常常是全部方案设计的前端部分	有事先提出的具体假设 大样本 定量分析 结果用作决策参考	研究独立变量，控制中间变量 多为大样本 侧重定量分析 结果说明决策原因

续前表

项目	探索性研究	描述性研究	因果关系研究
方法	专家咨询 座谈会 二手资料分析	二手资料分析 抽样调查 观察法	实验法 二手资料分析 抽样调查

上述三种类型的调查问题不是完全独立的。有时，一个调查项目需要将不同类型的研究结合起来，如何结合取决于调研问题的性质。如果对调研的问题了解甚少，就需要从探索性研究开始，所以探索性研究是最初的步骤。通常，在探索性研究的基础上还应继续进行描述性研究或因果关系研究，以便对探索性研究得到的假设进行检验。但也不是在任何情况下都从探索性研究开始，如果能够对调研的问题准确地定义，对处理问题的途径有完整的把握，也可以直接进入描述性研究或因果关系研究。而描述性研究、因果关系的研究成果又会成为下一轮探索性研究的新起点。

2.1.2 市场调查问题的设定

设定市场调查问题是市场调查的第一步，也是一项关键性的工作，只有对市场调查问题有清晰的认识和准确的定义，市场调查项目才能有效地实施。确定市场调查问题包括经营管理决策问题和具体的市场调查问题这两个层面的内容。它们虽不相同，但密切相关。通常，经营管理决策问题是指企业决策者在企业经营管理中所面临的问题，主要回答决策者需要做什么，关心的是决策者可能采取的行动，所以经营管理决策问题是以行动为中心的。例如，“如何进一步扩大市场占有率?”“是否向市场推出系列产品?”“是否需要利用广告进行促销?”等等。市场调查问题是以信息为中心的，它回答“什么信息是所需要的”以及“如何获取这些信息”。例如，对于“是否需要利用广告进行促销”这个经营管理决策问题，确定市场调查问题就要考虑广告的方式，消费者接触不同广告方式的频率，消费者对广告的信任程度和偏好，广告对购买行为的具体影响，等等。

设定市场调查问题是一项重要而又细致的工作，涉及不同方面的工作内容。其一般的工作程序如图2-2所示。

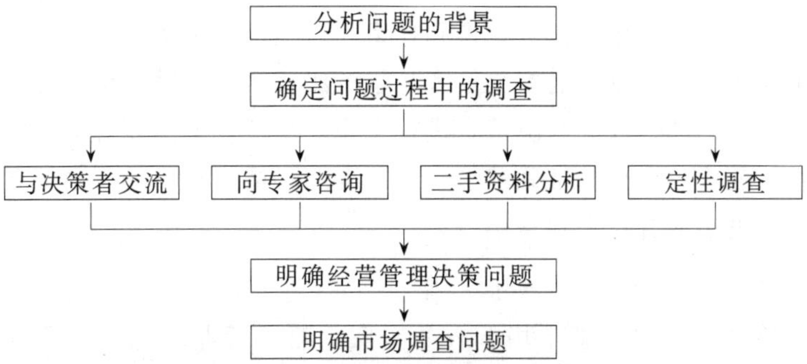

图2-2 设定市场调查问题的工作流程

2.1.3 分析问题的背景

任何问题或机会的产生和出现都存在于一定的背景之中，了解这些背景有助于对问题和机会的认识与把握。

第一，要掌握与企业和所属行业相关的各种历史资料和发展趋势。这些资料包括有关的销售量、市场份额、利润状况、技术水平、人口统计等。对历史和发展趋势的分析应分别在行业层面和企业层面进行。当一个企业的销售额与整个行业的销售额同时下降，但下降的幅度有所不同时，所反映的问题是不同的。

第二，要分析决策者的目标。事实上目标有两种类型：团体目标和决策者个人目标。团体目标有时比较概括和抽象，对它的描述常常是笼统的而不是准确的，如“改善企业的形象”“增强企业的竞争力”等。调研人员要注意并善于把概括性的目标分解，使团体目标具体化。决策者个人目标是指通过这个调研要达到的个人目的。例如通过调研结果来统一领导层的思想、支持自己的某项决策等。意识到这样的问题，有助于在确定调研问题时处理好不同目标的协调问题。

第三，为了将调研问题确定在适当的范围内，要分析企业的各种资源和面临的制约因素，这主要是指财力状况。应当明确市场调查要提供给客户为达到某种目标所需要的信息，但所需要的信息并不一定是最精确的信息，而是在一定的成本费用条件下形成的最有价值的信息。任何调查策划都必须考虑调查经费支持的限度。而且，客户在调查经费上的投入也具有一定的弹性。如果仅仅增加一点点费用就能适当地扩大项目的调研范围，从而使调查结果的可用性大大增强，项目获得批准的可能性就会增大。

此外，还要了解消费者的购买行为、整个经济环境和文化背景以及进行市场调查所具备的技术条件等。

2.1.4 确定问题过程中的调查

为了更科学、准确地确定市场调查问题，先期的调查或交流工作是必要的。这包括与决策者交流、向专家咨询、二手资料分析以及定性调查。

1. 与决策者交流

与决策者交流之所以必要是因为市场调查要为经营管理决策提供依据，所以决策者所面临的问题是什么，希望从市场调查中得到什么，这些都是市场调查人员在确定问题过程中需要获得的重要信息。而且，通常决策者是了解比较全面的情况的，之所以出资进行市场调查也有一定的目标和打算。与决策者进行交流，交换双方的观点和对问题的看法，不仅有助于将调查问题确定得更为准确和恰当，还有助于增进双方的了解，建立起更好的信任和沟通，为今后更多的合作奠定基础。

2. 向专家咨询

有不同类型的专家，如从事市场调查的专家，熟悉行业和客户经营环境的专家，等等。与专家交流有助于对市场调查问题的了解和认识。有时，找到那些既了解情况又愿意合作的专家并非易事，调查人员应通过多种渠道发现和利用这些宝贵的资源。与专家进行交流可以采用文字方式，如请专家对设计方案进行评议，也可以采用座谈形式，轻松的气氛有助于专家充分发表自己的见解。

3. 二手资料分析

二手资料是已有的资料和数据，它并不是为解决当前问题而专门收集的，但这些资料和数据可以为解决当前的问题提供有价值的信息。随着信息传播方式和传播渠道的不断拓展，收集二手资料将会越来越容易。在现有的二手资料没有得到充分分析之前，不要急于为获得一手资料开展调查。在市场调查中，对二手资料的收集和分析是十分重要的。对此我们在后面的有关部分还要专门讨论。

4. 定性调查

有时，从决策者、有关专家和二手资料来源获得的信息仍不足以确定调查问题，这时就有必要进行定性调查。定性调查属于探索性研究，以小样本为基础，具体的调查方式也是灵活多样的，如深层访谈法、座谈会法、德尔菲法等。有关的方法在后面将有专门的介绍。

2.1.5 明确经营管理决策问题和市场调查问题

经过上述一系列步骤，市场调查人员应该对经营管理决策问题有了比较清楚的了解和对范围的明确界定，并在此基础上将经营管理决策问题转化为市场调查问题。正如前面所言，经营管理决策问题要回答决策者采取什么行动，而市场调查问题要回答需要什么信息，以及怎样以最好的方式获得这些信息。例如，近一时期某企业的产品系列在市场份额中呈逐渐下降的趋势，此时，经营管理决策问题是怎样阻止这个下降趋势，恢复失去的市场份额。针对这个问题可以有多种行动方案，包括：改进现有的产品质量；推出新产品系列；改变营销组合和营销策略；进一步细分市场；等等。假设经过与决策者交流和向专家咨询等一系列工作，认为不恰当的市场细分是失去市场份额的主要原因，那么可以将“针对该系列产品，为进行有效的市场细分提供有关信息”确定为市场调查问题。

调查问题确定后，下一步是设计调查方案。

2.2 设计调查方案

确定调查问题是整个市场调查过程的第一步，接下来就要精心设计调查方案。调查方案是实施调查项目的蓝图，它应当包括获取信息的详细过程。这个过程的主要内容如图2-3所示。

鉴于调查方案设计十分重要，且内容比较繁杂，第3章将专门就调查方案设计的内容进行讨论。

在调查方案的设计中，还包括调查问卷设计和抽样设计。第5～7章分别专门讨论问卷设计和抽样设计的有关问题。

在进行调查方案设计时，要处理好几个关系。

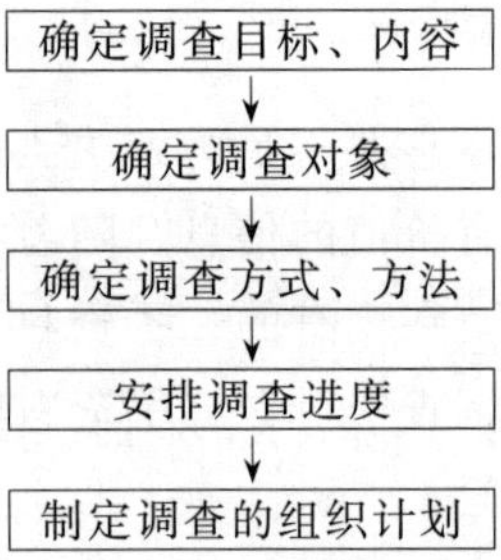

图 2－3　调查方案设计流程

（1）需要与可能。

需要是指对信息内容的需要。显然，人们希望通过一项调查获得尽可能多的信息，希望调查的内容包括方方面面。但是，一个好的市场调查，不仅要描述所关心的问题，更要揭示产生这些问题的主要原因和次要原因，揭示影响事物发展变化的相关因素。调查的过程是一个由浅入深、由表及里的不断深入的过程，它是通过一系列具体问题的组合实现的。如果一项调查所涉及的内容过多，就不可能对每一个内容的调查都系统和深入。不系统、不深入的信息的价值并不大，所以不要指望在一次调查中解决所有的问题。可能是指实施调查的能力，它既包括采集有效数据的能力，也包括对数据深入加工的能力。有些信息的需求很明确，但采集这些数据的难度很大，数据质量不能保证，或有些模型虽然很好，但调研人员的数据处理技术或计算工具（如相关软件）有所局限，对这样一些调查问题，在设计过程中要慎重处理。

（2）精度与费用。

精度与费用对调查设计也有重要影响。在描述性研究和因果关系研究中，通常是采用抽样调查方法，用样本数据对总体有关参数进行估计。精度是指样本的估计值与总体真值之间的差异。自然，人们希望估计的精度越高越好，即估计量的误差越小越好。但估计的精度与样本量的大小有密切关系，而样本量的大小受调查费用的制约。所以精度与费用之间存在一种此消彼长的关系，这种关系如图 2－4 所示。

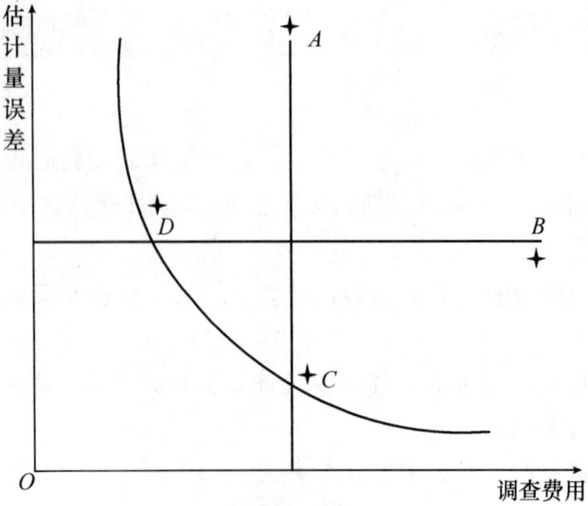

图 2－4　精度与费用关系示意图

图 2-4 中，A，B，C，D 四点代表四种调查设计方案。与方案 A 相比，在相同调查费用条件下方案 C 的估计量误差较小，估计精度较高，所以方案 C 优于方案 A；与方案 B 相比，在精度相近的条件下，方案 D 的调查费用较少，所以方案 D 优于方案 B。从 C 点向右移发现，随着调查费用的增加，估计量误差也在减小，但减小的速度越来越慢，从 D 点向左移发现，随着调查费用的减少，估计量误差在增大，但增大的速度越来越快。所以从最优设计的角度看，D，C 两点之间是最优的选择区间，至于具体选择哪一点，要根据调查的精度要求、预算约束等因素权衡确定。

2.3 数据的采集

在实施调查过程中，可以把采集到的数据记录到纸张上（如记录到调查问卷上），也可以直接录入计算机，我们称此为数据采集模式。在数据采集中可以使用不同的方法，如由被调查者自填问卷，或者由访员通过问答将调查结果记录到问卷上，等等，我们称此为数据采集方法。本节将对数据采集的不同模式、不同方法的特点进行讨论。

2.3.1 数据采集模式

数据采集是按照调查设计的要求，对被选中的调查单位收集信息的过程。数据采集有不同的模式。一种是纸张式的，即将调查结果记录在纸质问卷上；另一种是采用计算机辅助方式，调查问卷显示在计算机屏幕上，调查中将答案直接输入计算机。

纸张式是传统的数据采集模式，目前在我国的市场调查中仍然占据主导地位。这种模式的特点是：投资比较小，纸张式方法通常比计算机方法成本更低；开发所需时间少，所需费用主要是印刷问卷的费用，如果是邮寄调查，再加上邮寄费用。纸张式模式的主要弱点是：不便于现场调查中的质量控制，数据采集以后的工作量大，如需要开展对数据的审核、编码、录入等工作，这样就延长了整个调查时间。

计算机辅助方式是现代的数据采集模式，目前在发达国家的调查中占据主导地位。实践中有如下几种应用类型：

（1）计算机辅助电话调查（computer assisted telephone interview，CATI）。

（2）计算机辅助面访（computer assisted person interview，CAPI）。

（3）计算机辅助自填式调查（computer assisted self interview，CASI）。

计算机辅助方式有许多优点。第一，由于问卷是程序化的，调查的问题能按合适的顺序出现在计算机屏幕上，并通过事先确定的程序（例如“跳转”方式）来引导访员或被调查者，对各个答案之间的逻辑关系进行审核，并及时提出发现的问题，供访员或被调查者核对、改正，而且在重复性调查中，可以利用被调查者在以前调查中所提供的信息进行提示、对比。这些功能有效地减小了现场调查中的回答误差，提高了原始数据的质量。第二，由于数据的收集、审核和录入是同时进行的，因而大大缩短了整个调查的时间。第三，调查结果的传递十分快捷，调查管理人员可以随时得到即时的调查情况报告，这些情况包括：回答率、完成的访问数、未完成的访问数、配额的实现情况、每次访问所耗费的时间等，这些信息对于调查过程的现场监督和管理是十分重要的。第四，从费用方面考虑，虽然购置设备、进行程序的开发和设计将是一笔昂贵的开支，但是使用计算机辅助方式可以大大减少数据录入和审核的费用，节省下问卷的印刷费用，而且程序一经开发出来就可以长期使用。

采用计算机辅助方式收集数据，要求填写问卷的人是经过培训的，熟悉计算机操作，应用程序要经过严格的测试，在调查过程中如果出现技术故障，需要计算机专家处理。

2.3.2 数据采集方法

在现场调查中，有多种采集数据的方法，有关这些方法的具体内容，将在第4章予以介绍。这里只是将不同方法的特征加以概括，归纳为下面几种基本方法。

1. 自填式

自填式指被调查者在没有访员协助的情况下完成问卷。把问卷递送给被调查者的方法有很多，如调查员分发、通过邮寄（邮寄调查）、通过网络（网络调查），或把问卷刊登在媒体上（媒体调查）。由于被调查者在填答问卷时访员并不在场，出现疑问时无人解答，因此这种方法要求问卷结构严谨，有清楚的说明，让被调查者一看就知道如何完成问卷。与其他调查方式相比，自填式问卷应有制作详细、形象友好的说明，必要时可在问卷上提供联系电话，以回答被调查者提出的问题。

自填式方法通常要求被调查者具有一定的文化素养。与其他调查方式相比，自填式方法的管理相对容易，比面访调查的费用低，可以进行大样本的调查。被调查者可以选择方便的时间填答问卷，必要时可以参考有关文字记录而非单纯依靠记忆进行回答。由于填写问卷时访员不在场，因而自填式方法也可以减小被调查者回答敏感性问题的压力。

自填式方法的主要缺点有：第一，调查的回答率比较低。因为被调查者在完成问卷方面没有压力，容易丢失和遗忘问卷。第二，自填式方法不适合结构复杂的问卷。因为许多被调查者不会去认真阅读填答指南，所以类似于跳答、转答这样的技术手段不宜出现在自填式问卷中。第三，自填式方法的调查周期比较长。

2. 问答式

问答式是指现场调查中访员按问卷中的问题提问、被调查者回答这种调查方式。实施时又可以有不同的情况，典型的方式有访员和被调查者面对面地问答（面访调查）和访员与被调查者通过电话问答（电话调查）。问答式方法的优点主要表现在，可以激发被调查者的参与意识，可以在现场解释被调查的问题，这些都有助于被调查者对调查内容的了解和理解，提高回答率；可以对识字率低的群体实施调查，对于复杂总体（相对于特殊群体而言）可以进行概率抽样；由于调查问卷是由访员控制的，因此在问卷设计中可以采用更多的技术手段，使调查问题的组合更为科学、合理；而且，在面访调查中，还可以借助其他调查工具（图片、照片、卡片、实物等）丰富调查内容。问答式方法还有一个优点，它能对数据收集所花费的时间进行调节，如果数据收集进展太慢，需要加快速度，就可以雇用更多的访员，而这在使用自填式方法时是不可能的。

问答式方法的缺点主要有：第一，调查的成本比较高（面访和电话调查的成本有所区别，面访的成本高于电话调查）。因为要支付访员的培训费用、访员的工资、面访调查中送给被调查者的小礼品和访员的交通费用，电话调查还要涉及场地租用、设备租用及电话通信费。第二，对调查过程的质量控制有一定难度。问答式调查的数据质量与访员的工作态度、责任心有直接关系，当有大量访员参与调查时，如何保证高质量的现场操作就是一个很重要的问题。第三，对于敏感性问题，在问答式方法下，被调查者通常不会像在自填式方法下那样愿意提供回答。

3. 混合式

混合式调查有时也称为搭车调查，但二者还是有区别的。搭车调查是指将一项调查（次要的）附在另一项调查上（主要的）。例如，在即将开始一项调查任务的同时，接受另一项调查任务。因为新项目的调查主题与即将开始的调查项目的主题相似，所以将新项目的调查问卷附加在马上就要进行调查的问卷中，由此可以节省调查费用。混合式调查是指将多个调查内容混合在一张问卷中，在这种情况下，混合调查的问卷由不同的部分组成，每个部分处理的主题不同，是不同客户的需求。调查的费用由客户按各部分收集和处理数据多少的比例分摊。这种方式的特点是可以减少调查的相关费用，缺点是面对不同的主题，被调查者会觉得问卷中的问题缺乏逻辑性，而且这样的问卷通常篇幅较大，会使被调查者感到厌烦，不愿意配合。

4. 其他方式

除上面介绍的方法外，还有其他一些调查方式。

(1) 查阅式。

如文案调研，这种方式属于二手资料的利用。

(2) 座谈式。

如小组访谈法，这是座谈会式的调查，被调查者之间可以互相启发，从而使调查内容比较深入。

(3) 观察式。

调查人员通过直接观测的方法获取信息，如利用安置在超市中的录像设备观察顾客挑选商品时的表情；调查人员在商场门口通过计数的方法估算客流量；等等。

(4) 实验式。

通过实验的方式取得所需要的信息，主要用于对因果关系的检测与分析。

2.3.3 调查的现场实施

在数据采集阶段，工作的最终目标是获得较高质量的原始数据。数据采集的整个过程由若干个环节组成，每个环节都有可能发生误差，因此对现场调查需要精心组织与管理，以把误差降到最低水平。为此，要做好以下几方面的工作。

(1) 组织好调查团队。

团队中的主体是访员和督导，他们是成功收集数据的关键因素。因此，要确保聘用能够胜任调查工作的人作为访员，并且对他们进行适当的培训，配备访问所需要的工具。

（2）选择控制程序。

应该对所有的数据采集工作规定符合设计要求的选择控制程序，样本的选择严格按照规定的程序进行。这个指导方针在概率抽样调查中尤为重要。

（3）提高回答率。

有许多因素影响回答率，现场实施中需要把各方面的工作做细，提高调查的回答率。

（4）采用一致性标准。

在标准化的调查中，为了保证数据的一致性，所有的访员都应该接受相同的培训，使用相同的手册，调查实施中采用统一的标准语。避免访员八仙过海，各显其能。

（5）健全质量控制系统。

在数据采集过程中，应加强对调查质量的检测和监控，加强对数据质量的评估。

以上内容的详细论述，请参见第8章。

2.4 数据的处理与分析

2.4.1 数据的处理

数据的处理是指把调查中采集到的数据转换为适合汇总制表和数据分析的形式，它是整个调查过程的重要环节之一。处理的整个过程既有自动完成的，也有手工完成的。通常，数据处理工作比较费时、费力，但对调查数据的最终质量和统计分析却有很大的影响。因此，对处理工作进行周密的计划以及对实施质量进行监控非常重要。

数据处理步骤的顺序取决于特定的调查以及是否有处理数据的自动化程序。例如，编码可以在数据录入之前进行，也可以在数据录入之后进行；数据的审核则可以贯穿调查的整个过程。下面以纸张式问卷为例，对数据处理的过程做简要的说明。

（1）初步审核。

初步审核是指对回收问卷的完整性和访问质量的审核。通过审核确定哪些问卷可以接受，哪些问卷需要补做或作废。

（2）编码。

编码是指给每一个问题的每一种可能答案赋予一个数值代码，即把填写的文字信息转化为可机读的数字代码，以便于数据的录入、处理和制表。

（3）录入。

录入是指将数据录入计算机。在采用计算机辅助调查时，数据的采集过程和录入过程是同时完成的。

（4）再次审核。

数据录入后需要进行再次审核，以检查和修改录入的错误（如双机录入的数据核对），检查是否有缺失值和离群值，运用各种规则辨别无效和不一致的数据。审核的目的是保证调查最后所得到的数据的一致性和有效性。

（5）插补。

插补是指解决审核过程中辨别出来的数据缺失、无效和不一致等问题。由于数据缺失，数据文件中出现许多“窟窿”，插补就是采用一定的程序，对缺失的数据进行补充或替代。一般的统计软件都有数据插补的功能。

（6）权数调整。

权数调整（加权）有两个功能。在概率抽样中，需要利用样本单位的入选概率对各个样本单位的观察值进行加权，以获得目标量的无偏估计。加权的另一个功能是处理调查过程中的无回答（通常用加权方法处理单位无回答）。

（7）创建数据库。

经过前面的一系列工作，数据就可以用于估计和分析了。这时需要确定数据存储格式，生成数据库文件，以便于数据的长久保存和提取使用。

以上是数据处理步骤的简要介绍，详细的内容请参阅第9章。

2.4.2 数据的分析

数据分析主要是运用统计分析技术对采集到的原始数据进行运算处理，并由此对研究总体进行定量的描述与推断，以揭示事物内部的数量关系与变化规律。数据分析虽然在数据采集之后，但对调查数据如何进行分析的计划早在设计调查方案时就形成了。在进行调查方案的设计时，就需要根据调查项目的性质、特点、所要达到的目标，预先设计好数据分析技术，制定好分析的计划。否则，就会出现所收集的数据资料不符合分析要求的情况。数据分析人员不仅需要熟悉各种统计分析方法，还要熟悉统计分析软件和计算机操作。统计软件有多种，从目前国内的应用情况看，使用SPSS，SAS者居多。

统计分析的技术方法很多，在市场调查中经常用到的统计方法主要有以下几种。

（1）描述统计。

描述统计是最常用的统计分析方法，也是其他统计方法的基础。它是对数据资料进行的概括，主要是描述现象的集中趋势（众数、中位数、平均数等）和离散趋势（极差、标准差、方差、离散系数等）。

（2）参数估计。

参数估计是指利用概率样本中的信息，在一定的把握程度下，推断总体参数的置信区间。从认识论的角度看，它是从对个别事物的观察入手，得到对总体状况的一般认识，是认识上的一个飞跃，因而具有更大的价值。

（3）列联分析。

列联分析是指将两个或多个变量的观察值按一定的设计要求对应排列在一张表中，从中分析变量之间的相互关系，并对某种（某些）假设进行检验。

（4）相关分析和回归分析。

相关分析是研究两个或两个以上变量之间相互关系的一种统计分析方法。相关分析的核心是计算相关系数，通过相关系数揭示变量之间关系的密切程度。回归分析是对两个或两个以上具有相关关系的变量，根据其关系的表现形式，选择合适的数学模型，描述变量间平均变动关系的统计分析方法。

（5）多元统计分析。

多元统计分析是对多个变量进行分析的技术。针对变量的不同情况和分析目标的不同要求，可以采用不同的分析方法。在市场调查中，诸如判别分析、因子分析、聚类分析、综合分析等都是常用的多元统计分析方法。

要深入了解各种统计分析方法，需要参阅专门的书籍。本书第 10 章对统计分析的有关内容有更为详细的综合性介绍。

2.5 拟写调查报告

2.5.1 调查报告的重要性

拟写调查报告是市场调查的最后一个步骤。尽管在此之前的每一个步骤对于实现调查的目标都非常重要，但大多数人还是通过调查报告对整个项目的完成状况做最终的评价。事实上，绝大多数客户对调查实施过程中各方面的工作细节是不了解、不清楚的，他们所能见到的、关心的也就是调查报告。前面的工作做得再出色，但如果对调查报告没有予以高度的重视，调查报告中没有把所获得的劳动成果充分展示出来，前面所付出的努力在外人眼中也会大打折扣。这就如同竞技场上的运动员，他们平时的训练情况观众看不见，训练的成果要在比赛场上得到最后展示和认可。就这一点来说，可以把调查报告的拟写比作比赛场上的冲刺。

调查报告的重要性还在于，它对客户了解市场情况、分析有关问题、制定管理和发展计划等起着积极作用，为管理决策提供了必要的依据。出色的调查报告会在客户心中留下良好印象，并为调查机构在今后继续与客户合作、承接客户更多的调研项目打下基础。

调查报告是提供给客户阅读的，而不同客户的需求和兴奋点是有差异的。所以在拟写调查报告时，拟写人员要扪心自问："谁将阅读这份报告?""阅读者的兴奋点在哪里?"对客户情况的了解可以帮助决定所采用的表达方式、语言风格和技术细节，使调查报告在内容上和形式上都是最恰当的。

2.5.2 调查报告的类型

根据客户对内容要求的不同，调查报告大致可以分为三种类型。

1. 数据型报告

数据型报告的特征是，在报告中只提供调查所获得的数据，这是调查报告中最简单的形式。产生这种情况的背景通常是客户方面有自己的分析人员队伍，客户对调查的目标和需求非常明确，并且调查方案的设计通常都是由客户自己完成的，只是把数据采集和数据处理的工作交给调查实施方（如调查机构），以降低调查项目成本。调查实施方不必提供完整的分析报告，只提供常规统计数据，或者由客户提出数据处理的具体要求。

数据报告一般以表格（图形）的方式提供统计结果。这时需要注意对表格进行说明，因为一些客户可能缺乏阅读表格的能力，同时，有些表格的指标是统计方面的专业术语，非统计专业人员可能并不熟悉。一次调查虽然可能只涉及几十个问题，但采用不同的处理方式以及不同变量之间的多种组合，取得的统计结果可以有成百上千个甚至更多。数据报告不可能将所有的可能结果穷尽，也不可能将这么多的结果统统列出，于是就要有所取舍。取什么舍什么取决于客户的需求。作为一般的原则，报告要提供常规统计数据，如单变量的描述统计、主要变量与受访者背景材料结合的列联表等。对于客户非常重视的变量，以及在数据处理中发现有特殊意义的线索，可以提供进一步深化的分析结果。在准备数据型报告时，准确地把握客户的需求非常重要。

2．分析型报告

分析型报告是在数据型报告的基础上对数据所反映出的情况做进一步的分析。这种类型的报告是专门的商业调查机构向客户提供报告的主要形式。调查机构长期从事数据的采集和分析工作，积累了不少实践经验，对各类数字的反应比较敏锐，可以对数据中所反映出来的经营问题做出分析。与数据型报告相比，分析型报告除了有表现常规性统计结果的表格，还有对表中数据的进一步分析，并将这种分析用文字表述出来。对调查项目中的重要变量，需要利用更多专门的统计方法进行挖掘，使得对数据的分析更有层次，更为系统和深入。在调查报告中，除了本次调查所获取的第一手资料，还可以在需要的时候引入二手资料，增强报告的感染力和说服力。

3．咨询型报告

咨询型报告是在分析型报告基础上的进一步扩展和延伸，其内容除了对调查结果进行分析，还包括对市场的分析，并在此基础上提出进行决策、采取行动的咨询方案。为了做好咨询型报告，研究人员除了需要利用本调查项目获得的数据，还要进行广泛的二手资料检索，组织专家座谈论证，并进行必要的专项调查予以补充。这种报告需要由具有不同专长的分析人员协作完成。它所涉及的范围已经超出了传统的以提供调查结果为主要内容的调查机构的服务范围。

2.5.3 调查报告的内容

在市场调查报告中，分析型报告具有典型意义，这里以分析型报告为例，提出调查报告所应包括内容的建议。

（1）标题。

对标题的技术要求是：简单明了，高度概括，具有较强的吸引力。

（2）目录。

目录有助于阅读者找到所需要的信息。

（3）表格和插图清单。

表格和插图清单的作用类似于目录，便于阅读者迅速查阅，与其他来源的数据进行比较。

（4）概要。

概要通常不超过两页，它主要是为高层人员准备的，在报告中有特别重要的地位。高层人员工作繁忙，往往没有时间阅读整个报告，他们也不太关注报告中的细节，但需要得知调查结果的要点。为此，概要应简要地描述调查的目的，调查的时间、地点，调查的主要结果、结论和建议等。从次序看，概要应安排在整个报告的前面，但其起草应在报告的其他部分完成以后。

（5）引言。

引言部分提供调查项目的背景信息，如项目来历、研究目标、方法简述以及本报告的目的等。如果需要，引言还可以对主报告中章节的内容以及它们之间的联系做简单的介绍。

（6）主报告。

主报告是调查报告的主体部分，阐述调查中的主要结果、主要结论及其细节。可以根据不同的内容，将主报告划分为若干章节，在每个章节中都有讨论的中心问题、用于说明该问题的数据、对该问题的解释以及对问题进行分析的结果。章节的安排应该层次清楚，逻辑性强。在调查报告中，对于所有调查中获得的数据都应该加以反映，语言简单明了，尽量少用专业性较强的术语，采用生动有趣的写作风格。一句话，调查报告要能够吸引读者的注意力。

（7）参考文献。

拟写调查报告的参考文献应该清楚地标明。

（8）附录。

为了使主报告内容紧凑、流畅，有些必要的细节可以用附录的形式给出。这些细节包括：在调查设计以及数据采集中所遇到的问题和处理方法，如抽样设计的主要特点、抽样框的建立、无回答情况及处理程序等。在数据处理中采用的计算软件和程序系统也可以列入附录。

（9）其他文档。

调查报告还可以包括其他一些重要文档，例如术语索引、各种数据表、关于数据质量的技术细节、方法论、调查问卷以及对统计检验的描述等。在报告的适当地方，还可以给出相关的数学公式，如方差估计公式。在有些情况下，上述内容可以通过调查技术报告的方式表现。

2.5.4 数据发布

数据发布是指通过各种媒介将调查结果向社会公布。通常，调查项目的委托人（调查的出资方）是不愿意把调查结果对外界公布的，他们出资进行调查的目的是自己掌握这些信息而不是让他人（尤其是竞争对手）分享这些信息。但是，有些调查项目的内容是社会热点问题，是公众感兴趣的问题或具有公益性质的问题，调查项目委托人出资进行这项调查，不仅是满足自己的需要，而且是要把调查结果向社会公布，使公众对这些问题有所了解，同时不排除利用数据发布引起社会的关注，产生广告效应。

数据发布可以通过多种途径，如新闻发布会、电视采访、各类出版物、电子媒介（如互联网）等。数据发布中特别需要注意的是保护被调查者的权益，即调查机构应当为被调查者的个人信息保密。

通常认为，为被调查者保密的恰当方式是在调查结果中只公布汇总数据，而不应当出现个体的有关数据。一般说来这是对的，但这并不意味着在任何情况下汇总数据都能达到为个体保密的目的。例如，对特定地区人群的收入调查结果表明，该地区的歌唱演员收入最高，并列出了最高收入歌唱演员的平均收入。但在该地区居住的歌唱演员就那么几个，人们由此可以推断出这几位歌唱演员的收入水平。此外还有相关推断的问题，例如一项有关儿童的调查，调查对象涉及孩子的父母、老师和孩子本人。如果某个孩子家长能够通过数据文件辨认出他自己的回答，他就有可能推断出孩子的老师和孩子本人的回答，尽管事先要求对不同受访者的调查相互之间必须是隔绝的。

所以在数据发布（包括调查报告）中，对敏感（即有泄密危险）的数据要有预防泄露的措施。在公布子总体数据时，要保证子总体中有一定数量的被调查者。如果子总体中单位数过少，可以与其他类别合并，这既有助于增强数据的稳定性，也有助于被调查者的信息保密。对于一些特殊的易于识别个体的信息（如地址、所在单位、工作成就等）应当删除。必须注意，对被调查者个人情况的保密是统计法所要求的，也是调查行业的职业规范。良好的保密工作有助于提高回答率，提高数据质量和公众对调查机构的信任度。

小　结

本章讲授市场调查过程。一个完整的市场调查过程包括以下几个环节：确定调查问题；设计调查方案；数据的采集；数据的处理与分析；拟写调查报告。确定调查研究的问题是市场调查的第一步，2.1 节对这方面的问题进行了讨论。明确调研问题之后，就是对调查方案进行设计，这是 2.2 节的内容。接下来，2.3 节介绍了数据采集模式和采集方法。2.4 节简要介绍了数据处理程序和分析方法。2.5 节是有关调查报告拟写方面的内容。总体上，本章具有概述的性质，其中一些内容在后面的有关章节中有更详尽、细致的讨论。本章的目的是使读者对市场调查过程有一个概括的了解。

思考题

2.1　假设你准备对本地区毕业生的就业意向进行一次调查，请回答如下问题：

(1) 为什么要进行这样一项调查？

(2) 调查中想获取的信息有哪些？

(3) 谁使用这些数据？如何使用这些数据？

(4) 调查中要定义哪些问题？

(5) 请就调查过程中各环节所涉及的问题加以说明。

2.2　请根据你参加调查的亲身经历，或从书籍、报刊上读到的调查案例，分别举出两个探索性研究的例子、两个描述性研究的例子、两个因果关系研究的例子。

2.3　请就调查过程不同环节可能影响数据质量的有关因素进行讨论。

市场调查方法与技术 ·第4版·

第3章

调查方案设计

3.1 概　　述

3.1.1 什么是调查方案设计

中国有句老话："凡事预则立，不预则废"，意思是说，做事之前有所谋划，有所准备，这样才有成功的可能，否则极有可能失败。调查方案设计就是根据调查研究的目的，恰当地确定调查客体、调查内容，选择合适的调查方式和方法，确定调查时间，进行经费预算，并制定具体的调查组织计划。一句话，就是对调查工作总任务的各个方面进行通盘考虑和安排，提出相应的实施方案，制定合理的工作程序，使所有调查人员在调查方案的要求下统一步调、统一标准。

调查方案的设计是整个调查过程的开始，十分重要。在调查方案设计中，需要把已经确定的市场调查问题转化为具体的调查内容，通过调查指标的方式表现出来，并对调查指标做出明确定义。调查指标的定义与调查问题的定义是有区别的。调查问题的定义是概念性的定义，而调查指标定义是操作性定义。例如，要研究劳动态度对企业经济效益的影响。对于什么是劳动态度，我们可以给它下一个定义，揭示其内涵与本质，但这是概念性定义。在调查中，我们需要通过具体的调查指标反映它，例如用工作的数量和质量（一级品率，合格品率)、出勤率、技术革新项目数等具体内容为劳动态度下操作性定义。这说明，调查设计是定性认识到定量认识的连接点。调查设计能够体现出调研人员对所研究的问题在定量认识方面的广度和深度。调查设计中还会面临一些具体问题的选择。例如，研究一个相同的问题，可以采用不同的抽样方式，可以用概率抽样，也可以用非概率抽样；

可以采用入户调查、问卷调查，甚至实验和观察等不同的采集数据方法。不同的选择方式和不同的采集数据方法在反映问题的数量特征方面是有差异的，有时可能还会导致结论的改变。此外，在调查过程中，有许多因素影响调查结果的准确性，但是，对于不同的问题和不同的调查方法，这些因素的影响程度是不一样的。在调查设计中需要对这些问题进行判断权衡。所以，调查方案的设计对设计人员提出了很高的素质要求，要求设计人员不仅具有深厚的调查技术方面的专业知识，还要有丰富的从事调查项目的实践经验，能够根据实际情况，选择最佳的方法组合。

3.1.2 设计调查方案的基本原则

1. 科学性原则

设计调查方案必须遵循科学性原则，这是毋庸置疑的。但是，在市场调查中，违背科学性的案例也是不少的。例如，如何使用调查数据与采集这些数据的方法密切相关。如果希望用调查数据对总体的有关参数进行估计，就要采用概率抽样设计，并有概率抽样实施的具体措施；否则，设计就是不科学、不完善的。再如，确定样本量是方案设计的一项重要内容，样本量的确定方式有多种，有些情况下需要计算，有些情况下可以根据经验或常规人为确定。如果调查结果要说明总体参数的置信区间，样本量的确定就必须有理论依据，即根据方案设计中具体的抽样方式及对估计的精度要求，采用正确的样本量计算方式。还有，在因果关系的研究中，为了验证假设，有些调查需要采用实验法收集数据。对社会经济现象的调查毕竟与实验室里的试验有很大差异，因为它不可能像在实验室中那样能够完全控制其他影响因素。但是如果采用实验法，就必须有因素控制设计的具体实施措施，选择的控制因素是合理的，符合假设中的理论框架，这样才能说明调查结果的有效性。

2. 可行性原则

设计调查方案必须依据实际情况，不仅要科学，而且要具有可行性。只有操作性强的调查方案才能真正成为调查工作的行动纲领。例如，进行概率抽样，要具备抽样框。没有合适的抽样框，就难以实施真正的概率抽样。再如，对调查中的敏感性问题，受访者的拒访率通常是比较高的，如果这些敏感性问题不是特别必要，在设计中就应该删去，以便为调查创造一个宽松的环境。如果这些问题十分必要，不能删除，就要从可行性的角度采取一些措施，降低问题的敏感性，使调查不会受到影响。对于前面提到的实验法例子，需要在调查中控制其他影响因素，以观察研究变量之间的相互关系。如何控制其他影响因素？有没有操作性强的实施措施？如果设计的要求在实施中难以满足，调查的最终目标就无法实现。所以，调查方案各项内容的设计都必须从实际出发，具有可行性。对于一些复杂群体、复杂内容的调查，可行性更是评价调查方案优劣的重要标准。

3. 有效性原则

方案设计不仅要科学、可行，而且要有效。对于有效性，不同的人可能给出不同的定义。这里的有效性是指在一定的经费约束下，调查结果的精度可以满足研究目的的需要。实质上，这是一个费用和精度的关系问题。人们都知道，在费用相同的条件下精度越高，或在精度相同的条件下调查设计的费用越少越好。但是，实践中的问题可能更复杂。可以说设计是在费用与精度之间寻求某种平衡，而有效性是进行这种平衡的依据。所以在方案设计中追求科学性、可行性的同时，还要考虑到调查的效率。科学性、可行性、有效性侧重于不同的方面，但它们之间相互联系、相互影响。能够很好地兼顾这些方面的调查方案是较好的调查方案。

3.2 调查方案的内容

调查方案是调查工作的规划蓝图，涉及市场调查活动的各个方面，在本节中，我们将通过一个案例，说明调查方案设计中的主要内容。虽然这是一个社会学中的案例研究，但从原理和方法来讲，对市场调查也是适用的。

案例是关于人口密度对人类行为影响的研究。① 很早就有这样一种理论，认为人口密度过高会对社会产生负效应。高密度的人口容易引发犯罪、忧虑和精神错乱。18 世纪的著名人口学家托马斯·马尔萨斯说过，人口过剩是贫困的主要原因，如果对人口不加控制，将导致大批人饥饿。马尔萨斯的理论曾被一些研究佐证。例如，有人通过实验研究发现，如果老鼠的密度比一般标准高一倍，就会产生如下的负效应：小鼠死亡率高，母鼠不愿看护自己的幼鼠，老鼠活动过度，出现雄性间反社会的行为，甚至同类相食。但问题在于，上述实验研究的对象是老鼠而不是人类。老鼠的密度有明显的负效应并不意味着人类也一定存在这种关系。验证人口密度对人类行为是否产生负效应就是这项研究的主题。

下面我们以此项研究为例，对方案设计的主要内容加以说明。

3.2.1 确定调查目标

调查目标是调查所要达到的具体目的，即通过调查要解决什么问题，解决到什么程度；是一般性地了解情况，还是要验证某些假设，探究因果关系；调查的结果是用于学术研究，还是为某个市场行动提供信息或建议。目标决定调查内容和调查方式，在方案设计中，调查目标是需要首先明确的。在我们的案例中，有两个研究小组分别开始了这项研究。对他们而言，目标是明确的，两组都面对共同的问题，他们需要通过调查研究，回答和解释这个假说："高密度人口会对人类产生有害的效应。"

3.2.2 确定调查方法

调查方法有许多种，如入户调查、电话调查、邮寄调查等。一般说来，调查的方法应该适应调查课题的需要，但同一个调查课题可以采用不同的调查方法，同一调查方法也可以适用不同的调查课题。因此，如何选择最适当、最有效的调查方法，是设计调查方案的一个重要内容。让我们回到前面介绍的案例中，或许从中可以得到一些有益的启示。

① 案例取自余炳辉，等. 社会研究的方法. 杭州：浙江人民出版社，1986.

在“人口密度对人类行为影响”的研究中，研究者们必须决定如何测定假设中的两个主要变量：密度和负社会效应。要决定选择怎样的一群人作为研究的对象。这里所涉及的，不仅要确定研究对象的数目，而且要了解他们的特点及所处的环境。在这项研究中，一个重要的问题是如何排除和控制其他因素的干扰，正是在这一点上，在选择调研方法时，两个小组产生了根本的分歧。

一个小组（不妨称为A组）决定采用实验法，这种方法是让实验的对象离开他们每天生活的自然环境，住在一个特殊的受控环境里。那是一些7英尺① 宽、9英尺长、9英尺高的房间。显然，这样一种设计有利于控制密度。就是说，只要控制在每一段时间内允许进入房间的人数就可以了。研究人员设计了不同的密度标准，比如每个房间住3个人为低密度，住15个人为高密度，等等。

这种方法虽然有利于对密度的测定，但却使对有害效应的测定变得困难。虽然以前的研究发现了老鼠同类相食这种极端侵略性行为，但是在人类社会中制造这样的负效应是不道德的。即使受试者处于这样的环境中，但短期内他们的行为变化一般说来也难以观察到。为了克服这些困难，研究人员使用了判断尺度的问卷，询问受试者是否喜欢一个假设的陌生人加入这个群体，由此来测定侵略性行为。他们认为，如果调查表明处于高密度的受试者比处于低密度的受试者更讨厌陌生人的介入，那么他们的密度更容易引起侵略性行为的假说便因此而确证。他们还认为，炎热和密度一样，也可能会引起侵略性行为。因此，他们设计了温度和密度不同组合的八种实验条件。他们选择了某大学的121名学生志愿者作为实验对象。

另一个小组（这里称为B组）的调查设计与A组不同，他们所采用的测定有害效应的方法也不同。他们发现在《芝加哥地方公众纪事录》中的有关1960年芝加哥的资料相当有价值。利用这些资料显然有许多好处，其一是可以利用实际的城市人口密度的资料，而不必像A组那样，通过设计人工的环境去获取资料，这样研究所涉及的时间跨度就可以比较大。其次是样本的范围也较大，这可以减少误差。但这种调查的不足之处也是明显的，主要是研究人员受到很大的限制，他们不能自由地去设计测定人口密度效应的最佳方法，而是被局限在纪事录所提供的资料上。另一个不足之处是这些数据比较陈旧，大多只涉及某一时期，因而他们只能研究已经发生的事件，而不能用控制性的研究涉及可能发生的事件。再则，纪事录是一些概括性的统计资料，而没有专门记录个人行为方面的资料。

纪事录保存了每个小区居民的人数，这被用来作为测定人口密度的依据，然后，对不同居住密度的小区，考察其反映负效应所设定的指标，这些指标包括：死亡率；出生率；青年受助率（18岁以下青年中接受公共援助的比例）；侵略性行为（12～16岁男孩中曾被带到劳教所的比例）；精神错乱（每10万人中符合进精神病院的人数）。由此可以看出，与A组不同，B组试图通过文档调查来测定密度引起的负效应。

上述事实表明，对于相同的问题可以有不同的设计。

---

① 1英尺=0.3048米。

3.2.3 确定调查对象和调查单位

调查对象是根据调查目的确定的调查研究总体或调查范围，调查单位是构成调查对象的每一个单位，它是调查项目和指标的承担者或载体。调查对象和调查单位所解决的是向谁调查，由谁来提供所需数据的问题。

在前面的例子中，A，B 两组的调查对象在本质上是相同的，都是某个范围内的人群。研究人员希望通过对这些人群的研究，验证、归纳出一般的理论（假设）。在 A 组中，调查单位是学生志愿者。研究人员依照密度和温度变化组合成八种实验环境，把这些学生分别随机编进其中的一组。所有的受试者都穿相同的服装，并被告知这个实验是调查人在变化的环境条件下的评价过程。当研究人员进入房间之后，给每组受试者一些笔、试卷及人际关系评价尺度表，然后要求受试者就假设的陌生人对其有多大吸引力打分。他们告诉其中一半受试者那个假设的陌生人赞同他们事先填的问卷中 25%的回答，而告诉另一半受试者那个假设的陌生人赞同 75%的回答。

在 B 组的研究中，资料是现成的。这些资料描述了调查对象的情况。不足之处是，研究人员不可能有针对性地收集他们所需的资料，而只能充分地利用纪事录中的东西。

3.2.4 确定测量程序和技术

在市场调查中，对受访者的态度测量是一个较难处理的问题，它关系到能否获得确切的信息资料。另外，测量技术也是判断和分析所收集到的信息价值高低的重要手段。事实上，调查问卷中涉及许多测量技术问题，对此，在第 5 章中专门有一节讨论量表的设计。

在我们的例子中，A 组的研究人员利用人际关系评价尺度表里的两个题目的回答（受试者是否喜欢那个陌生人，是否愿意他成为工作的伙伴）来测定陌生人对受试者的吸引力。测定的记分从 2 分（低吸引力）到 14 分（高吸引力）。实验的结果表明，受试者总是比较喜欢与自己的观点相同的人。但最重要的发现是，与处于低密度的受试者相比，处于高密度的受试者对那个 75%赞同他们看法的陌生人的喜欢程度低，同样，对那个 25%赞同他们看法的受试者，高密度受试者的喜欢程度也低。由此，A 组研究人员得出结论，高密度增加了人与人之间相互厌恶的倾向。这印证了他们的假说。

对于 B 组而言，资料分析看来较为复杂。这不仅因为这些资料中包含了更多的变量，还因为其中可能存在许多影响密度和精神病关系的隐含因子，因此，难以断定密度对精神病的真实影响。而且，以前的研究对象是老鼠，老鼠社会没有更复杂的社会结构，而人类社会则有相当复杂的社会结构。社会结构变量，如职业、教育、收入和种族等都可能影响密度和精神病之间的关系。因此，如果资料显示青少年犯罪或合乎进精神病院的人数比率因居住区的不同而不同，这仍然不能断定这些不同是由于密度水平的不同引起的，因为这可能是由于社会等级或种族差别引起的。研究人员在分析中发现，如果不考虑社会等级和种族差别的因素，人口密度和精神病比率之间有明显的关系，但如果考虑社会等级和种族差别（在高密度区居住的居民主要是低收入者和黑人），人口密度和精神病之间的关系便消失了。由此，他们的研究结论是，密度并不能引起精神病，事实上，密度和精神病这二者的变化都是由社会等级的差别引起的。

B组的研究没有能够验证前面的假说。如果他们仍然以密度引起精神病为假说，就需要对测定方式进行斟酌。事实上，B组的研究人员正是这样做的。他们没有改动假说，而是改变了对密度的测定。他们认为，以每平方英里① 的居民数作为对密度的测定太粗略，需要细化，因而又规定了四种测定方法：(1) 每个房间的人数；(2) 每个住宅单元的房间数；(3) 每个建筑物的住宅单元数；(4) 每平方英里的建筑物数。然后进行重复研究，最后发现当用每个房间的人数测定密度时，密度和精神病之间的相关是存在的。由此，原先的假说得到了支持。

上述例子说明，对于同一个主题的调查研究，虽然目标相同，但由于采用了不同的调查方法，选择了不同的调查单位，使用了不同的测量技术，最后的研究结果表现出很大的差异。这说明调研活动是一个复杂的过程，其中困难重重，甚至布满陷阱。但不管怎么说，调查研究既具有挑战性，又富有寓意，人们在其中可以体会追求完美的艰辛，享受成功后的愉悦。

3.2.5 确定调查时间

调查设计除了前面所列举的内容外，还要考虑调查时间。调查时间指调查在什么时间进行，需要多少时间完成。不同的调查课题、不同的调查方法，有不同的最佳调查时间。例如，对于入户调查，最好的调查时间是在晚上和周末休息日，这时家中有人的概率大，成功率高。若采用观察法掌握超市的人群流量，为了使样本具有较好的代表性，应选择不同的时间段。因为一天当中不同的时间范围内，人群流量存在很大差异，在一周当中，工作日和休息日人群流量也有很大不同。只有对观察的时间段进行精心设计，才能有科学、合理的推断结果。另外，调查的方法和规模不同，调查工作的周期也不同。例如，邮寄调查的周期较长，而电话调查的周期较短。大规模的入户调查，其周期通常也比较长。因此，对于调查的工作时间和进度安排，事先应有周密的计划。

3.2.6 经费预算

调查的经费预算是调查设计的重要内容。经费的多少与调查范围、调查规模（样本量大小）、调查方法均有关系。一个市场调查项目的经费预算通常包括如下方面的内容：

(1) 调查方案设计费。

(2) 抽样费用。包括抽样方案设计、构造抽样框和样本的抽选费用。

(3) 问卷设计费。

(4) 问卷印刷、装订费。

(5) 调查实施费。包括预调查费、培训费、交通费、调查员和督导的劳务费、礼品费和其他有关费用。

(6) 数据审核、编码、录入费。

(7) 数据统计分析费。

(8) 调查报告撰写费。

---

① 1平方英里=2.59平方千米。

（9）折旧、耗材费。折旧指固定资产折旧，包括房屋租用费、机器（计算机）及计算软件使用费等；耗材费指纸张、磁盘等各种耗材费用。

（10）项目办公费。包括进行项目所涉及的各种办公费用，如会议费、专家咨询费等。

3.2.7 制定调查的组织计划

调查的组织计划主要是调查实施过程中的具体工作计划，例如，各工作环节的人员配备与工作目标，调查的质量控制措施，调查员的挑选与培训，等等。

对于规模较大的调研机构，调查的组织计划要体现并处理好几种关系，包括：方案设计者、数据采集者、资料汇总处理者以及资料开发利用与分析者的相互关系；调查中的人、财、物各因素的相互关系；调查过程中各环节、各程序、各部门之间的相互关系。这些关系处理得好，任务的安排就能做到科学、合理、平衡和有效。

需要说明的是，上面所列举的调查设计七个方面的内容并没有穷尽调查设计的全部。完整的调查设计包括更多的内容，如问卷设计、抽样设计都在调查设计范畴之内。由于问卷设计和抽样设计的特殊性，在第5章和第7章将分别对其进行讨论。另外，上述七个方面的内容之间也是相互作用、相互影响的。对于不同的调查项目，调查设计不同内容的次序方面也不完全一样。设计人员在具体进行市场调查设计时需要灵活、创造性地加以应用。

3.3 调查方案的投标

通常，市场调查是通过具体的市场调查项目表现的。在竞争的情况下，就出现了市场调查项目的招标和投标活动。本节将对这方面的内容进行简要介绍，包括投标问题的背景，招标者、投标者的职责，以及投标书的准备等。

3.3.1 投标问题的背景

1. 谁是市场调查的实施者

从实际情况看，市场调查项目的实施者有以下几种类型。

（1）公司自己。

市场调查项目都有很强的目标性和针对性，例如，要描述某个市场现象，验证某种假设，分析因果关系，为企业采取某个行动或制定决策提供依据等。在一些较大的公司或企业，都有市场部、信息部等业务部门，负责信息的采集。调查项目可以由这些公司自己实施。

（2）商业调查公司。

这是一些专业性的市场调查公司，承接有关市场调查项目。

（3）大学及科研单位。

在一些大学和科研单位，有类似于市场调查研究所或咨询中心这样的机构从事市场调研项目，在满足市场需求的同时，获得一些经济上的收益。当然，大学和科研单位的调查咨询机构与商业调查公司还是有明显区别的。这些从事市场调研的机构多属于非营利组织，在项目投标以及项目承接的把握标准上与商业调查公司有一些区别。

2．谁是客户

（1）各类企业。

市场调查的需求方主要是各类企业，既有生产企业，也有流通企业和服务行业的企业，它们是最大的客户群。企业对市场调查的需求，与整个经济环境、市场竞争激烈程度及企业高级领导层的意识、观念有密切关系。经济越发展，市场竞争越激烈，领导层的管理理念越现代，对信息重要性的认识越全面、越深入，市场调研的需求也就越大。同时，市场调查活动越规范，调查的质量越高、效果越好，对需求方的吸引力也就越大。

（2）政府部门。

政府部门是市场调查以及各类民意调查的另一类客户，它们希望通过这些调查，掌握市场状况和民情民意，为制定各项政策提供依据。如工信部为了解电信服务质量所进行的用户满意度调查，商务部进行的外资企业投资环境调查，等等。各类媒体也经常针对社会热点问题进行民意调查。这类调查的性质都是公益性的，其社会意义更大。

（3）科研学术机构。

为科学研究的需要，一些学术单位，如大学和科研院所也筹措资金，为一些调查项目立项，从而成为调查项目事实上的客户。

对调查存在需求，就出现了实施调查的机构。在多家调查机构并存的条件下，调查项目的委托方（调查项目的客户）就面临着选择。项目委托方要考虑投资的效果，竞标的承接方要通过竞争获得项目，这就是项目招标和投标产生的基本背景。

在一些情况下，项目的委托方和承接方是融为一体的，学术性的调查研究项目多属于此类。例如，科研单位立项进行一项调研，然后自己组织队伍实施，或交给下属的有关部门实施，政府部门立项的调查项目也存在这种情况。但对于企业的市场调查项目，情况并不总是如此，有些企业虽然有自己的市场调研部门，但也采用招标方式，把项目交给外部人员实施。之所以这样做有以下一些原因：

1）自身能力不够。对于一些大型的综合性市场调研项目，企业自己进行设计和实施有相当的难度。这里面有技术力量的原因，例如，对抽样设计、问卷设计中的技术问题不清楚，或不具备解决这些技术问题的专业力量；也可能是由于其他的调查资源问题，例如，进行概率抽样，需要有合适的抽样框，对于没有特有资料来源的企业来讲，完成构建抽样框的工作是很难的；或者是由于没有足够的人力资源进行数据的采集。上述问题对于小型项目的影响尚不明显，但对于大型的调研项目，其中某个环节的缺欠都会对整个项目带来无法弥补的损失。

2）自己做成本高。专业调查机构有从事市场调研的丰富经验。它们的资料充足，设备到位，人员专业分工明确，工作效率较高。而企业尽管有能力自己从事该项调查，但这并不是它们的专业工作，所以与调查机构相比，工作效率较低，也将增大调查项目的成本。我们都知道这样的道理，师傅的手艺再高，但作坊式的手工劳动的效率远远赶不上机械化的流水线作业。

3）避免内部因素干扰。有些调查项目可能会涉及对企业内部各部门工作状况的评估，这种评估如果由自己人来做，就可能会受到内部因素的干扰。为防止内部因素的干扰，得到真实、可靠的数据，委托与企业各部门不存在利益关系的第三方从事这个项目是不错的选择。

4）时间关系。对调查项目有很强的时间要求，自己做来不及。在这种情况下也只能依靠专业的市场调查机构。

3.3.2 双方的职责和冲突

在商洽和实施调查项目的过程中，项目招标方（委托人）和投标方（受托人）负有各自的责任。

1. 委托人的责任

（1）提出对所需信息的要求。

在很多情况下，委托人对调查研究的程序是不熟悉的，他们难以对实施过程中的具体问题提出要求，但他们对所需要的信息是十分清楚的。因而在项目商洽的过程中，他们的作用是说明需要什么样的信息，以及为什么需要这样的信息。也就是说，委托人要提出调查的目的，说明他们希望得到的数据类型。

（2）提供足够的背景材料。

若欲对研究的问题进行全面、深入的分析，需要相关的背景材料。当然，委托人也是提供充足背景材料的最终受益者。

（3）说明项目完成的时间要求。

（4）就经费问题与受托人磋商。

2. 受托人的责任

（1）与委托人进行充分的交流。受托人的工作目标是高质量地完成所承接的调查项目，为此，受托人就需要与委托人充分交流，透彻理解委托人的需求，清楚调查项目所要研究的问题。同时，向委托人准确地描述调查过程、调查结果的有效程度、调查结果所能起到的作用及局限性。

（2）回答委托人的咨询。由于委托人不是调查的专业人员，可能不太熟悉调查设计、调查实施中的一些问题。受托人有责任回答委托人关于调查专业问题的咨询，同时应准备好有关调查过程和技术方面的详细资料，一旦委托人有要求就应当提供。

（3）对项目的完成时间做出承诺。

（4）就经费问题与委托人磋商。

（5）为调查结果保密。除非在合同上有专门的约定，允许受托人使用调查数据，否则调查结果为委托人享有，受托人要发布、出版或使用调查数据，应得到委托人的允许。

3．双方的冲突

在调查项目的研究中，虽然委托人和受托人有共同的利益，但也会发生冲突，产生冲突的原因主要有以下几方面。

（1）双方都从自己的角度看待问题。

由于委托人对调查技术的专业知识缺乏了解，会提出一些不太切合实际的要求，并且抱怨调查费用太高，希望在有限的调查经费内解决所有的信息需求。而受托人过于强调调查中的专业技术问题，更为看重调查过程本身，对调查结果的实际应用价值关注不够。

（2）委托人的不道德行为。

委托人的不道德行为是指委托人在市场调查的伪装下为实现其他隐蔽的目的，向受托人提出一些不合理的要求，人为制约调查的结果。例如，在一些商品"排行榜"的调查中，就有揭露花钱买排名的报道。再如，在公布调查结果时，断章取义，误导读者。

（3）受托人的不道德行为。

受托人对委托人的权益保护不够，甚至违反职业道德，例如在没有获得允许的情况下，将委托人的调查结果泄露给第三方。也曾出现过这样的案例，B委托人的项目内容与A委托人的项目内容十分相似，在向B委托人正常收费的情况下，没有按合同协议实施正常的调查，而是挪用A委托人的调查结果。

确实，委托人和受托人都有各自的利益追求，但是对利益的追求要在遵守社会竞争的游戏规则下实现。为了实现调查项目的双赢，项目的双方要增加交流，建立共识，达到相互理解与信任。同时，要防止不道德行为，为市场调查建立良好的环境氛围。

3.3.3 投标的确定

投标的过程是一个竞争的过程。对参与投标的调查机构而言，在这个过程中首先面临的是如何获得招标书或招标信息。获得招标书大体有以下几种方式：

1．游说活动

调查机构的人员通过不同的游说活动，取得招标书或调查项目的执行权。不同的游说活动有：

（1）熟人关系。

从熟人、知情人那里获得项目委托方的招标信息，或由与委托方有关系的熟人介绍、推荐，使项目的招标方和投标方建立接洽。

（2）登门游说。

调查机构的专业人员进行市场营销，登门宣传，向潜在的客户介绍服务内容，建立信息交流渠道。

2．招标方主动找上门

在一些市场调查需求大的企业手中，都会有一份自己认为比较好的调查机构的名单，当有需要的时候就会与这些调查机构联系，进行项目的招标活动。一些知名的市场调查机构，由于社会认知度高，已建立起自己的企业形象，招标方主动找上门的机会就更多。

3. 从其他有关渠道得知

当委托人需要在大范围内寻找受托人时，可以利用多种渠道传播招标信息，这些渠道主要有：新闻发布会；互联网；相关宣传媒体，如专业性的报刊。

当获得招标信息后，调查机构就需要进行投标的准备。其中最重要的是投标书的准备。

3.3.4 投标书的撰写

在不同的场合，投标书可以有不同的名称。在没有竞争对手的单方申请下，可以把投标书视为项目计划书。计划书的主要目的是，坚定投资方的立项决心，争取到项目经费。为此，在计划书中就要把该项研究的重要意义讲清、讲透，说明该项调查数据的作用和价值。只有在竞争的环境下，投标书才是真正意义上的投标书。此时，在投标书中要充分展示对招标内容的理解和思考，展示项目设计与实施计划，展示本公司的技术与经验，以便在同竞争对手的比较中显示出自己的能力和特点。投标书（或项目计划书）的另一个功能是可以充当项目合同的附件，使得签订合同的双方在一些具体问题上统一认识，这有利于避免项目实施后可能出现的误解。虽然投标书的内容取舍是随具体情况而有所变化的，但一般来说应包括以下几个方面的内容。

（1）调研目的。

说明提出该项目的背景，要研究的问题，研究结果可能带来的社会效益或经济效益。

（2）研究内容。

说明调研的主要内容，规定所需要获取的信息，明确调查的范围和对象。

（3）研究方法。

简要说明准备采用的研究方法，包括：该方法的重要特征，与其他方法相比较的长处和局限性；将要采取的抽样方案的主要内容和步骤；样本量的大小和可能达到的精度；采集数据的方法；调查过程的质量控制方法；问卷设计方面的有关计划；数据处理和分析的方法；等等。

（4）进度安排和经费预算。

列出调查实施过程中每一个步骤的起始时间和结束时间，列出每一项所需的费用和总预算。

（5）项目实施的保证条件。

包括项目组的人员构成，已有的技术和经验的积累，本项目实施的其他有利条件等。

在撰写投标书时，需要注意：第一，在论述和论证研究计划的过程中，要能充分展示自身的特点和优势，表明有能力胜任这项研究，因为争取获得项目是投标书的最重要目的。第二，在商业性调查项目的投标书中应当使用商业语言，准确、清楚、简练，不用形容词，不进行文学式的描述；遣词造句中，避免过多的专业术语，因为高层决策者可能并不熟悉调查领域的专业术语，专业术语的多少也不是评价投标书质量高低的标准，他们评价的标准往往是调查方案论证中的层次、逻辑性和方案的可操作性。此外，在准备投标书时，也要注意招标方对投标书的要求，例如对投标书所应包括的内容要求、书写格式要求等。第三，要注意投标书的截止期限，在规定的时间内将完成的投标书上交到指定的地点。

3.3.5 选择项目受托人的依据

在项目投标的竞争中，项目投资方如何选择项目受托人呢？对于不同内容的项目，可能会有不同的选择标准，但下面几点是具有共性的通常准则。

（1）与投标方的合作经历。

如果投标的调查机构与项目投资方有过良好的合作经历，无疑会使该调查机构在与投标的其他竞争对手的较量中处于十分有利的位置。

（2）投标方的知名度。

较高的社会知名度表明了投标企业的能力、服务的质量和信誉。通常，知名度高的调查机构，其服务质量都是可以信赖的。

（3）项目的论证。

无疑，项目论证的好坏是投资方选择受托人的重要依据。

（4）投标方的其他背景。

包括投标调查机构的技术力量；人员结构、专业特长和学历背景；调查机构的规模；调查机构的发展历史；所拥有的经验积累；等等。

（5）项目报价。

（6）项目能否按要求时间完成。

其中，项目报价对双方都是敏感的问题，也是项目投资方选择项目受托方必须考虑的重要因素。但是，投资方在招标中比较价格的同时也要比较质量。有经验的投资方并不一定选择报价最低的，换句话说，最便宜的投标不一定是最好的。

小 结

调查方案设计是调查研究活动的开始，其质量好坏对整个调研活动将产生重要影响。调查方案设计要遵循科学性、可行性、有效性原则。调查方案的内容包括：确定调查目标，确定调查方法，确定调查对象和调查单位，确定测量程序和技术，确定调查时间，经费预算，制定调查的组织计划。在本章的最后，对调查方案投标的有关内容做了介绍。

思考题

3.1 什么是调查方案的设计？有何重要性？

3.2 什么是调查方案设计中的科学性、可行性和有效性原则？你如何理解它们之间的关系？

3.3　某啤酒生产企业欲进行一次市场调查，以了解消费者的啤酒消费偏好以及消费者对本企业产品的看法。请帮助该企业设计一个周密的市场调查方案。

3.4　在调查方案的投标中，你认为影响招标方选择的关键因素有哪些？

3.5　结合思考题3.3（啤酒生产企业市场调查）的背景，拟写一份投标书。

第4章 问卷调查方法

问卷调查是定量调查的主要形式，其特点是大样本、结构化，所以调查结果通常适用于多种统计分析方法。

按照调查执行方式的不同，可将问卷调查分为问答式调查和自填式调查两大类。问答式调查由访员对调查对象进行访问并填写问卷，主要包括电话访问调查、面对面访问调查两类。自填式调查由调查对象自己填写问卷，主要包括直递问卷调查、媒体问卷调查和留置问卷调查三类（见图4-1）。下面对各类调查方法进行详细介绍。

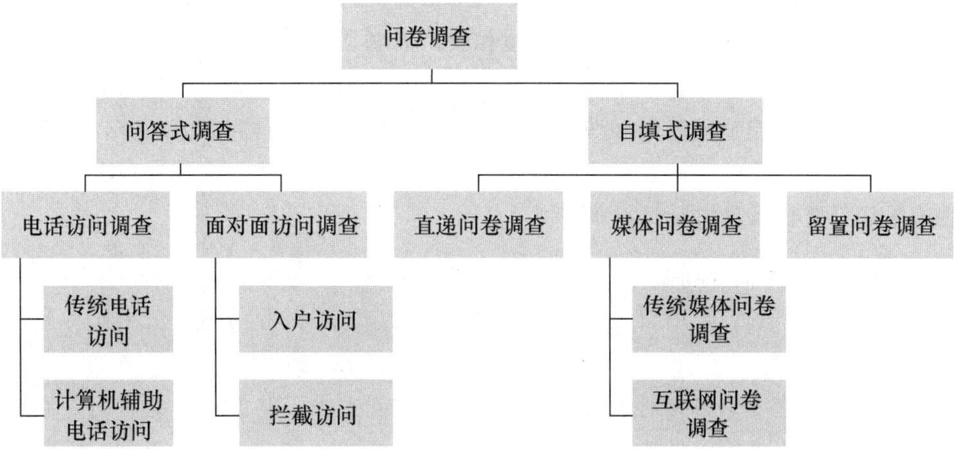

图4-1 问卷调查分类图

4.1 电话访问调查

顾名思义，电话访问调查是访员通过电话这一通信工具，依据调查提纲或问卷向调查对象进行访问以获取信息的一种数据采集方法。

由于电话的日益普及、电话访问技术手段的不断改进、面对面访问成本的不断增加以及市场调查项目周期不断缩短等原因，电话访问在市场调查中的应用越来越广泛。

电话访问有两种方式：传统电话访问和计算机辅助电话访问（CATI)。

传统电话访问是指选取一定的受访者样本，然后拨通电话，提出问卷上所列出的一系列问题。访员利用一份问卷和一张答案纸，在访问过程中随时记下答案。

受过专门培训的访员集中在某个场所或专门的电话访问间，在固定的时间内进行访问工作，现场有督导人员进行管理。

计算机辅助电话访问是将通信技术及计算机信息处理技术应用于传统电话访问所得到的产物，日益得到广泛的应用。该方法是指在一个中心地点装上计算机辅助电话访问（computer assisted telephone interview，CATI）设备，该设备的软件系统包括四个部分：自动随机拨号系统，问卷设计系统，自动访问管理系统，自动数据录入和简单统计系统。访员戴着耳机坐在计算机终端前。与传统电话访问相比，计算机代替了传统的纸和笔，耳机代替了电话听筒，接到指令后，由计算机直接拨打要呼叫的电话号码，访员在接通后读出屏幕上显示的问题，并直接将访问的结果输入电脑。

与传统的电话访问相比，访问的时间缩短了，数据质量也提高了，后期也不需要数据编码和录入等烦琐的环节。因为将答案直接输入电脑，所以可以做到即时。

与传统电话访问相比，计算机辅助电话访问具有明显优势，首先，便于随机抽样。如果已有调查对象电话号码数据库，可以实行概率抽样，即使没有调查对象电话号码数据库也可以通过随机拨号产生随机样本。其次，可降低访员误差。访员屏幕上每次只出现一个问题，计算机会根据答案自动跳转到下一道相关的问题，使问卷填写流畅，不容易遗漏问题。再次，可即时监测质量。控制人员可即时检查答案的适当性和一致性，并可对访问过程进行监听。最后，能节省时间和费用。问卷不需要审核、编码和录入环节，可以随时提供数据收集和分析结果的中间及最终报告。由于上述优势，目前大多数专业公司的电话访问都普遍采用计算机辅助电话访问的形式。

1. 电话访问的优点

电话访问作为市场调查中较为常用的方法，与入户、拦截等访问方法相比具有以下明显优点。

(1) 时间短、速度快。相对于入户访问，电话访问省去了路上花费的时间，调查时间短、速度快。一个出色的访员能够在一个小时内完成好几个访问。可以想象，用电话访问的方法，在几天内就能完成一项调研数据收集工作。

(2) 节省费用。电话访问所需要的费用主要是电话费，不存在访问交通费、受访者礼品费等调查费用，因而节约了调查成本。

(3) 访问过程容易控制。由于电话访问场所一般固定于某个地方，调研负责人可以及时了解和解决访问执行过程中遇到的各种问题，并对访员进行监督，而其他方法没有这么便利。例如，电话访员的声调、语气及用字等是否准确，可由督导员及时控制。

(4) 更容易接触被访者。入户访问时，访问对象从门镜中看见外面站着的陌生人，可能不予理睬，但是听到电话铃声后都会去接，即便他们并不知道打电话的人是谁。

（5）在某些问题上容易得到坦诚的回答。一些私人的、敏感的问题，比如询问被访者的收入等，在入户访问和拦截访问等面对面情况下，会使被访者感到不自然，而在电话访问中，则有可能获得较坦诚的回答。

2. 电话访问的缺点

（1）不能使用视觉帮助。由于电话访问中受访者看不到任何东西，访员也无法将产品的样品、包装或图片等出示给受访者，因此在一些需要受访者对图片、文字、设计等做出反应的项目中无法使用。

（2）访员无法像面对面访问那样做出各种判断和评价。例如，访员无法根据受访者的形体语言和面部表情进行观察，也无法通过目光交流，所以无法判断回答的真实性。

（3）访问成功率较低。用电话访问的方法，虽然易于接触被访者，但也比较容易被被访者拒绝。不愿意或没有时间接受访问的被访者，不必找什么理由，只要把电话挂断就可以轻而易举地拒绝访问。

（4）难以进行深入调查。电话调查提问时间不宜过长，因为时间过长的话容易引起被访者的反感，所以问卷中的问题不宜过多，而且提问只能限于简单的问题，因而无法进行深入调查。例如，有些问题有很长一串选项，当访员在电话里读给受访者时，受访者很难记下所有选项。一些缺乏耐心的受访者甚至可能在访谈中挂断电话，或随意给出一个答案以尽快结束访谈。

（5）调查对象无电话。一方面，电话访问中的抽样总体实际上是全体有电话用户，而要调查的目标总体可能包括全体有电话和没有电话的消费者。因此，抽样总体与目标总体可能不一致。另一方面，通常电话访问难以完成事先经过抽样确定的访问样本，因为电话访问会受到电话接通率、受访者时间冲突等因素的影响，最终得到的访问样本很可能已经不符合预先设定的抽样方法，因此采用电话访问得到的调查结果不能推断调查总体。

（6）受到语言交流的限制。由于电话访问是通过访问者和被访者之间的语言交流完成的，在这种情况下，被访者使用方言会严重影响电话访问的效率和所获取数据的质量。

（7）欠缺保密性。在几个用户共用一条电话线的情况下，信息很容易被窃听，导致泄密。

3. 电话访问的适用范围

以下情况比较适合采用电话访问调查。

（1）需要在短时间内完成的调查，如热点问题、突发性问题等的调查。对于某些急于收集到的资料而言，相对于其他调查方法，采用电话访问速度最快。

（2）问题题量较少、题目简单、答案明确的定量调查。由于电话访问的时间一般不能太长，因此问题设计必须简单明了，使受访者能够在很短的时间内迅速给出回答。一旦调查的内容较多或者回答问题需要经过一定的思考，受访者给予配合的可能性就会很小，有时甚至会中途终止接受访问，因此，电话访问对于问题较为复杂或需要经过反复思考才能得出回答的定量调查并不适合。

4.2 面对面访问调查

面对面访问简称面访，传统的面访是访员用纸质问卷填写调查结果，现代的面访采用计算机辅助访问（CAPI）。面访分为入户访问和拦截访问两类。

4.2.1 入户访问

入户访问是被访者在家中（或在单位）接受访员当面访问的一种调查方式，访员按抽样方案的要求，到抽中的家庭或单位，按照事先规定的方法，选取适当的被访者，依照问卷进行面对面的提问。

1. 入户访问的优点

（1）容易建立访员与被访者之间的信任与合作关系，有利于提高有效问卷的回收率并提高访问质量。

（2）访员可以使用其他辅助工具进行访问，如可显示制作好的图片或答案卡片等，从而提高访问质量。

（3）访问结束后当场检查问卷，可以有效避免被访者漏答题目的现象。

（4）访员可以在访问过程中观察被访者的表情、姿态等非语言行为，借此来判断被访者回答的真实性。

（5）行政区、街道、小区和门牌号为概率抽样提供了抽样框，通常可以进行概率抽样。

2. 入户访问的缺点

（1）费用高。入户访问要求访员到所有被访者家中进行询问，这需要付出大量的人力和时间，费用也比较高。

（2）传统面访过程较难监督。由于访员是分散作业，要检查他们是否尽责、有无作弊行为比较困难。但使用计算机辅助面访可以有效进行质量控制，督导员可以通过全球定位系统（GPS）跟踪访员位置，并可通过视频监看访问现场，还可对即时传回的调查结果进行分析。

（3）入户困难。目前有许多居民住宅安装有门禁系统，而且居民对于陌生人的防备心理比较强，所以访员经常被拒之门外。

4.2.2 拦截访问

拦截访问是指由访员在适当的地点，如商场入口处等，拦住适当的人员进行访问。拦截访问是一种十分流行的市场调查访问方法。这种调查方法相对简单，超市、写字楼、街头、车站、停车场、小区等公共场所均可以进行这样的访问。当调查对象在能够提供有意义的信息之前需要观看、品尝或使用产品时，拦截访问尤其适用。

拦截访问按照访问模式可分为两种形式：集中式和分散式。

集中式拦截访问又称厅堂测试（hall test），是在事先选定的若干场所内，租借好访问专用的房间或厅堂，根据研究要求，可能还摆放若干供被访者观看或试用的产品，按照一定程序和要求拦截访问对象，征得其同意后，带到专用的房间和厅堂进行面访调查。该方法常用于需进行实物演示或要求有现场控制的调研，如广告效果测试、新品入市研究等。

分散式拦截访问是指访员在事先选定的若干地点，按一定的程序和要求选取访问对象，征得对方同意后，在现场根据问卷进行简短的调查。

1．拦截访问的优点

（1）费用低。由于访问时间、地点比较集中，对调查对象的要求也没有那么严格，因而可以节省每个样本的访问费用。

（2）避免入户的困难，效率高。入户访问中访员容易受到入门难的困扰，而拦截访问不存在这一问题。访员的大部分时间用于访问本身，而不像入户访问那样需要长时间寻找被访问者，提高了访问的效率。

（3）便于对访员进行监控。拦截访问的时间、地点通常比较集中，而且是调研者事先确定的，访员必须在指定的地点完成访问工作，所以指派督导员在现场对访员的工作加以监督比较可行。

2．拦截访问的缺点

（1）不适合概率抽样查，也很难得到有代表性的样本。

（2）访问对象的拒答率比较高。

（3）拦截访问的环境并不像入户访问那么舒适，被访者可能会感到不安、匆忙，或是出现访员无法控制的一些状况。这些因素都会影响调查所收集信息的质量。

（4）不适合较长时间的调查，不适合复杂或较隐私问题的调查。

4.3 直递问卷调查

直递问卷调查是直接将问卷寄送或推送到被访者地址，被访者接收后自行填写的调查方式。传统的直递问卷调查只有邮寄问卷一种，现在已经大量使用电子邮件、微信或QQ、短信等直递问卷调查方式。

1．直递问卷调查的优点

（1）调查区域广泛。调查区域不受被调查者所在地的限制，只要邮政、互联网和移动电话网络所达的地区，均可列为调查区域。

（2）答题时间充裕灵活。被调查者不一定要在特定的时间内完成所有问题，还能够按照个人情况先易后难地回答问题，对较难回答的问题可以多花点时间思考。

（3）避免访员误导。访员的语气声调、态度表情都有可能对被访者形成暗示。另外，访员念错问卷、填写笔误，也会使被访者的意见得不到正确的表达。这些问题在直递问卷调查中都能够避免。

（4）被访者心理压力小。被访者身处自己熟悉的环境中，可以选择最适合的时间、地点填写问卷，并且不与调查人员见面，可以减轻回答敏感问题时的心理压力。

（5）可以进行概率抽样。有调查对象名称和地址是直递问卷调查的前提，名称和地址作为抽样框可以进行概率抽样。

2．直递问卷调查的缺点

（1）回收率低，影响调查的代表性。直递问卷调查由于没有访员在场催促，被访者会因对调查不感兴趣，不愿意回答某些问题，或因问卷过长、过于复杂等而拒绝作答。

（2）被访者地址难以获得。邮寄问卷要邮寄地址，电子邮件传送问卷需要电子邮件地址，微信或QQ推送问卷需要微信号或QQ号，短信推送问卷需要电话号码，被访者的这些信息通常难以获得。

（3）有意无意漏答题目。由于没有访员监督、检查，被访者常会有意无意地漏掉某些问题。

（4）无法避免替代作答。有时被访者收到问卷时，由于自己没有时间或出于其他原因，让他人代为回答，或者认为自己不属于调查对象，而找一个他认为合适的人作答，这样都会损害样本的代表性。

（5）对回答问题顺序无法控制。调研人员为消除回答偏见而精心设计的问题次序，可能因为被访者在填答之前先浏览整份问卷、跳过某些问题或不按所列问题的次序回答问题而遭到破坏，有时被访者可能因为看了问卷后面的问题而更改对前面问题的回答。

（6）对回答日期无法控制。市场调查研究往往需要在一定的时间内完成。邮寄问卷和电子邮件问卷虽然可以给被调查者一个时间要求，但被调查者能否按期完成，调查者把握不了。此外，对于一些需要在短时间内获得资料的研究，邮寄问卷调查无法胜任。

4.4 媒体问卷调查

媒体问卷调查是通过媒体发布问卷，由被调查者自行填写的调查方式。传统的媒体主要是报纸、期刊等。随着信息技术的发展，现在互联网已经成为主流媒体，用报纸、期刊做媒体的调查越来越少，因此下面主要介绍互联网问卷调查的特点。

互联网问卷调查是将调查问卷附加在一个或几个网络站点的网页上，由浏览这些站点的网络用户在此网页上回答问卷问题，也可以设计为被调查者回答问题提交后自己可看到统计结果。

1．互联网问卷调查的优点

（1）不受时间、地域限制。这种调查方法与受区域制约的传统调查方法有很大不同。互联网是全球性的，许多沟通中的屏障都消失了。

(2) 速度快。问卷的制作、发放及数据的回收都在网络上完成，速度均得以提高。可以在很短时间内完成问卷并得出结果及报表。

(3) 费用低。互联网调查在信息采集过程中不需要派出调查人员、不受地理距离的限制，不需要印刷调查问卷，可以节省劳务、印刷、录入、复核、交通等费用。

(4) 多媒体技术可以增强调查效果。互联网问卷调查可以借助网络优势，展示图片、文字介绍、声音等图像、声音资料。被调查者可以直观地通过文字、图形和其他各种表现方式做出选择和回答，有些项目则可以通过下拉菜单轻松选取，从而大大增强了调查效果。这是传统调查方法无法比拟的。

2. 互联网问卷调查的缺点

(1) 调查对象有局限。互联网问卷调查仅限于网民，对于不具备上网条件的人无法采用此种方法。样本对象的局限性会带来调查误差，无法保证被调查群体与目标总体的一致性。即使调查对象都是网民，也会因浏览网页的不同，难以保证接触到问卷的网民与研究总体结构一致。

(2) 难以实现概率抽样。受众接触到问卷后是否作答完全取决于其自身，媒体问卷调查的样本属于自愿样本而不是随机样本。

(3) 调查质量难以控制。媒体问卷调查取决于被调查者对调查主题是否感兴趣，往往对相关主题有深刻印象或持极端态度的受众参与度更高，因此调查结果容易出现偏差。另外，还可能出现同一个人重复填写问卷的情况。由于互联网上无实名制作保证，因此在一定程度上削弱了调查结果的真实性。

其实，互联网在数据采集中的重要作用并不是主要体现在媒体问卷调查上，互联网平台上记录的海量数据为市场研究提供了庞大的信息资源，如何利用这些数据正是互联网为市场调查业开辟的新的发展空间。由于这不属于问卷调查，因此不做详细介绍。

4.5 留置问卷调查

留置问卷调查是将调查问卷放置于某个调查对象相对集中的地方，由被调查者自行填写问卷后投进回收箱的调查方法。有时也采取让被调查者将问卷带回去填写，完成后邮寄给调查者的方式。

1. 留置问卷调查的优点

(1) 事件发生随即调查。调查问卷留置点通常设在事件发生的地方，这样可以得到被调查者的及时反馈，比如，调查营业厅服务质量就可将问卷留置在营业厅内。刚刚经历过的事情，人们记得更清楚，此时答卷意愿也更强烈一些，在提高数据准确性的同时还可提高回答率。

(2) 避免访员误导。访员的语气声调、态度表情都有可能对被访者形成暗示，另外访员念错问卷、填写笔误，也会使被访者的意见得不到正确的表达。这些问题在留置问卷调查中能够避免。

（3）被调查者心理压力小。被调查者不与调查方人员见面，可以减轻回答较为敏感问题的心理压力。

2．留置问卷调查的缺点

（1）适合留置问卷的地方不多。留置问卷的地方应是调查对象相对集中或调查对象经常光顾之处，否则回收率太低。同时，还要具备放置问卷和回收箱的设施，最好还要有供填写时使用的桌椅和笔。事实上，并不是随处都能找到满足这些条件的地方。

（2）难以实现概率抽样。调查对象是否作答完全取决于其自己，留置问卷调查的样本属于自愿样本而不是随机样本。

（3）调查质量难以控制。对相关主题有深刻印象或持极端态度的受众往往参与度更高，这使得调查结果容易出现偏差。而且，填写中遗漏难以避免。另外，填写问卷的人是否为合格的调查对象也难以确认。

4.6 问卷调查方法的比较和选择

在市场调查中，选择合适的问卷调查方法是一个重要而且现实的问题。每一种定量调查方法都有其优缺点，没有一种定量调查方法在任何情况下都适用，也不是所有的定量调查方法都相互排斥，相反，它们将相互配合相互补充，以扬长避短。因此根据任务要求和调查对象特点的不同，需要选择不同的问卷调查方法。

调研人员希望收集到高质量的数据，同时也要考虑调查成本、时间和问卷回收率、样本的代表性、调查内容等因素。我们接下来对各种问卷调查方法进行比较分析（见表 4－1），以供大家根据不同目标、不同因素选择合适的问卷调查方法。

表 4－1　问卷调查方法的比较

指标	电话访问（CATI）	入户面访（CAPI）	拦截面访（CAPI）	传统邮件调查	微信、QQ调查	电子邮件调查	媒体调查（互联网）	留置问卷调查
调查费用	中	高	中→高	低→高	低	低	低	低
项目周期	中	长	中→长	中→长	短	短	短	短→中
概率抽样	能	能	否	能	能	能	否	否
允许问卷长度	中	长	中	中	短	中	中	中
允许问卷复杂度	中	高	高	低	低	低	低	低
访员控制	易	易	易	—	—	—	—	—
数据质量	高	高	高	低	低	低	低	低

小　结

问卷调查是定量调查的主要方式，按照实现方式分为问答式和自填式两种。问答式由访员对被访者进行访问，通过问答方式完成调查问卷，包含电话访问和面对面访问两类。自填式由被访者自行填写调查问卷完成调查，包含直递问卷调查、媒体问卷调查和留置问卷调查三类。

各类问卷调查都兼具优缺点，在市场调查中要根据调查目的、调查对象特点、调查主题和时间经费等相关条件选择适合的问卷调查方式。

思考题

1. 问卷调查的基本特点有哪些?
2. 问卷调查有哪些种类?
3. 电话访问调查的优缺点是什么?
4. 面访调查的优缺点是什么?
5. 直递问卷调查的优缺点是什么?
6. 互联网问卷调查的优缺点是什么?
7. 留置问卷调查的优缺点是什么?
8. 在实际工作中如何选择适合的问卷调查方式?

第5章 调查问卷的设计

问卷设计是市场调查的关键环节，对调查质量有重大影响。问卷设计的缺陷不仅会影响市场调查的其他环节，甚至导致整个调查项目的失败。问卷设计是调查计量误差的主要来源之一，它还直接关系到由于调查员、受访者等所引起的计量误差。例如，问卷题量过多，引起受访者的不耐烦或反感；问卷结构混乱、概念模糊，容易引起受访者的误解等。

问卷设计所涉及的知识面十分广泛，需要很多的技巧，既要满足调查需要，又要照顾受访者的感受；既要有科学性，又要有艺术性。设计出一份高质量的问卷非常重要，当然难度也较大。不同类型的调查项目对问卷的要求差别很大，并不存在一种适用于各类调查内容和各种调查方式的通用问卷模式，但仍有一些共同的基本原则可循。本章包括问卷设计概述、问卷设计流程和常见问题，以及几类主要问题（行为问题、态度问题和自填式问题）的设计技巧等内容。

5.1 概　述

5.1.1 问卷的概念

问卷，又称调查表，是指调查者根据调查目的和要求，设计出的由一系列问题、备选答案及说明等组成的向受访者收集资料的一种工具。问卷广泛应用于统计学、经济学、管理学、社会学、心理学等领域，它是市场调查收集资料的基本工具之一。市场研究需要进行规范的调查，标准化的问卷则不仅有利于准确、迅速地收集市场资料和信息，而且便于高速、高效地对这些数据进行处理和分析。

5.1.2 问卷的作用

简单地说，问卷的作用就是作为提问、记录和编码的工具，从而获得第一手的市场资料。具体来说，体现在以下几个方面：

(1) 将所需信息转化为受访者可以回答并愿意回答的一系列具体的问题。

(2) 引导受访者参与并完成调查，减少由受访者引起的计量误差。

(3) 使调查人员的提问标准化，减少由调查人员引起的计量误差。

(4) 根据它来记录受访者的回答。

(5) 根据它来进行编码。

因此，问卷设计的目的就在于：设计一份理想的问卷，既能描述出受访者的特征（性别、年龄、职业、文化程度等），又能测量出受访者对某一社会经济事物的态度，并且能在一定条件下以最小的计量误差得到所需的所有数据。

5.1.3 问卷的类型

问卷的设计必须与调查目的和要求、调查主题、调查对象以及调查方式相适应，因而不同的研究问题、对象和方式适用不同的问卷类型。

(1) 根据调查方式的不同，可分为派员访问调查问卷、电话调查问卷、邮寄调查问卷、网上调查问卷和座谈会调查问卷等。

(2) 根据问卷的填答方式，可分为自填式问卷和代填式问卷。

自填式问卷即由受访者自己填答的问卷，主要适用于邮寄调查、宣传媒体发放的问卷调查、网上调查以及派员送发问卷调查等；代填式问卷是由访员根据受访者的口头回答来填写的问卷，主要适用于派员访问调查、座谈会调查以及电话调查等。

这两类问卷的使用者不同，自填式问卷由受访者使用，代填式问卷则由经过专业培训的调查员使用，所以两类问卷在具体结构、问题类型、措辞以及版式等方面都会有所不同。一般来说，自填式问卷要求格式清晰、问题简单、说明详细，侧重于受访者能够接受并正确理解和填答问卷；而代填式问卷更注重问卷的实地处理。

5.1.4 问卷的结构

问卷一般由开头、正文和结尾三个部分组成。

1. 问卷的开头

主要包括问候语、填表说明和问卷编号。

(1) 问候语。

问候语是为了引起受访者的重视，消除他们的疑虑，激发他们的参与意识，以争取得到他们的合作。因此语气应该亲切、诚恳、有礼貌，内容要能交代清楚调查目的、调查者身份、保密原则以及奖励措施等；同时，不能拖沓冗长，引起受访者的反感。如果问候语的内容和措辞恰当，可能会降低拒访率，提高调查结果的可靠性和有效性。相反，如果内容或措辞不当，可能导致无回答率增高，从而增加调查成本，甚至引起偏差和误差，影响调查结果。

(2) 填表说明。

目的在于规范和帮助受访者对问卷的回答。填表说明可以集中放在问卷前面，也可以分散到各有关问题之前。尤其对自填式问卷，填表说明一定要详细清楚，而且格式位置要醒目。否则，即使受访者理解了题意，也可能回答错误，引起数据偏差或误差。例如，可能造成单选题回答成多选，排序题回答成选择题，该跳答处没有跳答，要求填写的数字单位是“升”却回答成“杯”等。

(3) 问卷编号。

主要用于识别问卷、访员、受访者地址等，可用于检查访员的工作，防止舞弊行为，便于校对检查、更正错误等。

2. 问卷的正文

一般包括资料的收集、受访者的基本情况和编码三个部分。

(1) 收集资料部分是问卷的主体，也是使用问卷的目的所在。

其内容主要包括调查所要了解的问题和备选答案。显然，对这部分内容设计方法的探讨，是问卷设计研究的重点。

(2) 调查者的有关背景资料也是问卷正文的重要内容之一。

受访者往往对这部分问题比较敏感，但这些问题与研究目的密切相关，必不可少，如个人的年龄、性别、文化程度、职业、职务、收入等，家庭的类型、人口数、经济情况等，单位的性质、规模、行业、所在地等，具体内容要依据研究者先期的分析设计而定。

(3) 这里的编码是指问卷中包含的前编码设计，以及为后编码设计预留的位置。

3. 问卷的结尾

问卷的结尾可以设置开放题，征询受访者的意见或感受，或者是记录调查情况，也可以是感谢语或其他补充说明。

5.1.5 问卷设计原则

问卷设计是一门科学，同时具有较强的艺术性。在设计问卷时要求设计者具有一定的技巧性、灵活性和创造性。虽然问卷类型、内容各异，不同设计者也有不同的设计风格，但都需满足问卷设计的根本要求，即在一定成本下获取最小误差的有效数据。这一要求体现在问卷设计的四个基本原则上。

1. 功能性原则

功能性原则是问卷设计最基本的原则，即实现问卷的基本功能，达到规范设计和满足调查客户需求的目的。这一原则具体表现在一致性、完整性、准确性和可行性等几方面。

2. 可靠性原则

所谓可靠性原则，是指作为数据收集工具的问卷，应保证数据在一定的条件下维持稳定性。具体来说，即由于调查者、受访者和调查环境的不同，都可能引起数据波动，问卷应具有一定的稳健性，以减少这三方面对数据质量的影响。

3. 效率原则

在遵循功能性原则和可靠性原则的前提下，问卷设计应保证最大效率原则。简单地说，就是在保证获得同样信息的条件下，选择最简捷的询问方式，以使问卷的长度、题量和难度最小，节省调查成本。一方面，在一定成本下，要使问卷尽量获取全面、准确、有效的信息，但并不等于一味追求容量大、信息多，不要询问与本次调查目的无关的问题；另一方面，追求高效率并不简单等于低成本，一味节约成本可能会以数据准确性和可靠性降低为代价，反而造成低效率。

4. 可维护性原则

问卷的设计往往不是一次性完成，好的问卷需要经过反复的修改和检验，待错误全部修正后，再正式开展大规模的调查。一份便于修正的问卷应当结构清晰，不同的调查项目之间有明确的界限，当一个项目的内容需要进行调整时，不会影响到问卷的其他部分。此外，应注意问卷的可对比性和连续性。如果设计问卷时仅从本次调查出发，忽略问卷的标准化，数据口径不一，缺乏时间、空间和内容的可比性，将会极大地限制数据的利用价值。

5.2 问卷设计流程和常见问题

不同的调查目的和要求，不同的调查对象、调查内容，以及不同的调查方式等因素，可能会决定不同的问卷类型、结构和特征。在市场研究中，调查内容无所不包，每个调查项目都有各自的特点，因此，相应的问卷设计也要各有侧重。当然，问卷设计也并非完全无规律可循，多数问卷设计的基本原则和设计流程是相同的。

在问卷设计的实际操作中，每一个步骤都有许多细节需要注意，以尽量减少可能导致的计量误差。本节按照问卷设计的一般程序（见图 5－1），探讨哪些因素容易导致计量误差，并对问卷设计各环节的常见问题及其解决进行阐述。

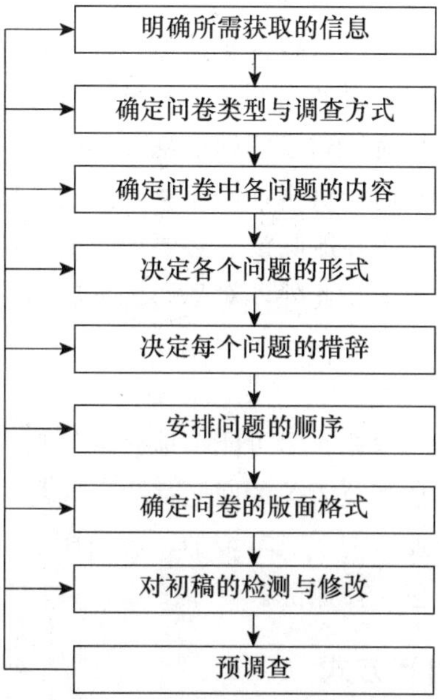

图 5－1 问卷设计流程框图

5.2.1 明确所需获取的信息

问卷设计的第一步，就是对调研主题和目的进行初步的探索性研究，将其转化为具体理论假设与所需获取的信息。这一阶段的工作与调研前期工作密切相关。因为调研的第一步就是研究调查目的和调查主题，如果调研者在这一步已进行了细致的研究，那么这一阶段的工作就会容易得多。

许多调查都要求设计者对所研究的问题有一定的研究，提出一些理论假设，对本次调查主题各因素间的关系进行推断性判断。探索性调查的目的主要在于发现思想或见解，设计初期对问题了解较少，只是一些粗略的设想，可能难以提出理论假设。在设计初期，设计者应尽可能列出想到的所有假设和所需信息，再联系主题对其进行筛选，排除不必调查的内容，便可以得到本次调查的基本项目结构。然后，分析检验这些假设与获取这些信息需要进行哪些统计分析，就决定了调查总体和调查内容。

归纳起来，这一阶段应该注意的问题主要有以下几点：

（1）问卷内容应与调查发起者的需求相一致。

很多时候，调查发起者可能自己都不知道自己真正需要获得哪些信息。例如，某次关于某类电视广告效果调查的前期，调查发起者只是说想了解该类广告的影响效果，再深入解释了解什么就不清楚了。如果仅根据这一句话确定问卷内容，结果往往是很难满足调查发起者的真正需求。因此，调查设计人员要与调查发起者反复进行沟通交流，深入了解其真正需求。

（2）反复检查或通过预调查，分析有无遗漏重要信息，要保证信息的完整性，充分满足调查发起者的需要。

（3）要把握住主题，深入研究具体需要哪些信息，提出正确的理论假设。

例如，与分析人员交流要得到这些信息需要分析哪些问题，涉及哪些变量。这样最终确定的问卷才可能满足调查发起者的需要。

（4）实践中设计人员可能会忽略获取信息的可行性分析。

例如，某计算机公司为了解竞争产品的实力和销售情况，决定对经销公司进行问卷调查。调查发起者与调查设计人员对所要了解的信息都很明确，但是直到调查实施阶段才意识到问卷所含的许多信息都属于商业机密，不应放入问卷，结果不仅调查无法进行，还使受访者对调查产生了敌意。因而，除删除没有必要询问的问题之外，对受访者难以理解或不易回忆起来的问题也要慎重考虑。此外，对受访者不愿回答或不愿真实回答的问题，可以采用隐藏题型或随机化技术。

（5）信息一定要精简。

调查发起者可能希望通过一次调查尽可能多地获取信息。基于这一想法，有些调查发起者将一些与调研目的关系很小甚至无关的问题都列入问卷，结果问卷涵盖内容太广，拖沓冗长，结构松散，使调查难度增加，成本增加，非抽样误差增大。在确定所需获取的信息时，与调查目的无关的问题应一律删除。

5.2.2 确定问卷类型与调查方式

明确所需获取的信息之后，研究人员需要决定怎样收集这些信息，包括确定问卷类型和调查方式两个方面。在实际调查中，问卷类型或调查方式的选择不当都会导致很大的非抽样误差，严重影响调查质量。这一阶段要注意的问题主要有以下三个方面。

1. 可行性

选择的问卷类型不合适，或调查方式不合适，或两者的搭配不合适，都可能导致高拒访率，引起调查误差。例如，某调查者既希望设计的问卷内容详细而全面，又想通过电话调查方式节省费用。问卷长而复杂正是电话调查的禁忌，显然，调查方式与问卷类型不匹配，调查结果很难令人满意。因此，应根据所需了解信息的内容、类型和数量，选择配套可行的问卷类型和调查方式。如果调查内容涉及敏感性问题，可考虑匿名性邮寄调查或在派员访问调查中采用随机回答技术，电话调查则显然不适合。为了提高回答率或防止对受访者的诱导，可考虑采用隐藏性问卷类型。

2. 准确性

如果盲目选择调查方式和问卷类型，则调查结果的准确性可能达不到调查发起者对信息准确度的要求。例如，预估计某品牌洗发水的市场比例，为节省费用采用媒体调查，结果回收率很低，使数据不可信。由于受访者分布可能有偏，使用这种结果估计产品的市场比例显然不准确。

3. 效率

效率是指在满足调查目的的基础上成本最低。选择的调查方式与问卷类型不匹配可能造成低效与浪费。选择调查方式与问卷类型时要考虑能支付的调查费用和对时间的要求。

科学地选择调查方式和问卷类型，首先应明确各类调查方式的优缺点及适用范围。问卷类型的选择直接取决于调查内容和要求，也受制于调查方式。下面主要就最常用的派员访问调查、电话调查、邮寄调查和网络调查方式进行比较（见表 5－1）。

表 5－1　四类常用调查方式的比较

调查方式	派员访问调查	电话调查	邮寄调查	网络调查
投入的人力	多且不易控制	较少且易于控制	少	少
费用	高	较低	低或中	低
调查周期	时间较长	时间短，且易受控制	时间较长，且不易控制	时间短，且不易控制
调查对象	范围较广，适用性强	难以包含全部目标总体，但与调查样本联系方便，且不受样本分布区域限制	调查对象要求有一定文字理解与表达能力，但不受样本分布区域的限制	难以包含全部目标总体，但不受样本分布区域限制
回答率	较高	较低	低	低
数据质量	收集的数据较准确、可靠，但容易导致由调查人员、受访者引起的非抽样误差	减少了访问引起的非抽样误差，而且在调查过程中可以及时解决疑难问题	没有调查人员的指导，容易产生误答、错答、漏答	没有调查人员的指导，容易产生误答、错答、漏答
调查内容	内容广泛而且可以较复杂，但不适于某些敏感性问题	内容有限制	内容有限制，但可以用匿名方式调查一些敏感性问题	内容有限制，但可以用匿名方式调查一些敏感性问题

续前表

调查方式	派员访问调查	电话调查	邮寄调查	网络调查
收集的资料	在收集数据的同时了解实际情况，收集非书面信息资料	只有口头信息，难以深入探讨	只有书面信息，难以深入探讨	只有书面信息，难以深入探讨
其他		调查过程与数据编码、录入过程结合在一起		调查过程与数据编码、录入过程结合在一起

总的来说，派员访问调查由于调查内容广泛、数据准确、成功率高等优点，使用较普遍，但成本较高，调查周期较长。邮寄调查的调查对象分布广泛，适用于规模较大、调查内容不甚复杂、对总体推算的精确度要求不高且总体成分构成比较单一的调查项目。电话调查随着电话普及率的迅速增长，适用面越来越宽。网络调查成本低、速度快，虽然难以保证数据质量，但使用频率越来越高，尤其适用于对专题信息的收集、对特定群体的调查或者作为其他调查的补充。不同调查方式各有利弊。比如为得到较高质量的数据而选择派员访问，需要牺牲一定的时间与费用；而为了节省费用，选用邮寄调查或网络调查，得到的数据质量可能较低。在选择调查方式时需要依据调查要求和客观条件进行权衡。

5.2.3 确定问卷中各问题的内容

确定问卷中各问题的内容即确定问卷中具体包括哪些问题以及这些问题都应询问些什么内容。这一阶段要注意：

（1）反复检查各问题的内容能否有效地获取所需信息，以及有无遗漏信息。

（2）检查问题的内容能否准确反映所需信息。

实践中有些受访者喜欢隐瞒自己的收入、年龄、饮酒量或吸烟量等，有些受访者喜欢夸大自己的受教育程度、职位等。因而确定问题内容时要想办法克服或修正这些偏差，例如用家庭拥有的家用电器情况来修正收入。

确定问题内容时原则上应一题一问，尽量避免一题多问。一个问题内如果事实上包含若干个问题的内容，结果得到的回答反而会含糊不清，不知道应归属于哪个问题。

例如，客户对某产品的价格和服务质量感兴趣，因此询问消费者“您对它的价格和服务质量满意还是不满意？”

该问题实际上包括价格和服务质量两方面的问题，“对价格不满意但对服务满意”、“对服务不满意但对价格满意”或“对价格和服务都不满意”的受访者都可能回答“不满意”，该结果显然不能反映客户想了解的信息。因而，该问题应分为两个问题分别询问：“您对它的价格满意还是不满意？”“您对它的服务质量满意还是不满意？”

（3）检查各问题内容的可行性与可靠性。

有些问题的内容可能对受访者来说要求过高，受访者根本回忆不出或不知道问题的答案，结果缺失太多，数据可信度下降。即使勉强得到了答案，也可能不准确。例如，受访者不愿在某些方面示弱，可能会对自己不知道、不理解或没有思考过的问题表达意见，或对事实进行隐瞒或夸大。还有些问题受访者不愿回答，原因可能是受访者认为问题太麻烦，或者涉及隐私，或认为根本没有必要回答等。因此，确定问题内容时应注意受访者愿意准确回答、可以准确回忆（可以在帮助下）、能够准确理解并给出有意义回答的可能性。

受访者之所以接受访问回答问题，原因可能有：慷慨地帮助别人；喜欢谈论自己或自己的观点；问题对自己无害；等等。如果回答问题的可行性较小，又不可能通过其他方法提高回答率或找到替代问题，就只能放弃。

提高问题回答率的方法主要有：取得有名望的组织单位的支持；采用隐藏性问卷使受访者消除戒备；借助辅助措施帮助受访者回答；采用随机化选答技术等。

（4）确定题量时一定要把握好度，注意效率原则。

问卷中的问题并非越多越好，在问卷中加入与本次调查无关的内容，或者由于问卷结构不清致使某些问题被重复询问，都会加大调查的工作量和难度。如果问卷中多设计一个变量，后期阶段的数据收集、录入、处理和分析就会相应增加很多工作量。尤其是在大规模调查中，问卷中一个可有可无的变量会浪费大量的人力物力。此外，研究表明，冗长的问卷可能会使受访者兴趣下降，无关或重复的问题可能会引起受访者的反感或分散其注意力，从而加大计量误差。

因此，确定问题内容时，既不要为节省成本而省略重要信息，也不要为多获取信息而忽略可行性，盲目地增加题量。尤其是在电话调查中，对问卷题量的限制要求更高，在所需信息较多的情况下，可以考虑采用分离问卷的方法。

5.2.4 决定各个问题的形式

问题类型主要有开放题和封闭题两种，不同题型有不同的优缺点和适用范围。

1. 开放题

开放题由受访者用自己的语言自由回答，自由决定回答的角度、形式、长度和细节，而非在固定选项中选择。例如：

产品色彩中哪类颜色是您最喜欢的？（追问：您最喜欢什么颜色？）

您认为某公司的服务在哪些方面应有所改进？请您畅所欲言。

开放题的主要优点是：

（1）受访者可以充分表达自己的意见和看法。

（2）调动受访者的积极性。

（3）防止固定选项对受访者的诱导。

（4）从回答中可以检查受访者是否误解了问题。

开放题的主要缺点是：

（1）标准化程度低，调查结果不易处理，无法深入定量分析。

（2）要求受访者有一定的文字表达能力。

（3）回答率比较低。

（4）需要占用较多的时间。

开放题经常需要“追问”，追问可以获得更详细的信息，同时可以调动被访者的积极性。访员通过追问“还有其他的吗”或“在这一点上能否讲得更详细些”可以澄清受访者的回答。开放题在定性访问中起着重要的作用，但不适于在自填式问卷中使用。

2. 封闭题

封闭题给出固定选项，要求受访者从中选择或由调查员根据受访者的回答选择，主要形式有两项选择题、多项选择题、排序题以及量表等。例如：

(1) 两项选择题：

最近三个月内，您有没有购买过某品牌产品？（　　）

①有　　②没有

(2) 多项选择题：

请问您对某公司的抱怨主要集中在哪些方面？（可多选）（　　）

①服务态度　　②价格

③业务水平　　④硬件设施

⑤工作效率　　⑥信息提供/反馈

⑦单证服务　　⑧其他

(3) 排序题：

请问您选择代理公司时，您最看重的是（　　）；其次是（　　）；再次是（　　）。

①价格　　②服务质量

③公司信誉　　④以往合作经验

⑤人际关系　　⑥服务态度

⑦其他

封闭题的主要优点是：

(1) 标准化程度高，调查结果易于处理，便于定量分析。

(2) 对文化程度较低的受访者也可使用。

(3) 回答率较高。

(4) 节省调查时间。

封闭题的主要缺点是：

(1) 受访者的选项可能不能准确表达其意见和看法。

(2) 给出的选项可能对受访者产生诱导。

(3) 受访者可能误解问题或圈错答案，但答案难以反映出来。

3. 选择题型时应注意的要点

(1) 尽量为受访者考虑，预防由受访者引起的计量误差。

设计者如果仅从提问角度选择问卷形式，忽略受访者的感受，主观假定受访者对不同形式问题的反应无显著差异，结果必然导致计量误差。

首先，采用的问题形式应尽量简单，复杂的问题应尽量简化。以某项邮寄调查为例，调查者为得到详细信息，设计了大量的交叉列联表和排序题，有些排序题的选项多达20个，结果问卷回收率远低于预期值，回收的问卷中也含有大量的项目缺失，许多表格空缺，还有一些受访者没有理解题意，把排序题当成多选题。根据这些问卷，最后推算的结论明显缺乏说服力。又如，某项调查需详细询问家庭结构，设计的问题为：

请问您家庭的结构为：

□一人　　　　　　　　　　□夫妻两人

□两代家庭　　　　　　　　□三代家庭

□四代家庭或四代以上家庭

该题选项存在不少缺陷，不能满足分析的需要。例如，同是两代家庭，可能是老中结构，也可能是中青结构，还可能青少结构，这三类两代家庭的消费模式显然是不同的。另外，还有离婚、分居等情况难以判断。

其次，应充分考虑敏感性问题对受访者的影响。以最常见的收入问题为例，对大部分调查来说，收入背景资料必不可少，但许多受访者不愿真实回答，故意隐瞒自己的收入。实践表明，把收入分层让受访者选择比让他直接填写要好得多。即便如此，调查所得的收入值仍明显偏低。目前，采用何种问题形式可以准确反映受访者的收入仍在探索研究中。

(2) 采用的问题形式应能准确反映问题内容，尽量满足分析要求。

在确定问题形式的同时，要确定最终分析所需要的数据类型，这直接影响到分析的深度和广度。

以收入分类为例，收入可以按照500元、1 000元或2 000元的间隔平均划分，也可以不等距划分。若不考虑分析目的而盲目分层，如在某高档消费品市场调查中，不对高收入阶层进行细分，仍像一般调查一样，简单地把收入最高档设为人均月收入3 000元以上，导致最后分析时无法对主要消费者细分，悔之晚矣。因此，在选择问题形式时，要多与分析人员交流，尽量满足分析的需要。

(3) 保证问卷标准化。

在满足分析目的的前提下，尽量保持指标口径的通用性，以便于对比和可移植使用。有些设计者在设计指标时没有考虑到标准化问题，设计的指标单独从问题或本次调查来看没有问题，但如果前后联系或与同类问卷比较，则可能口径不一，缺乏可比性，数据的可利用价值大大降低。

具体内容千差万别，问题形式也多种多样。因而在具体选择问题形式时，应尽量注意上述要点，兼顾问卷设计的原则。必须指出的是，以上几方面要点之间是相互交叉、相互制约的，同时兼顾相当困难。分析者往往希望数据详细、明确、测量尺度高，受访者则希望问题简单些，测量尺度低一些，敏感性问题少一些或隐蔽一些。因此，必须对各因素进行权衡，才能选择出最优的问题形式。

5.2.5 决定每个问题的措辞

问题的措辞，就是将已定类型和内容的问题转化为标准提问的依据以及受访者能够理解并据其回答的问题。表面看来，这一阶段不过是确定用词语气，然而其作用却至关重要。措辞不当往往会使受访者误解题意或拒绝回答，引起计量误差，从而直接影响数据质量，事后弥补非常困难，成本太高。实践中在这一步骤经常出现的问题有：

(1) 词不达意，问题的措辞没有准确反映问题的内容。

造成这类问题的原因一般有：

1）措辞错误，无法表达原意；

2）模棱两可，令人产生歧义；

3）缺少重要句子成分等。

例如，某企业调查中有单选题询问“贵公司从事的产品活动”，而现实中许多企业兼营多种产品活动，选择时仅按照备选答案的顺序，选出见到的第一个自己公司从事的产品活动，而非最主要的产品活动，显然得出的答案有偏。

（2）受访者无法正确理解问题。

其原因主要有：

1）缺少必要的定义说明。调查对象是非专业人员时，可能不理解某些专业词语的含义。例如，某问题询问：

请问您是否使用过基于地理位置的服务？

□使用过　　　　　　　　□没有使用过

□不知道

因为不知道什么是基于地理位置的服务，有些受访者可能已使用过基于地理位置的服务，却选择了没有使用过或不知道，或者是没使用过却选择了使用过，所得的结果显然有误差。此外，对于专业术语或日常用语，不同人的理解也可能不同。例如：

请您估计一下，您平均一个月在文化消费上花多少元钱？

这里的“文化消费”的范围如果没有界定，则受访者对其所含范围的理解就可能有很大差异。比如，有些人理解为教育投入，有些人认为是文化娱乐，有些人认为是旅游观光等。还有这里的“花多少元钱”，可以指购买文化产品，也可以指购买文化服务，不同人的理解显然也是不同的。

2）用词生僻或过于专业。一般调查中，调查对象文化程度分布广泛，生僻、专业的词语会阻碍受访者对问题的理解。例如，某保险公司调查顾客对本公司业务的印象，询问：

请问您对本公司的理赔时效是否满意？

请问您对本公司的展业方式是否满意？

许多受访者不明白什么是“理赔时效”和“展业方式”，即使给出答案也没有意义。

3）语句过于复杂，容易使受访者理解错误。

（3）使受访者不能准确回答。

主要原因有：

1）问题、答案选项的措辞诱导受访者的思维。例如：

您并不认为应该增加反污染法规吧？

这种否定式提问对受访者的回答有诱导作用。

2）问题给出的答案选项含义模糊或相互交叉，使受访者无法准确表达自己的意见和看法。例如，询问受访者对某品牌商品的购买时间，选项中有“最近三个月内购买”和“最近一年内购买”，如果受访者是上周购买的，则这两个选项都对。

3）问题要求受访者回忆、估计，而回忆是造成计量误差的主要原因。经常有市场调查要求受访者回忆之前三个月甚至半年、一年的购买情况，这显然取决于受访者的记忆力和合作程度。某项汤料市场调查询问受访者每次做几碗汤，尽管说明了碗的大致容量，但这种估计明显会有很大的计量误差。

4）问题含有假定，使受访者无法准确回答。例如：

您辞去目前的工作后是否会立即找其他工作？

受访者可能因为假设不成立（不打算辞职）而说不，也可能因为辞职后不会立即找工作而说不。

(4) 缺少必要说明，问题或选项较抽象，都会使受访者的回答口径不一，导致计量误差，甚至使数据无效。

例如，询问消费者购买书的单价，但没有对单价进行定义。有人认为是一套书的价格，有人认为是一本书的价格，结果得到的数字有数百元，也有几元。如果问题中含有“偶尔”“经常”“许多”“大致”等含义模糊的词语，也可能会导致不同的受访者理解不同。

(5) 问题的措辞可能会影响回答率，使受访者不愿回答或不愿真实回答。

例如，直接询问一些敏感性问题，会使受访者产生反感而拒答。又如受访者可能不愿示弱或怕被瞧不起而说谎。所以在决定措辞时要注意研究受访者的心理。

(6) 问题中出现褒义词、贬义词或否定词都会影响受访者的回答。

例如，1941年罗格（Rugg）进行的试验：

A：您是否认为美国应该禁止反对民主的公开言论？

B：您是否认为美国应该允许反对民主的公开言论？

结果问题A中54%的受访者回答“是”，问题B中75%的受访者回答“否”，显然是过于严格的措辞“禁止”导致这两题结果的显著差异。

问卷措辞的确定具有很大的灵活性和创造性，不同的设计者往往具有不同的风格。这里主要针对以上问题提出预防和控制措施，建议设计者反复推敲，尽量避免措辞引起的误差。

5.2.6 安排问题的顺序

一旦问题的内容和形式、措辞都已确定，设计者应该考虑怎样把这些问题组合成问卷，即安排问题的排列顺序与结构。问题排列顺序和结构的不同可能会引起回答上的差异，导致出现以下问题：

(1) 引起受访者的反感和厌烦。

例如，问卷结构混乱，问题排列没有逻辑顺序，致使受访者回答时思维跳跃，很容易产生反感。又如问卷开始就是一些较复杂或敏感的问题，使受访者紧张或厌烦，会影响他们对后面问题的回答。例如某电话调查项目开头就询问受访者家庭常住人口数量，导致大量本来可以成功的调查被中途拒访。

(2) 造成调查员提问错误和受访者回答错误。

问题排列顺序、结构混乱，既不利于调查员提问，也容易使受访者疲劳。尤其对于较复杂的问卷，调查员提问和受访者回答都可能出错。例如，因该跳问处没有跳问，漏问、漏答，错问、错答等现象，得到的结果甚至可能前后矛盾。

(3) 问题排列顺序不当可能产生诱导。

例如，对某品牌的产品进行市场调查，一开始就询问对该品牌的看法，之后才询问消费者所喜欢的产品品牌，结果反映出消费者对该品牌的喜爱程度明显偏高。

针对以上问题，相应的解决方法如下：

（1）按问题所能提供的信息及受访者能够感觉到的逻辑性对问题分组。

从受访者感兴趣的问题入手，由熟悉到生疏，由易到难，由浅到深，由表及里，层层深入、细化。

（2）先一般后特殊，避免诱导。

将敏感性问题放在最后，这样由于调查后期气氛比较融洽，受访者的警惕性降低，有助于提高回答率。

（3）问题或选项排列顺序不同，可能会影响受访者的回答。

例如，在量表中经常有一系列的题从不同角度正面或反面评价某对象，分别征询受访者的意见。显然正面语句有导致正偏差（设为 b_1）的倾向，反面语句有导致负偏差（b_2）的倾向。如果正（或反）面语句连续排列，更会加大误差。这时把正反问题交叉排列，有助于调动受访者的积极性，避免受访者不加思考而习惯性回答。此外，可以借鉴试验设计的思想，把两类将导致反向误差的问题随机分配给样本，这样所得结果的偏差（设为 b）肯定小于 b_1 和 b_2（b_1 和 b_2 符号相反），而且 $|b_1|$ 与 $|b_2|$ 越接近，调查结果越准确（$|b|$ 越小）。

实践证明，面对多个问题或选项，受访者对前面的问题或选项比较认真。因而，对于量表或某些问题的选项，可以采用随机起点调查法，使每个问题或选项都会依次排列在各个位次上。但是，这种操作会加大工作量，实践中最适合用计算机辅助调查。

（4）问卷应该结构清晰。

最好考虑采用模块化设计方法，即把问卷分为若干个功能块，每个功能块由若干个问题构成。各功能块内部具有较强的联系，功能块之间保持相对独立。

5.2.7 确定问卷的版面格式

把确定版面格式作为一个步骤似乎有些小题大做，然而实践表明，问卷的版面格式也会影响调查的质量。需要注意的主要问题有：

第一，调查人员为节省费用压缩版面，问题之间空间太小，不仅调查者提问或受访者回答时容易疏漏或串行，后期数据编码录入也容易出错。另外，如果开放题留出的用于答题的空间太小，将导致回答者不予以重视，只给出很少的信息。

第二，低劣的纸张和粗糙的印刷会引起负效用。尽管开头的问卷说明中一再强调本次调查的重要性，低质量的问卷外观还是会破坏受访者对调查的印象，轻视该调查，从而直接影响调查质量。

第三，问卷中重要的地方没有突出，尤其对于自填式问卷，如果答题的规则或跳问的提示不醒目，很容易被忽略掉，致使受访者回答错误。

因此，问卷版面格式的设计不容忽视：

（1）外表要求质量精美、专业化。

（2）适当的图案或图表会调动受访者的积极性。

（3）内部要留出足够的空间，方便提问、回答、编码以及数据处理。

（4）重要的地方注意加以强调，以引起受访者的注意。此外，注意把同一份问卷装订在一起，防止数据丢失。

5.2.8 对初稿的检测与修改

问卷的初稿很可能存在一些潜在的问题，一般都要经过仔细检查和修改，必要时重复上述七个步骤，反复推敲每个问题的每个词语。在这一阶段，耐心、严谨、认真的态度非常重要。对这一问题的具体阐述见第 6 章。

5.3 行为问题设计技巧

问题设计是调查问卷设计的核心，设计调查问题时，精准的措辞至关重要。不同类型的调查问题具有不同的特点，本章针对市场调研中常见的行为问题和态度问题，基于前人总结的问卷设计技巧进行了归纳整理。

5.3.1 非敏感性行为问题设计

询问受访者的行为是问卷中最常见的一类问题，例如对工作生活、消费娱乐、与他人的社会交往、休假和旅行等活动的询问。这类行为问题对受访者是否敏感，不存在明确的判断标准。一个比较好的方法是询问自己一个问题：受访者是否会认为问题的答案有对错之分。当然，做预调查有助于判断问题的敏感性。

对于非敏感性行为问题，即使受访者愿意准确回答，也有可能受到受访者理解与记忆的影响。为了方便受访者正确理解并准确记忆问题，归纳设计技巧如下。

（1）正确运用措辞。

尽量使用每个受访者都能理解的措辞，避免使用受访者不理解的专业术语或词汇。用最简单的词汇来描述被测度的行为。考虑受访者回答问题时的语境，避免使用有多重含义的词汇。此外，还可以通过预调查等方法发现问卷措辞问题，进行试验和纠错修改。

（2）使问题尽可能具体。

让每个问题都尽可能具体，可以使得受访者的填答更容易，得到的回答也会更精确。应遵循 5W 准则设计问题，即什么人（who），做了什么（what），在什么地方（where），什么时候（when），有时候还要问为什么（why）。

谁的行为：对行为类问题而言，必须让受访者清楚问卷问题是让他们报告自己的情况，还是其他家庭成员的情况，或所有家庭成员的情况。

什么行为：必须明确指明所询问的具体行为。譬如，在外出就餐花费的问题中，必须说明是否包含喝咖啡、点外卖的行为。

什么时间：在表述“什么时间”这样的问题时，应当确切指明事件发生的日期或时段，而不要使用诸如“上个星期”或“上个月”等模糊表述。

（3）选择恰当的时间范围。

个人对某种行为的回忆准确程度与行为发生时距离当前的时间长度以及行为的重要性有关。事件越重要，受访者越容易记住。人们对于非常重要的事件，一般一年或更长的时段之后，都能较准确地记忆，但对于经常发生的小事件却很少能够清晰地记忆。所以，对高度重要的行为，一般选择一年及以上的时间段；对中等重要的行为，一般选择1～3个月的时间段；对不太重要的事件，一般选择2个星期到1个月的时间段。例如，对于购买新住宅、孩子出生、遭遇车祸等重要事件，可以以年来记录；对于购物等不太重要的事件，可以以月或更短的时间记录。

（4）确定适当的问题长度。

不同类型问题所需的长度有所不同。对于态度类问题，问题变短，可信度随之上升；但是对于行为类问题，问题变长，有助于减少被遗漏事件的数量，增加回忆的准确性。第一，更长的问题提供了记忆的线索，类似辅助回忆。第二，较长的问题需要受访者花费更长的时间来阅读，增加了思考时间。第三，问题越长，受访者回答得越多，进而回忆起更多事件。当然，过长的问题也可能会增加记忆错位，导致行为高报。

（5）采用辅助回忆法。

当受访者很可能出现遗忘时，可以使用辅助程序帮助其回忆。辅助回忆法是将一个或多个回忆线索作为问题组成部分提供给受访者的方法。例如将具体的事例放在问题当中，“您是多少个组织的成员——如工会、教会、互助组织?”或者不是询问受访者“您参加什么样的户外活动”，而是给出选项让受访者选择具体参加了哪些活动和运动项目。

使用辅助回忆法需要注意一些事项。首先，给出的例子应尽可能全面。其次，选项不要太多，尽量只包含那些最可能被选择的事项。最后，让各个选项随机排序，以减少选项顺序对受访者的影响。

（6）采用关联记忆法。

可以使用家庭记录或关联记忆来降低记忆错位，提高回答质量。关联记忆法涉及对同一组受访者进行重复的访谈。初次访谈是无关联的，数据也不会在这一期使用。但在所有后来的访谈中，受访者将被提示先前已经报告过的行为。访员也会将那些新报告的行为与早前报告的行为进行核对，以防止日期记忆错误。多次重复访谈的费用比较高，备选方案是在一次访谈的问卷中设计关联的问题。

（7）使用日记和追踪研究。

对经常发生但是不容易记住的事件，例如消费支出、食品准备、车辆使用、电视观看以及保健等问题，可以让受访者用日记记录下来。使用日记既能降低对回忆的依赖，又能提供更精确的行为信息。使用日记法需要注意以下几点：一是相对于定期式日记，分类式日记更便于记录者填写，也便于研究者处理。二是日记应该保持相对简短。三是应当要求受访者记录多种事件，不能仅记载一种行为类型或仅记载购买一种产品。

使用日记法的成本较高，但对于获得频繁发生的、重要度低的行为和精确的、细节性的信息而言，是值得考虑的。

（8）使用二手记录。

在面对面访问这类调查方式中，可以使用家庭二手记录帮助减少记忆错位，增进细节信息。比如：购物小票可以提供日期、商品类型、金额等细节，保险报销单据可以提供有关医疗和其他保险花费的信息，所有权凭证和租赁契约提供有关单位、时间等信息，金融交易记录能提供与财产和储蓄相关的信息。

5.3.2 敏感性行为问题设计

在问卷调查中，经常会遇到一些敏感性行为问题，包括社会赞同类问题（如疾病预防、书籍阅读、安全带的使用、慈善捐赠等）以及社会反对类问题（如交通违规、非法用药、吸烟饮酒等）。

对于敏感性行为问题，已经发明了随机化回答、编号卡、密封投票等询问方法来降低敏感性，在一定程度上提高回答的精确性。具体来说，设计此类问题有以下措施和技巧。

（1）使用自填方法。

把问题设计成自填式是最广泛使用的减少问题敏感性的方法。这种方法既适用于社会赞同类行为，也适用于社会反对类行为。根据前人的研究，与访谈式调查相比，采用自填式调查既能降低社会赞同类行为调查结果高估的偏差，也能降低社会反对类行为调查结果低估的偏差。

自填式问卷作用的关键在于受访者对问题的敏感度和匿名保证的信任度。即便被给予完全的匿名，如果受访者对问题的过于敏感或者匿名保证产生怀疑，也会降低其回答的精确性。

（2）使用随机化回答。

随机化的回答技术是通过随机化提问技术，避免访员和研究者知道受访者所回答的问题内容，从而确保受访者匿名的方法。具体方法是，访员准备一个敏感问题和一个非敏感问题。例如，问题A是“在过去12个月中，您是否有醉酒驾车?”问题B是“您的生日在9月吗?”受访者只需回答其中一个问题，而回答哪个问题取决于一种概率机制。例如，设计一个装有70%是红色小珠子、30%是蓝色小珠子的盒子，当受访者摇晃盒子时，小珠子会出现在只有受访者看得见的窗口中，如果小珠子是红色的，受访者就回答问题A，如果是蓝色的，则回答问题B。

假设在一个有1 000个受访者的样本中，其中200个受访者给出了“是”的回答，另外800个受访者回答“否”。假定人们的出生日期均匀地分布在12个月中，同时假设30%的受访者看到了蓝色的小珠子，那么问题B回答“是”的人的期望值大约是25（1 000×30%÷12），于是问题A回答“是”的实际人数是175人（200－25），而回答问题A的人数大约是700（1 000×70%），则承认有过醉酒驾车的人的比例约为25%（175÷700）。

随机化回答方法的缺陷在于无法把受访者的个体特征同个人行为联系在一起，造成了信息丢失。

（3）使用开放式问题。

一般而言，封闭式问题比较容易回答，也有利于数据整理和分析。但是，对于敏感性行为问题，采用封闭式问题很可能导致信息丢失。封闭式问题一般按照一定的逻辑顺序排列回答选项，例如从最频繁到最不频繁，或者相反。极端的回答一般位于选项的最前面或最后面。而受访者一般会倾向于选择排序居中的答案，而避免选择两端的答案，从而导致对于敏感性问题的误报。开放式问题没有最高或最低的预设值，这有利于更准确地调查敏感性行为。

（4）使用日记法和追踪调查。

日记法和追踪调查可以提供重复的书面记录，降低受访者对问题的敏感程度。首先，重复发生的事件的敏感性会随着时间的推移逐渐降低，进而人们对其习以为常。受访者随着时间的推移，对敏感性问题会逐渐变得不那么拘谨和压抑。其次，受访者会逐渐增加对收集数据的人员的信任，在两到三次的日记记录和访谈之后，这种信任感和对问题的敏感性感受会很快趋于稳定。最后，日记法可以把敏感度较高的问题嵌入一般性的问题中。例如，在日记中报告医药支出的受访者比一次性截面调查的受访者在避孕产品消费支出中的回答误差更小。

（5）嵌入问题。

问题的敏感性在一定程度上也取决于问卷的背景和问题出现时的语境。例如，将饮酒问题作为一系列有关消费支出、消遣活动或生活方式的问题当中的一项，关于酗酒这类问题的敏感性可能会降低。在询问过烈酒饮用行为后，啤酒饮用行为的问题就显得不太敏感。

（6）选择合适的时间范围。

对于社会反对类行为，发生在过去的事件敏感性低于当前的行为。因此，先询问“您是否曾经醉酒驾车，即使只有一次？”然后询问发生在过去某个确切的时间段内的行为。

对社会赞同类行为则相反，受访者对承认他们从未做过某些社会赞同类行为很敏感。因此，问发生在过去某个确切的时间段内的行为（例如“请回想一下您最近一年内是否有慈善捐款？”）比询问是否做过社会赞同的行为的问题（“您做过慈善捐款吗？”）要好很多。

（7）降低问题的敏感性。

在“人人都这样”的提问前先将询问的行为归结为常见行为，这可以降低问题的敏感性。例如：“在这个国家中最受欢迎的酒精饮料是啤酒。”当然，“人人都这样”的陈述必须合理。不合理的陈述不但无效，而且会惹恼受访者，从而增加问题的敏感性。

利用某种权威也可降低受访者敏感性。例如：“现在很多医生都认为适量饮用烈性酒有减少患心脏病或中风的可能。请问，在过去的一年中，您喝过烈性酒吗？”

5.4 态度问题设计技巧

在市场调查、社会调查以及心理学研究中，经常涉及人群的态度或行为意向的询问。态度是一种主观状态，无法从外部观测到。与行为问题相比，态度问题的询问更加困难。量表设计是态度问题设计的关键。

5.4.1 概述

1. 确定态度的客体

人群的态度不是孤立的，通常与某个事物有关，或指向某个事物，这个事物称为态度的客体。态度的客体可以非常具体，也可以很抽象。态度的客体通常含糊不清或者定义不明确，使得很难确定什么是我们想要了解的事物。因此，清楚地了解并且明确态度的客体，是设计态度问题的第一步。

2. 态度的三个组成部分

意见和态度从语义上讲差异不大。意见通常指对某个特殊的客体的看法，例如某个人或某项政策，而态度通常指一组与某些复杂的客体有关的意见。意见一般由一个问题来测量，而态度通常由一组以某种测量模型为基础的组合问题来测量。

态度由认知、评价和行为意向三个部分组成。认知部分由一组与态度的客体有关的信念组成（例如，“在下面这些维度上，比萨是怎样有益于健康的?”）；评价部分由对客体的评价构成（例如，“您喜欢吃比萨吗?”）；行为意向部分与受访者对他们自身的行动的态度有关（例如，“下个月，您将吃几次比萨?”）。

态度往往非常复杂，而且不同组成部分有很大差别。因此，需要设计不同的问题来测量不同的态度组成部分。即使态度的组成部分彼此相关，它也需要通过不同的问题来分别测量。

3. 评估态度的强度

对于态度的认知、评价和行为意向都可以进行强度测量。测量态度强度的方法有：

(1) 将强度尺度嵌入问题中，同时测量评价的方向和强度。

(2) 设计两个问题，其中一个问题测量受访者态度的方向，另一个问题测量态度的强度。

(3) 设计一系列独立的、反映潜在态度的问题，由受访者赞同的题项总数决定态度强度。

5.4.2 量表的类型

在问卷中对调查者的态度、意见或感觉等心理活动进行判别和测定，如消费者对某产品的喜欢程度、居民对油价上涨的态度等，都要借助量表进行测量。所谓量表，就是通过一套事先拟定的用语、记号和数目，来测定人们心理活动的度量工具。量表可以将所要调查的定性资料量化。

量表的优点主要有：

(1) 可以对受访者回答的强度进行测量。

(2) 将受访者的回答直接转换成数字，这些数字直接用于编码。

(3) 量表问题可以使用一些更高级的统计分析工具。量表的缺点主要是对受访者的记忆和回答能力要求较高，容易引起受访者的误解。

为了设计出符合调查目的的各种量表，市场研究者应首先对量表的种类有一个基本认识。量表的种类很多，可以按照各种标准加以划分。

1. 根据测量尺度划分

根据测量尺度，可以划分为类别量表、顺序量表、等距量表和等比量表。

(1) 类别量表，根据受访者的性质进行分类。

例如，“请问您知道×××牌洗发水吗?”①知道；②不知道。例中答案的代表数值①，②只作分类之用，不能用作数值计算。

（2）顺序量表，表示各类别之间不同程度的顺序关系。

例如，“请在下列数字后依次给出您最喜欢的洗发水品牌、第二喜欢的品牌、第三喜欢的品牌……”

1. ________　　2. ________　　3. ________

4. ________　　5. ________

例中1，2，3，4，5等符号仅表示等级的顺序，并不表明量的绝对大小。

（3）等距量表，不仅能表示顺序关系，还能测量各顺序位置之间的距离。

例如，“请您用10分制对×××公司的满意度进行打分，1分表示很不满意，10分表示很满意”。

很不满意 1　2　3　4　5　6　7　8　9　10 很满意

得分6分与5分之差和4分与3分之差是相同的。但应注意的是，不能说8为4的2倍，这是由于等距量表上没有一个真正的零点。

（4）等比量表，表示各个类别之间的顺序关系成比率的量表。

它有一个真正的零点，比如对身高、体重、收入等变量的测量。但采用这种量表的测量有一定的困难，在市场调查中，这种量表应用不多。

2. 根据态度答案数目划分

按此可以划分为平衡量表和不平衡量表。

如果有利态度的答案数目与不利态度的答案数目相等，该量表为平衡量表；否则为不平衡量表。例如，“您对某超市服务态度有什么看法？”

若答案为：非常好、很好、好、一般、不好、很差、非常差，则是平衡量表。

若答案为：非常好、很好、好、一般、不好，则是不平衡量表。

采用平衡量表，受访者的答案分配可能比较均匀、客观性较强；采用不平衡量表，答案可能会偏向有利或不利答案，但优点是可减少答案数目。

5.4.3 市场调查常用的几种量表

目前，在市场调查中常用的量表有评比量表、鲍氏社会距离量表、瑟斯顿量表、李克特量表、语义差异量表和配对比较量表等，下面分别做简要说明。

1. 评比量表

评比量表是市场调查中最常用的一种顺序量表，调查者在问卷中事先拟定有关问题的答案量表，由回答者自由选择回答。量表的两端为极端性答案，在两个极端之间划分为若干阶段，阶段可多可少，少则3个阶段，多则5个、7个或更多个阶段，例如：

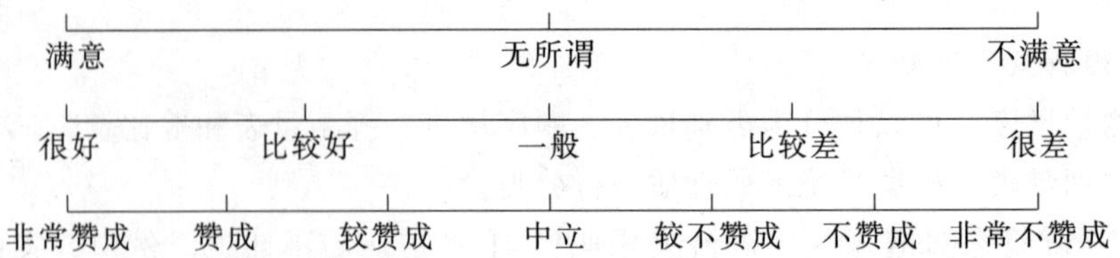

在制定评比量表时，应注意中间阶段划分不宜过细，过细往往会使回答者难以做出评

价。当然，也可采用不平衡量表，偏向于有利态度的答案，以减少答案数目。

2. 鲍氏社会距离量表

例如探讨美国人与阿尔巴尼亚人交往的意愿，可能会询问美国人如下问题：

A. 你愿意让阿尔巴尼亚人住在你的国家吗？

B. 你愿意让阿尔巴尼亚人住进你的社区吗？

C. 你愿意让阿尔巴尼亚人住在你家附近吗？

D. 你愿意让阿尔巴尼亚人住在你的隔壁吗？

E. 你愿意让你的子女与阿尔巴尼亚人结婚吗？

注意，上述问题逐步加强了受访者对阿尔巴尼亚人的亲近程度。开始时，我们要测量美国人与阿尔巴尼亚人交往的意愿。然后逐步发展，设计了一些交往程度不同的问题。这样建立起来的项目称为鲍氏社会距离量表（Bogardus social distance scale）。

鲍氏社会距离量表的项目在强度上有明显差别。如果某人愿意接受某种强度的项目，那么他就应该愿意接受该项目之前的所有项目，因为这些项目的强度更弱。例如，一个能让阿尔巴尼亚人住在自家附近的人，一定也愿意让他住在自己的社区和国家，但却不一定会让阿尔巴尼亚人住在隔壁，或让自己的子女与阿尔巴尼亚人结婚。这就是各个项目之间强度的逻辑结构。

从经验上看，人们可以期望大多数人都愿意让阿尔巴尼亚人住在美国，但却只有少数人愿意让其子女与他们通婚。在这种情况下，可以称某些项目为“简单项目”（譬如，让阿尔巴尼亚人住在美国），或者是“困难项目”（譬如，让子女与其结婚）。很多人都会接受简单项目，却无法接受困难项目。除了一些不可避免的特例之外，鲍氏社会距离量表的逻辑是，受访者一旦反对某个项目，则对比该项目更困难的项目也会持反对态度。

鲍氏社会距离量表具有经济性，每个受访者能够接受的最难项目的分值就能代表其对量表中其他项目的回答。但鲍氏社会距离量表显然不适用于那些逻辑结构不明显的变量的测量。

3. 瑟斯顿量表

瑟斯顿量表（Thurstone scaling）就试图在变量的指标项目之间建立一种经验性结构，其中最常出现的是“等距”结构。建立这种量表的基本步骤为：

第一步，由研究者提出若干个可能的指标项目，通常有几十条之多。例如，了解人们对一周五天工作日的看法时，可用以下语句：

- 五天工作日对于人们精神健康是绝对必要的。
- 五天工作日是社会进步的一种表现。
- 五天工作日是生产力提高的结果。
- 五天工作日是对劳动者基本权利的保证。
- 五天工作日没有必要。
- 五天工作日会使人变得懒散。
- 五天工作日有助于经济繁荣。
- 五天工作日会减少人们的收入。

…………

第二步，将这些表述提供给一组评定人员（通常在10～20人），要求他们对每一个项目测量变量的强度进行评判（通过赋值，譬如1～13分），对关系最弱的赋值1分，对关系最强的赋值13分，关系强度中等的赋予中间值，依此类推，赋予每个项目一个分值。

第三步，根据评定人员给予每一个项目的分数，计算其平均数和标准差。平均数反映了评定人员对某语句态度的集中程度，而标准差则反映了他们态度的离散程度。然后选出得到裁判共识最多的项目，并剔除没有得到共识的项目。

第四步，在得到共识的项目中，选择代表1～13分的（一个或多个）项目。在真正调查时向受访者提出，要求他们回答。

和鲍氏社会距离量表一样，瑟斯顿量表也具备经济性和效率。每一位受访者也会得到一个分值（受访者能够接受的最难项目的分值），而这个分值也能充分代表受访者对问卷其他项目的回答。但瑟斯顿量表的使用频率并不高，主要原因在于：第一，量表的确定费时费力；第二，评定人员的选择应有一定的代表性，否则当评定人员的态度和实际受访者态度发生较大差异时，会使这种方法失去信度；第三，组成变量的项目的含义也会随时间的演进而有所改变，所以每隔一段时间必须对量表进行更新；第四，无法反映受访者态度在程度上的区别，即当他们表示“反对”时，并不知道他们是反对、很反对还是极反对。李克特量表则可弥补这一不足。

4. 李克特量表

李克特量表（Likert scale）是问卷设计中运用十分广泛的一种量表。它也是要求受访者表明对某一表述赞成或否定，与瑟斯顿量表的不同之处在于，受访者对这些问题的态度不再是简单的同意或不同意两类，而是将赞成度分为若干类，范围从非常赞成到非常不赞成，中间为中性类，由于类型增多，人们在态度上的差别就能充分体现出来。例如：

请您给下面的观点打分：

很同意（5分）　　比较同意（4分）　　讲不清（3分）

不太同意（2分）　　很不同意（1分）

①越是有钱，越应该参加保险。

②年轻人没有必要买养老保险。

③只有人们的收入达到一定的水平，才会考虑保险。

④我不爱生病，没必要参加保险公司推出的医疗保险。

…………

⑩目前保险定价合理。

量表的项目应围绕问题的“典型”观点，所选项目应当分散，代表问题的一个足够宽的范围。此外，需要考虑项目的正负方向（如对“非常同意”正面项目的和“非常不同意”负面项目的人都给5分），这样可以避免由于习惯“附和”或“反对”而造成的回答偏差。

5. 语义差异量表

和李克特量表一样，语义差异量表同样要求受访者在两个极端之间进行选择。例如用语义差异量表调查受访者对于某段音乐的感受，首先应确定相关维度，同时界定两个语义相反的术语代表每一个维度的两极，接下来就可以让受访者评价对音乐的感受。例如：

	7	6	5	4	3	2	1	
愉悦的								不悦的
简单的								复杂的
不和谐的								和谐的
传统的								现代的

研究者对各维度的分数进行统计，了解受访者对某音乐的看法，还可进行群体和团体间的比较分析。为了防止回答偏差，最好是将彼此有关系的项目位置加以变化。例如，通常受访者如果认为某段音乐是“不和谐的”，同样也会认为它是“现代的”。上面的量表就将“不和谐的”和“传统的”放在左侧，而将“和谐的”和“现代的”放在右侧。

6. 配对比较量表

配对比较量表是通过配对比较的方法来测量人们态度的一种量表。例如，某可乐饮料经销者非常想了解几种品牌的可乐饮料在消费者心目中的地位，就可采用此法。如果现有A，B，C，D四种品牌的可乐饮料，即可将其两两组合成6对，要求受访者（100名）成对比较，并指出何者为佳。如果对A与B的比较中回答A佳，则在A较B为佳栏下记录1人，如果共有20人这样认为，则频数为20，全部6对可乐比较过后所得结果如表5-2所示。

表5-2　　认为 i 品牌较 j 品牌为佳的人数分布

j	i			
	A	B	C	D
A	—	80	70	40
B	20	—	30	15
C	30	70	—	35
D	60	85	65	—

为了更进一步分析，可将次数转化为频率，如表5-3所示。

表5-3　　认为 i 品牌较 j 品牌为佳的比率

j	i			
	A	B	C	D
A	0.50	0.80	0.70	0.40
B	0.20	0.50	0.30	0.15
C	0.30	0.70	0.50	0.35
D	0.60	0.85	0.65	0.50
合计	1. 60	2.85	2.15	1.40

在表5-3中，各品牌与自己比较的比率均为0.5，将每栏的比率相加，就可得出各种

品牌的态度值。四种品牌的态度值相比，显然 B 最受欢迎：

B(2.85)＞C(2.15)＞A(1.60)＞D(1.40)

配对比较量表是顺序量表的一种，正如前面所讲的那样，根据顺序量表无法得知态度间的真正差距是多少。例如，上例中的 B 与 C 的差距为 0.70，不能说它是 A 与 D 差距 0.20 的 3.5 倍。这种方法适用于品牌（或规格、花色等）不多，而且消费者对各种品牌的商品比较了解的情况。

5.5 自填式问题设计技巧

自填式问卷是一种由被调查者自行阅读问卷中所有信息，并自行填写问卷的数据收集手段。随着信息技术的发展，自填式问卷由传统的纸笔问卷填写逐渐转向邮件问卷调查和在线调查。按照填写时是否有监督人员在场，自填式问卷调查可以分为监督调查和无监督调查。常见的监督调查又包括一对一监督、集体调查、半监督式调查等。

自填式问卷的最大优点是费用较低，相对于其他调研方法，可以节省费用 50%～75%。此外，自填式问卷调查在抽样方面也有优点，例如具有较大的地理覆盖面、可以获得更大数量的样本量、在样本人群中获得更大的覆盖面。在实施阶段，自填式调查由于不需要招募访员，减少了人力成本，实施起来更容易；同时，正确运用在线调查有利于数据的后期处理，也减少了数据丢失的可能性。由于样本成员接受问卷调查的时间基本一致，从而使突发事件或者其他受访者的干扰对受访者态度、行为的影响可以忽略。

自填式问卷的缺点主要为与抽样有关的缺点、与问卷结构有关的缺点，以及与调查运作有关的缺点。自填式问卷一般为方便抽样，因此，即使受访者是从被认为有代表性的人群中抽取，所获得的样本也不具备代表性。邮寄问卷和在线问卷的回应率也比较难以控制，一般低于电话采访和面访的回应率，即使采取了激励措施。回应率低的原因主要是受访者的文化水平低、视力障碍、方言隔阂、电子设备操作技能缺乏等。在问卷设计方面，研究目标不明确或者比较复杂，会降低受访者的参与意愿，降低调查回应率。问卷的篇幅、问题类型、辅助信息、顺序效应对回应率有重要影响，过长的问题篇幅、过多的开放式问题、过多的辅助信息、不合理的问题顺序安排，将会降低受访者的参与意愿和回答质量。在操作管理层面，最大的问题是无法保证受访者是否独立、自主完成问卷，也无法保证问卷回收的时效性。

在设计问卷内容之前，应当注意利用问卷收集数据的种类，使用自填式问卷调查方式的适当性，以及问卷内容的设计。常见的数据类型有受访者的个人信息、环境信息、行为信息、经历和状态信息、思想或感受信息等。即使只将调研重点放在态度、行为、知识等问题上，必要的人口统计变量，如年龄、性别、学历、职业等也应纳入收集范围。是否使用自填式问卷调查方式，需要考虑受访者的读写能力、受访者的积极性和自填式问卷形式的适用性。自填式问卷的适用性包括如下几个方面。首先，研究主题必须能合理安排在一个相对精练的问卷设置内，即问卷尽可能只包含一个研究主题。其次，自填式问卷特别适合研究当前发生的事件。再次，自填式问卷的使用有赖于对所研究问题的结构化问卷处理。研究人员应当尽量罗列可能的选项，同时尽量避免出现跳问。最后，自填式问卷不适合运用于探索性问题上，因为此类问题的目标、思路和参数尚未明确，收集的数据与预期可能严重不符。对问卷内容的设计，包括直接引用标准问题库、对既有问题进行改编和设计全新问题等。

自填式问卷由于直接面向受访者，是受访者获取访问信息的唯一途径，因此需要最大限度地做到用户界面友好。设计中需要对问题题目、答案选项、是否为开放题、问题措辞等方面重点考虑。

1．问题设计

（1）简短而具体的设计格式。

问题设计应做到简短而具体。应避免在一个问题中询问两个或多个问题，同时避免题目模棱两可。

（2）注意模糊限定词的使用。

问题中应尽量避免使用“一般”等使不同受访者产生不同理解的副词。具有不同读写水平的受访者对相同的名词也会产生不同的理解。即便在选项中，也应注意副词是否准确表达了研究人员的意图。

（3）注意抽象术语和行话的使用。

问题中应尽可能减少使用抽象术语或行话。在必须使用时，也应保证给出明确的定义，即使这种定义并无正式的文献来源。

（4）先易后难的设计。

问卷中应当将最容易回答的问题放在前面，再逐渐设计较为复杂和敏感的问题。让问卷起始部分的问题变得简单、有趣，容易激发受访者的参与热情，提高问卷完成率。

（5）逻辑顺序。

应当按照问题之间的逻辑关系来安排问题顺序，而非研究人员对问题感兴趣的程度安排问题顺序。例如，将具体的问题放在一般问题之后，则显得富有逻辑性。

（6）人口统计信息问题的设置。

人口统计信息问题，例如年龄、性别、学历等，一般应放在问卷的结束部分，而非开头部分。自填式问卷一般会在填写之前印发介绍信或申明信来鼓励受访者参与调查，人口统计信息会对此产生消极影响。人口统计信息问题一般比较单调枯燥，容易降低受访者的参与积极性。另外，人口统计信息问题经常被视为隐私问题，放在开头容易被拒答。

2．开放式问题和封闭式性问题

与封闭式问题相比，开放式问题不用设计答案选项，容易设计，而且受访者回答内容的自由度很高。同时，开放式问题对受访者的思维和语言能力要求较高，也为研究人员分析问题造成额外困难。在认真策划和预调查的基础上，封闭式问题可以尽可能概括受访者的观点和看法，免除受访者的书写过程和研究人员对开放性答案的额外编码处理。因此，问卷问题一般避免采用开放式问题。

3. 设计答案选项

若自填式问卷主要由封闭性问题组成，那么如何设计问题选项就非常重要。设计选项时，应当注意如下方面。

（1）答案长度。

答案选项应当涵盖所有受访者可能持有的观点或遇到的情况，同时尽量避免罗列过多观点或情况。应当让受访者同时看到所有选项，减少选项顺序不同造成的数据偏倚。

（2）选项之间应互斥。

答案选项之间不能相互替换或内容有交叉，同时要能够方便受访者区分不同选项间的界限。

（3）复选项。

如果追求答案选项灵活且详尽，应当采用复选项形式，允许受访者使用多个选项描述自己。

（4）其他选项。

在适当的情况下，答案选项应当有一个“其他选项”，来避免答案选项数量过多或者有未考虑到的内容情形。当受访者不能确定选择哪个选项时，“其他选项”将是一个比较好的选择。然而，研究人员应当审慎处理这些“其他选项”，可以将受访者书写的答案归入现有的变量中，也可以创建一个新的答案变量。需要注意的是，“其他选项”的回答比例过高，意味着研究人员对问题选项列表的考虑不够周全，需要重新审视相关问题选项的设计。

4. 充分且清楚的提示说明

自填式的提示说明一般分为三种类型：概括性提示说明、过渡性提示说明和答题提示说明。

（1）概括性提示说明。

概括性提示说明一般作为问卷介绍的一部分。提示说明中应当强调研究人员对受访者的观点、想法或者经验感兴趣，特别是当问卷是由公共机构提供时，或者受访者确实认为自己提供的信息对研究人员有帮助的时候。此外，概括性提示说明也应注明受访者完成问卷之后要完成的后续动作——例如密封问卷并交给访员。最后，概括性提示说明应当向受访者保证他们有充裕的时间完成问卷。

（2）过渡性提示说明。

过渡性提示说明一般用于当问卷内容从一个主题向另一个主题转变时。过渡性提示说明的使用，有助于提示受访者问题正在发生变化，问卷接下来将会关注一个新的主题，帮助受访者转换思维的焦点。

（3）答题提示说明。

答题提示说明一般为向受访者详细说明如何填写问卷。是否列出答题提示说明，取决于研究人员是否认为受访者曾接触过类似调查，或者明确题目和选项的相关含义与作答要求。

5. 调查人员的思路映射

为了尽可能客观地设计研究问题和收集相关数据，研究人员应当将主观性和偏倚控制在最低程度。除了前面提到的设计原则和方法，研究人员还应当注意将自己对受访者的想法和思路或者其对调查受访者的想法映射到受访者身上。

6. 对问卷进行预测试、试访以及修改

通过预测试和试访，可以知道所设计的问题或提示是否易于理解，答案选项设计是否详尽、严密，问题顺序安排是否合理，调查方法是否需要改进，估计收集数据所需要的时间和费用。需要注意的是，当在预测试或者试访中发现了多个问题，就需要在必要的修改后再次进行预测试或者试访，直到不再发现明显的问题为止。

7. 问卷格式

(1) 问卷长度。

问卷长度不宜过长，但也不宜过短。过短的问卷会使重要的问题无法显现，或者因问题文字排版过密给受访者造成阅读困难。因此，问卷需要考虑在问题之间、问题与选项之间以及选项之间设置合适的间距。如果长问卷能够提高可读性和受访者的积极性，也可以考虑采用长问卷。

(2) 纵排格式。

问卷问题可以采用不同的排版格式，如使用阴影、方框、箭头等，但推荐采用纵排格式。纵排格式可以将问题和答案选项有效区分开，同时也能将各个答案选项有效区分开。

(3) 印刷和纸张。

应当使印刷文字与纸张保持良好的对比度，例如白纸黑字。当然，可以为不同人群提供不同的纸张颜色，方便访员分类回收问卷。

为强调某件事或者提示说明，可以采用诸如黑体、下划线、放大字体等方式来突出重点。但应注意的是，问卷中的强调方式应尽量采用一种，而非多种强调方式混合使用。此外，不建议使用斜体字或者阴影，这不利于受访者阅读，还有可能降低文字和背景的对比度。过多使用强调字体，也可能使受访者将注意力集中在强调字体上，而忽略了问题和选项中的关键信息。

(4) 一致性。

无论在问卷设计中使用了哪种字形、字体或者印刷格式，都需要保持一致性。例如，如果在问卷主体的提示中决定采用下划线，则应当保证问卷中所有提示说明都采用下划线的形式，而且下划线不能用于表示对正文的强调等。此外，问题间的间距、缩进程度等也应保持一致。

(5) 页面间的问题拆分。

一些常见的错误是将提示和对应的问题、问题和对应的选项、问题和相关联的问题分别设计在不同的页面。受访者可能会因为忽略了两者之间的联系或对应关系，而对问题产生疑虑。特别是将同一问题的不同选项分别设置在不同的页面时，受访者往往仅注意到前半部分的选项，而使后半部分选项被考虑的概率大大下降。

（6）在线问卷的格式化处理。

与纸质问卷类似，在线问卷也应保持用户界面友好。

1）长度。在线问卷不宜过长，特别是不应当有过多的长短文本。尽管在线问卷一般不需要关心问题之间的行间距，但仍应保证每个问题及其答案选项保持在一页屏幕上，同时每一页屏幕不要放太多问题。

2）格式。在在线问卷中引入大量图片或图示符号时，应注意不要超出屏幕像素的限制。此外，图片或图示符号的格式应风格统一，方便受访者学习理解。

（7）结束问卷。

在问卷结束时，应当请受访者对问卷内容发表意见，提出改进建议，特别是问卷设计是否有遗漏或者受访者是否对问卷有所抱怨。此外，应当在问卷结尾处对受访者的理解和配合表示感谢。

（8）受访者的回应和积极性。

调查人员应当引入如下元素来提高调查对象的参与积极性。

1）发起人信息。应当特别注明是谁发起并进行这项研究的，是谁实施这项调查的。

2）日期。应当注意使问卷说明的日期略早于受访者接受调查的日期。

3）称谓。应当尽量使用人性化称谓和个性化问候，提高受访者自我感觉重要的程度。

4）研究目的。应当清楚地说明研究目的，同时避免过多专业词汇和空话。

5）入选原因。应当注明每个受访者参与的重要性，以及为什么选择了该受访者，例如采用了一定的抽样方法。

6）激励。可以通过多种方法激发潜在受访者的参与积极性。例如，提供金钱或物质奖励，提供精美的印刷问卷，承诺提供相应的分析报告。

7）答卷时间。应当直接或间接向受访者说明答卷所需时间。如果问卷较为简单或篇幅较短，可以直接给出一个估计的时间值，否则最好用间接方法给出答卷所需时间，如“我们会给出充裕的时间完成问卷”。

8）保密措施。应当保证受访者提供的身份信息和数据信息受到严格的保护，保证仅供研究使用，也应当确保问卷的匿名性。

小　结

调查问卷在市场调查中具有举足轻重的地位，问卷设计的好坏对调查质量有重大影响。不同的调查目的和要求、调查对象以及调查方式需采用不同的问卷类型，但一般的问卷均包括开头、正文和结尾这三个部分。问卷设计要遵循功能性原则、可靠性原则、效率原则和可维护性原则。问卷设计的流程一般为：明确所需获取的信息→确定问卷类型与调查方式→确定问卷中各问题的内容→决定各个问题的形式→决定每个问题的措辞→安排问题的顺序→确定问卷的版面格式→对初稿的检测与修改。

设计出一份高质量的问卷非常重要，当然难度也较大，既要满足调查需要，又要照顾被调查者的感受；既要有科学性，又要有艺术性。本章依照问卷设计的步骤，结合具体案例介绍了一些技巧，当然，所有的技巧都需要经过实践才能深入体会。

行为和态度问题是市场研究中的核心问题，本章总结了非敏感性行为问题、敏感性行为问题、态度问题的提问方法和技巧。在态度问题设计中，重点介绍了量表的设计。

思考题

1. 什么是问卷？在市场调查中问卷有什么作用？
2. 一份问卷通常由哪几部分组成？
3. 简述问卷设计的基本程序。
4. 比较派员访问调查、电话调查、邮寄调查和网络调查方式的优缺点及其适用范围。
5. 封闭题与开放题有何异同点？
6. 敏感性行为问题的设计技巧有哪些？
7. 量表有哪几种分类？市场调查中常用的量表有哪些？
8. 举例说明类别量表、顺序量表、等距量表和等比量表。
9. 某大型百货商城想了解客户对商城服务的满意度，决定进行一次市场调查，请帮助该商城设计一份市场调查问卷。

第6章 调查问卷的测试与评估

问卷设计可能直接引起计量误差和无回答误差，而问卷的测试和评估可以帮助检查和修正问卷设计中存在的问题，因此系统的问卷测试、评估和再修改是问卷设计流程中必不可少的环节。

问卷质量评估是件困难的事情，现实中对问卷的测试和评估主要聚焦在以下三个标准：(1) 内容标准，例如问卷中的问题能否测量出想要研究的特征；(2) 认知标准，例如受访者能否理解题意，他们是否愿意并有能力给出可靠的答案；(3) 可行性标准，例如问卷的难度如何，实施是否有困难，访员和受访者是否愿意并有能力完成问卷。

根据上述标准，常见的问卷测试方法分为前测试和预调查。前测试主要包括专家评审法、受访者焦点小组法和认知访谈法，应用于问卷设计的前期阶段；预调查测试主要应用在问卷设计的后期阶段。此外，可靠度和有效性是问卷的两个基本特征，因此信度与效度分析也是问卷设计中的重要环节。

6.1 前测试问卷评估法

6.1.1 专家评审法

问卷初稿设计出来后，可以邀请研究领域专家和问卷设计专家从研究内容和认知两个角度对问卷进行评审。从研究内容角度，主要评估问卷问题是否符合研究目的，是否满足研究者的需求。从受访者认知角度，主要评估问题的措辞、结构、顺序以及回答的选项等，标出引起歧义的词语、含糊不清的概念以及回答困难的题目。专家评审提供的问题检测列表和修改建议有助于及时发现和修正设计中存在的问题，使问卷更好地满足调查分析的目的。

有很多研究人员尝试总结问卷设计中的主要问题，建立具体、明确的问卷评估体系。莱斯勒和福赛（Lessler and Forsyth，1996）提出了一个包含25类问题的问卷评估体系。格雷瑟等（Graesser et al.，1996）提出了一个包含12类问题的问卷评估体系，并开发了一套计算机程序，可以在评审过程中自动地根据这12类问题进行专家评审。这12类问题缺陷是：

（1）语法过于复杂。

（2）对工作中的记忆要求过高。

（3）模糊或模棱两可的名词或短语。

（4）不熟悉的专业术语。

（5）模糊或不精确的谓语或关系词。

（6）有误导或不正确的假设前提。

（7）不明确的问题分类。

（8）一题多问。

（9）问题和答案选项之间不匹配。

（10）问卷要求的信息难以回忆。

（11）受访者不太可能知道答案。

（12）问题的目的不明确。

需要注意的是，专家评审方法对问题的评判主要是基于专家个人的观点和判断，容易产生争议。因为对同一问题不同专家的评价可能不同，所以专家评审主要用于问卷设计初期的问题评审，问卷设计后期会更多应用其他方法。

6.1.2 受访者焦点小组法

焦点小组访谈法是一种深层挖掘信息的社会研究方法。无论研究者在某个特定的领域经验多么丰富，视域都有一定的局限性，而倾听他人观点会让研究者对"所研究的现实"或"人们如何思考它们"有更宽广的视野。在问卷评估阶段，通过受访者的焦点小组讨论获得问卷反馈信息，是评价认知标准的有效途径。倾听焦点小组成员讨论问卷中的问题，一方面有助于把握目标人群对调查主题的认知程度，另一方面可以很好地考察题目中的概念是否清晰、是否利于理解和回答。

例如，在关于文化产业消费研究的某个调查问卷中，要询问人们观看艺术表演的频率。研究者召开了几场受访者焦点小组讨论会，旨在发现人们可能会报告哪些不同的艺术活动并检查初拟问题的措辞。在焦点小组讨论中，研究者发现受访者不确定偶遇的艺术表演是否属于"观看艺术表演"，比如外出吃饭时欣赏餐厅里的钢琴演奏，在博览会或游乐场碰到音乐演出，是否属于"观看艺术表演"。此外，在焦点小组讨论中，研究者也意识到很难给音乐活动进行分类。当询问受访者观看或参加古典音乐会的次数时，有些受访者认为应该把歌剧算在内，还有一些受访者则不知道如何处理自己观看的古典音乐与非古典音乐混合的演出。

由上例可以看出，受访者焦点小组讨论能提供两种不同的有用信息。第一，可以让研究者了解现实复杂性。比如在这个例子中，人们显然以多种复杂的方式参加艺术活动，而最初设计的调查问卷并未考虑到这一点。第二，通过专题小组讨论，研究者可以发现问卷用词的含糊性。例如人们对"参加古典音乐会""看艺术展"等有不同的理解。认识到这些问题之后，研究者可以重新设计问题帮助受访者按照一致的理解来回答问题。

针对问卷测试和评价的焦点小组讨论会主要包含三个主题。

（1）明确受访者对调查主题和相关概念的理解，有助于设计出有利于受访者准确回答的问卷。例如上例中会询问去年观看古典音乐表演的情况，以及对古典音乐表演的理解。根据小组成员所描述事件的范围，研究者确定是否需要修改问题的目标或调整受访者被问及的现实范围。

（2）了解受访者在该主题使用的相关术语，检查问题的用词和描述是否有歧义、模糊、不准确的情况，即受访者对要回答的问题理解是否一致。例如上例中的关键概念是古典音乐。请参与讨论者提供一些观看古典音乐表演的例子。让参与者根据对概念的理解，讨论哪些算古典音乐，哪些不算古典音乐。根据焦点小组讨论结果，明确问卷问题的术语和概念是否有清楚的界定，以确定受访者的理解是否一致。对措辞含糊或不准确的问题进行进一步修改。

（3）了解受访者回答问题的主观意愿和难度。例如，上例中会询问人们上一年观看古典音乐表演的次数。根据讨论中所有受访者或几乎所有受访者是否能完成问题所提出的回答任务，确定是否需要调整回答难度，例如缩短报告时间，增加回答类别，调整回答尺度等。

焦点小组会议通常先讨论一般概念，再讨论具体概念。会议前要拟定问题清单，包括现实情况、回忆任务、报告任务以及术语理解等内容。对这些拟议的问题以及在小组讨论中出现的其他问题，主持人要注意引导相互交流经验和看法。如果在焦点小组讨论前就已完成调查问卷的初稿，焦点小组讨论可以针对问卷初稿进行逐题评审。

相对于大规模收集问卷设计信息，专题讨论小组的投资回报率较高，但是也有参与者难以代表总体、评价难以量化、评估结果可能不可靠等局限。所以现实中焦点小组法更多地应用于问卷设计的前期阶段，后期还是需要进行预调查测试来检验焦点小组无法解决的一些问题。

6.1.3 认知访谈法

认知访谈是认知标准最直接的评估方式，是由访问者根据设计的问题对有偿志愿者进行一对一个人访谈，探索性地了解受访者对问题的理解并试图了解他们组织答案的过程。这一过程的目的是了解受访者如何理解问题以及如何完成回答任务，不需要使用正式调查所使用的数据收集程序。访谈时受访者通常被带到便于进行观察和记录的特别场所，因此认知访谈常被称为认知实验访谈（cognitive laboratory interviews）。与预调查测试不同，认知访谈的实施者通常是认知心理学家、研究人员和高级督导，他们都很熟悉研究目标和各问题的目标，对“受访者完成任务的方式”与“研究者所设想的完成任务的方式”之间的差异比较敏感。最重要的是，认知访谈中怎样询问受访者、怎样让受访者回答问题以及怎样获知受访者在问与答过程中的思考都要按照一定的程序进行。

根据心理学家对认知过程的分析，有研究者提出回答过程模型（question-and-answer model），将受访者回答问题的过程分为四个阶段：理解问题（comprehension）、记忆检索（retrieval）、筛选判断（judgement）和做出回答（response）。即在访员提出问题后，受访者先理解问题含义，然后在记忆中搜寻所需要的信息，并根据已有信息做出分析和判断，进而给出答案。下面介绍基于该模型发展而来的两种问卷评估方法：有声思维法（think aloud）和追问探寻法（special probe）。

有声思维法是引导受访者“想出声来”，即把心里所想的信息和思考问题的整个认知过程都说出来。然后由研究者对受访者认知过程进行分析，从而找出受访者在理解、思考和问答过程中可能存在的理解错误、记忆错误等。有声思维法的实现方式可以是同步的，也可以是追溯的。同步有声思维是指受访者在回答问题的同时说出自己的想法。追溯有声思维是指受访者在给出答案或访问结束后叙述自己得到答案的过程。引导受访者说出想法的例句有：

你是怎么得出这个答案的？

告诉我你是怎么想的？

你在回答问题前犹豫了一会，当时在想什么？

你觉得这个问题回答起来比较容易还是困难，为什么？

追问探寻法是通过访员主导追问的方式探索受访者的回答策略。通过受访者对认知过程追问问题的回答，可以判断受访者对于问题的理解是否存在错误，如果存在错误，出现在哪个阶段，从而判断题目是否存在设计上的缺陷，如果存在缺陷，识别缺陷出现的可能原因，以及如何对问题进行修正。例如，对于题目“在过去的六个月中，您平均每个月的生活费是多少？”由访员根据认知过程对受访者进行分阶段提问如下：

（1）理解阶段：请问您在回答本题时认为生活费都包括哪些项目？（了解受访者对问题的理解。）

（2）记忆检索阶段：请问您是如何计算出结果，是按年计算、按月计算还是按天计算乘以 30，抑或是其他方法？（了解受访者的相关记忆细节、区间范围、计算方法等。）

（3）筛选判断：请问您认为旅游费用包含在生活费中吗？您觉得您的记忆准确吗？（对特定事件或数据的回想，基于记忆信息的估计或判断。）

（4）做出回答：您是否确定您的回答呢？如果 10 分表示完全确定，0 分表示完全不确定，请问您给出几分？（了解受访者对自己答案的感受。）

对受访者的回答进行分析，当受访者对于关键词的理解和范围界定有误时，需要对题目中的词汇进行替换或补充解释说明。当受访者对于回答问题所需记忆模糊不清时，需要在题目中添加提示，帮助受访者进行记忆检索。当受访者思考问题有误时，通过了解受访者的思考方式，可以在提问时进行答案范围限定或将问题简化。当受访者回答问题的方式有误时，则说明题目答案的形式限定不够明确，可以在问题中增加补充限制答案的方式，比如将开放式问题改为封闭式问题。

有声思维法和追问探寻法都需要受访者在完成问卷调查之外回忆认知过程，从而帮助研究者找出问卷设计中可能存在的缺陷。两种方法的差异在于：有声思维法由受访者主导，受到受访者的表达能力影响较大，有些受访者在描述自己的认知过程时会比较困难；追问探寻法则对访员要求较高，需要访员引导受访者表达，将其认知过程展示出来。

此外，认知访谈还有信度评级法（受访者对自己的答案给出可信度评价）、释义法（受访者用自己的语言复述问题）、定义法（受访者对问题中的关键词给出定义）等。不仅访谈方式有不同，记录信息的方式也不同。比较正式的是为访谈录音、录像，也可以在访谈过程中记笔记。

认知访谈法的局限有：(1) 得到的是定性信息，难以给出问题的定量信息和影响大小的判断；(2) 比较依赖受访者的口头报告，而并非所有的回答过程都能够准确复述出来；(3) 其结果比较依赖于非标准化的访谈过程，可靠度还有待进一步评估。

6.2 预调查和行为编码法

预调查测试是正式开展调查之前进行的小规模"演习"，是问卷设计流程中的重要环节，目的是对可行性标准和认知标准进行评估。访员按照正式调查的数据收集程序组织一个小型的调查（一般少于100人），唯一不同的是，对受访者的选择可能是基于方便和可获得性，而不是基于随机抽样策略。

预调查除了要收集受访者的回答信息进行定量分析之外，还需要收集访员和受访者反馈的关于调查和问卷的信息，比如印刷错误、错误的跳答指示、不适当的填答形式、访问时间等一些实际问题，以及他们认为会对自己或受访者造成不便的问题。在正式调查实施之前，获取这些实际问题的信息是一个重要步骤。在预调查测试中，可使用以下方法。

1. 对访员和受访者的行为进行编码

在预调查测试中，可以对访员和受访者之间的互动进行编码记录，分析问卷中可能存在的问题，这种方法简单高效，并且是系统、量化的。预调查访谈可以当面完成或在电话里完成，录音之前必须明确告知受访者访谈会被录音，并就此获得他们的许可。访问后对录音记录进行编码，可以进行问题的评估。实际操作中有多种编码方案可供使用。表6-1给出了行为编码表的一个例子。

表6-1　访问行为编码表样例

A. 访员读题	1. 正确
	2. 访员读题时稍做改动，但没有改变题意。例如访员漏读了"这个"
	3. 访员读题时做了较大改动，改变了题意。例如访员没有按要求读出选项
B. 访员重复问题	1. 没有
	2. 访员完全重复问题
	3. 访员部分重复问题
C. 访员追问	1. 访员用其他追问技术获得答案　　0. 没有
D. 受访者打断	1. 受访者在读完问题前就给出答案　　0. 没有
E. 受访者要求澄清	1. 受访者不知道词意，要求澄清　　0. 没有
F. 受访者回答	1. 给出适当回答
	2. 给出高质量回答
	3. 给出不适当回答
	4. 回答不知道
	5. 拒绝回答

预调查访谈行为编码的基本原理是：当调查访谈顺利进行时，访员会逐字念出问题，随后受访者会给出符合问题目标的答案。一旦完备的“问与答”过程出现偏差，可能就是问题缺陷的征兆。偏差出现得越频繁，问题存在缺陷的可能性就越大。通过行为编码分析的结果可以看出每个问题的简单分布。研究者使用这些数据的方式各不相同。一种常见的策略是，在预调查后的访员报告会上讨论预调查访谈行为编码的数据。在讨论问题的过程中，如果行为编码有缺陷，就可以让访员来分析一下是什么原因导致了这个缺陷。为什么很难逐字地念问题？受访者在作答时究竟有什么困难？

接下来的问题就是如何修补缺陷。在有些情况下，解决方案简单明了。比如有受访者对专业术语的理解不一致，通常的解决办法是给这个术语下定义。如果访员没有念出问题中的修饰语，很可能是出现冗余的措辞。表 6－2 列出了行为编码中常见的问题缺陷。

表 6－2　受访者和访员行为问题编码的可能原因

问题	可能问题
访员读题有误	措辞不流畅
	访员发现冗余或不合语境的措辞
	在提问时发现有漏词
打断	题干后面有多余的从句
	受访者没有意识到还会有回答选项
访员追问（或不适当的答案）	题意不清
	含糊、未定义的术语
	含糊的回答任务
	题序混乱，受访者无法回忆起前面的回答选项
要求澄清	含糊、未定义的术语
	含糊的回答任务
	题序欠佳，因此受访者无法回忆起回答选项

2. 访员的问题评价表

在预调查访问结束后召开讨论会，与访员交流他们对调查问题的看法和访问经验。让访员对每个问题进行评估，评价表样例见表 6－3。

表 6－3　访员的问题评价表样例

问题编号	逐字读题有困难	受访者有理解问题	受访者有作答困难	其他问题（请注明）	备注
Q1	A	A	A		
Q2	B	A	A		
Q3	A	B	A		
Q4	A	A	A		
Q5	C	C	B		
Q6	A	A	B		
Q7	A	A	A		

注：A＝没有明显缺陷；B＝可能有缺陷；C＝肯定有缺陷。

上表中第 1 列是问题编号，要求访员对每个问题给出三种评价：

（1）逐字读题是否有困难？如果有的话，困难有多大？

（2）问题中是否有受访者理解不一致或不易理解的措辞或概念？如果有的话，不一致的程度有多大？

（3）受访者在区分选项或作答上是否有困难？如果有的话，困难有多大？

访员只需要对每个问题在三档评估中做出选择：A. 没有明显缺陷；B. 可能有缺陷；C. 肯定有缺陷。访员对问题的评估表可以为研究者列出有缺陷的问题，并使研究者了解到问题缺陷的严重程度和主要类型。

6.3 信度与效度分析

对问卷质量进行标准化的定量评价非常困难，而对问卷进行可靠性和有效性定量评估相对容易一些。本节介绍如何通过信度和效度来定量评估问卷设计质量，尤其是对量表的评估。

6.3.1 信度和效度

信度（reliability）是指问卷调查结果的一致性、稳定性和可靠性。如果研究单位的属性不变，测量结果也不变，则这种测量是可信的；否则，就是不可信的。以货物重量的测量为例，某种货物第一次所称重量为50千克，再称一次仍然是50千克，那么作为一种测量方法，使用的磅秤是可信的，因为两次测量结果都是50千克，具有前后一致性。如果第一次称为50千克，第二次称为55千克，则所使用的磅秤就不可信。在市场调查中，所需测量的属性往往比货物重量这类属性复杂得多，其信度问题就更加复杂。此外，问卷的内容、措辞、问题形式、顺序等都会影响答案的一致性。

效度（validity）是指问卷能否真正测量到所要测量的东西，也就是能否达到测量的目的，是否正确衡量了研究者所要了解属性的程度。效度有两个基本要求：一是测量方式确实是在测量所要测量对象的属性，而非其他属性；二是测量方式能准确测量该属性。当某一测量方式符合上述要求，它就是有效的。以测试某课程学习成绩的试卷为例，如果试卷内容过于简单或远远超出学习内容，无法准确反映学生学习水平，该试卷就属于无效试卷。

信度仅指测量结果的可靠程度，不涉及测量所得结果是否达到目的；效度则针对测量的目的，考察问卷能否发挥其测量的功能，考察的是测量的有效程度。效度与信度是优良问卷所必备的两项主要条件。效度与信度之间的关系可以用一句话来概括：信度是效度的必要条件而非充分条件。就是说，问卷要有效度就必须有信度，不可信就不可能正确；但是，信度不是效度的充分条件，即有了信度，不一定有效度。

6.3.2 信度评估

信度评估常用的方法包括对同一群受访者重复测量两次，用其变异情况的相关系数来表示；或者利用受访者相互之间的变异进行估计。因此对于问卷设计，信度评估的方法主要有重复检验法、交错法、折半法和内部一致性等。

重复检验法（test-retest reliability）是通过同一测量手段对同一群受访者前后测量两次，再根据两次测量的相关系数测度信度。例如，对一群人进行问卷调查后，隔一段时间再用同一份问卷对同一群受访者进行调查，两次测量结果之间的相关系数就反映问卷的信度。该种方法要求对同一样本重复实施两次调查，优点是可以提供有关测量结果是否随时间而变异的资料，作为预测受试者将来行为表现的依据。缺点是受时间和经费的限制，现实中往往难以实现。此外，为避免记忆的影响，前后两次测量相隔时间要适度，一般而言，相隔时间愈长，稳定系数愈低。

用 SPSS 进行评估重测信度的操作如下：

当变量是数值型变量或顺序变量时，选择【分析】→【度量】→【可靠性分析】，将变量选入【项目】框。点击【统计量】按钮，勾选【类内相关系数】，点击【继续】。最后点击【确定】按钮。

当变量是分类型变量时，选择【分析】→【描述统计】→【交叉表】，将两次的变量分别选入【行】框和【列】框。点击【统计量】按钮，勾选【Kappa】，点击【继续】。最后点击【确定】按钮。

交错法（alternate-form reliability）是指研究者设计两份问卷，每份使用不同的问题，但测量的是同一个属性，让同一群受访者回答。根据两份问卷的测量结果的相关系数计算问卷信度，该种信度称为交错信度。该种方法要求两份问卷在题数、形式、内容以及难度、鉴别度等方面都要一致。

用 SPSS 进行交错法评估信度的操作如下：

选择【分析】→【相关】→【双变量】，将变量选入【变量】框，再勾选相应的相关系数选项。如果是连续型变量，则勾选【Pearson】相关系数；如果是分类型变量，则勾选【Spearman】等级相关系数。最后点击【确定】按钮。

折半法（split-half reliability）是将一份问卷中的问题随机分为两组（通常要求这两部分问题数目相等），然后考察这两部分的测量结果的相关系数。如果结果高度相关，问卷就是可信的，否则就是不可信的。该种信度称为折半信度。将问卷分为两半的方法很多，常用的是将奇数题和偶数题分开。

用 SPSS 进行折半法评估信度的操作如下：

选择【分析】→【度量】→【可靠性分析】，将变量选入【项目】框。在【模型】下拉菜单中选择【半分】。最后点击【确定】按钮。

内部一致性（internal consistency）是利用量表中题项的同质性来测量的信度。测量理论表明，题项之间的相关与题项和潜在变量的相关之间有某种逻辑关系，如果量表的题项与潜在变量之间存在强相关，题项之间应该也有很强的相关。量表的内部一致性程度会影响题项的相关。我们常用 Cronbach's α 系数度量内部一致性信度，Cronbach's α 系数被定义为量表中由共同的因素所引起的总体方差的比例，计算 Cronbach's α 系数的一般公式为：

$$\alpha=\frac{k}{k-1}\left(1-\frac{\sum\sigma_i^2}{\sigma_y^2}\right)$$

式中，σ_i^2 为各题项的方差，每个方差所包含的信息都是以单一题项为基础的，非共有的；σ_y^2 代表量表的总体方差，等于所有题项方差与协方差之和；$\left(1-\frac{\sum\sigma_i^2}{\sigma_y^2}\right)$ 代表了潜在变量引起的共有的方差比例；$\frac{k}{k-1}$用来把 Cronbach's α 系数的取值限定在 0～1，其中，k 为量表中问题项目的总个数。

用 SPSS 评估内部一致性的操作如下：

选择【分析】→【度量】→【可靠性分析】，将变量选入【项目】框。在【模型】下拉菜单中选择【α】。最后点击【确定】按钮。

用 SPSS 提高问卷内部一致性的操作方法如下：

选择【分析】→【度量】→【可靠性分析】，将变量选入【项目】框。在【模型】下拉菜单中选择【α】。点击【统计量】按钮，勾选【如果项已删除则进行度量】，点击【继续】。最后点击【确定】按钮。结果将给出删除当前变量（问题）后，问卷相应指标的改变情况。这一选项可用于对问卷中的题目进行逐一分析，以达到提高问卷内部一致性、改良问卷的目的。

一般说来，信度的判别标准如表 6－4 所示。

表 6－4　　信度的判别标准

信度≤0.30	不可信
0.30＜信度≤0.40	初步的研究，勉强可信
0.40＜信度≤0.50	稍微可信
0.50＜信度≤0.70	可信（最常见的信度范围）
0.70＜信度≤0.90	很可信（次常见的信度范围）
信度＞0.90	十分可信

信度是评价问卷收集数据的可靠性的统计测量标准，内部一致性系数、折半系数、相关系数等信度分析指标主要是通过测量结果相关性来评价数据的可靠性。通常可以对整个问卷做信度分析，也可以对问卷中一类问题进行信度分析。做信度分析之前要看是否适合或有必要做信度分析。比如职业、家庭结构、性别等人口背景问题就不需要进行内部一致性信度分析。要提高问卷的信度可以考虑以下方法。

（1）适当增加问卷的长度。问卷题目较多，这在一定程度上排除了偶然因素的影响，从而提高了问卷的信度。但是问卷长度的增加与问卷信度的增加并不是成正比的，当信度系数较小时，增加问卷长度，问卷的信度系数可能有较大增加，而当信度系数达到一定程度时，增加问卷长度对信度系数基本没有明显的影响。

（2）问题的难度适中。问卷题目太难或太易都会使问卷得分差异减小，使得数据方差减小，从而降低了问卷的信度。

（3）内容尽量同质。内容同质的问卷，可以提高问卷的信度，所以信度分析经常应用于内部相关的量表评价上，不同主题的量表应该分别进行信度分析。

（4）调查的程序要标准化。问卷内容、指导语、访员的提问、受访者回答情境等都要尽量标准化，这些是问卷有较高信度的基本保证。

6.3.3 效度评估

低效度的问卷往往无法达到测量目的。对效度的评估非常重要，但也十分复杂和困难。

效度评估的基本理论模型为：假定 $Y_{it}=\mu_i+\varepsilon_{it}$，其中 μ_i 为第 i 个受访者组成的真值，Y_{it} 为第 i 个受访者在第 t 次实验中的回答值，ε_{it} 为第 i 个受访者在第 t 次实验中回答值与真值的差异。用 Y_i 和 μ_i 之间的相关系数可以评价效度。

$$\text{Validity}(Y)=\frac{\sum_{i,t}(Y_{i,t}-\bar{Y})(\mu_i-\bar{\mu})}{\sqrt{\sum_{i,t}(Y_{i,t}-\bar{Y})^2\sum_{i}(\mu_i-\bar{\mu})^2}}=\text{Correlation}(Y_i,\mu_i)$$

因此，效度可以用 0～1 之间的数字表示；数值越大，效度越大。

在实践中，由于真值是未知的，效度的计算比较困难。研究者可以侧重从三个角度进行判断：一是观察问卷内容切合主题的程度。二是测量调查结果与有关标准间的相关程度。例如，可观察消费者对某种产品的满意状况与对该产品的使用情况的相关性，当显著相关时，说明此问卷具有较高的效度。三是从实证角度分析其结构效度。

对于问卷设计，效度的度量可以从内容效度、准则效度和建构效度这三个角度来看。

1. 内容效度

内容效度是测量内容的适合性和相符性，要看问卷内容是否抓住或体现调查问题的所有或主要特征，能不能实现调查的目的。问卷内容与事先所要调查内容越一致，就说明调查问卷的内容效度越高，调查结果越有效。例如要调查顾客对某家餐馆的印象，不能只调查参观周边环境、停车位等项目的印象，而遗漏对食物质量、卫生状况以及服务等重要维度的调查。

2. 准则效度

准则效度指的是用几种不同的测量方式或不同指标对同一变量进行测量时的一致性程度。选择其中的一种方式或指标作为准则，其他的方式或指标与这个准则做比较，如果不同的测量方式或不同指标调查结果高度相关，则具有准则效度。例如 X 是一个变量，用 X_1，X_2 两种工具测量。用 X_1 作为准则，X_1 与 X_2 高度相关，我们说 X_2 也具有很高的准则效度。当然，关键在于，作为准则的测量方式或指标一定要是有效的，否则越比越差。

例如研究受访者在过去的 12 个月中向医生进行健康咨询的次数，如果受访者的健康咨询次数是有案可查的，可以选择受访者在规定的时间内被记录的次数为 X_1，受访者回忆的次数为 X_2，如果在所有可能的实验中所有回答者回忆的次数 X_2 都与记录值 X_1 相同，则回忆法的效度将会等于 1，如果 X_1 与 X_2 弱相关，则认为 X_2 具有很低的准则效度。

用 SPSS 进行准则效度分析的操作方法如下：

选择【分析】→【相关】→【双变量】，将变量选入【变量】框。如果是连续型变量，则勾选【Pearson】相关系数；如果是分类型变量，则勾选【Kendall 的 tau-b】或【Spearman】等级相关系数。最后点击【确定】按钮。

3. 建构效度

建构效度也称结构效度，指问卷调查结果能够测量其理论特征，即问卷调查结果与理论预期一致，则认为有建构效度。换言之，建构效度就是调查结果与所要调查属性的同构程度。例如对婚姻满意度调查问卷的效度分析中，根据理论预期，婚姻满意度与婚姻忠诚度相关。调查结果表明：与对婚姻不满意的夫妻相比，对婚姻满意的夫妻不太可能欺骗对方。调查结果与理论预期一致，证明调查问卷具有建构效度。

很多调查题目是测量主观态度的，很难找到“黄金标准”，没有清楚的事实可以说明回答者的答案是否准确，也就是说，对于任何被访者 μ_i 都是未知的，这就使效度的评价更为复杂。这种情况我们可以尝试两种方法进行建构效度的分析。

第一种方法是假设问题的答案理论上应与其他调查问题的答案高度相关，构建建构效度评价模型，分析它们的相关性，这也是最常用的建构效度分析方法。例如，一项健康调查中，如果一个人认为自己非常健康，相应地，他也应该感觉每天的状态比普通人群更好，因病误工的时间更少，可以做更多的事。可以利用相同构建下的多重指标建立更复杂的模型，同时评价建构效度和相关关系的力度。假设有 5 个指标在不同的效度水平 λ_α 下反映了同一个目标构建 μ_i：

$$Y_{\alpha i}=\lambda_\alpha\mu_i+\varepsilon_{\alpha i}$$

与基本的效度评价模型 $Y_i=\mu_i+\varepsilon_i$ 相比，该模型描述的是对多个题目的回答，每个题目用一个不同的下标 α 表示。每个题目都可以看成是用系数 λ_i 表示的目标构建 μ_i 的函数。

假如对应着 5 个题目，$\alpha=1, 2, 3, 4, 5$，建立的模型可写为：

$$Y_{1i}=\lambda_1\mu_i+\varepsilon_{1i}$$
$$Y_{2i}=\lambda_2\mu_i+\varepsilon_{2i}$$
$$Y_{3i}=\lambda_3\mu_i+\varepsilon_{3i}$$
$$Y_{4i}=\lambda_4\mu_i+\varepsilon_{4i}$$
$$Y_{5i}=\lambda_5\mu_i+\varepsilon_{5i}$$

模型中的 λ_α 就是对每个题目效度的测量。

第二种方法是假定在符合预期构想的情况下某些组的答案应该不同，通过对预期有不同回答的受访人群的实际答案进行比较评价效度。如果差异不大，可能说明问题的区分度不高，或者预期是错误的。比如，我们假定文科生比理科生的语言表达能力更强。那么对于测量表达能力的题目，文科生的平均得分应该更高。如果不是这样，可能意味着该问题并不能很好地测量表达能力，或者我们的假定是错误的。需要注意的是，这种方法只有在确信预期理论内容正确的情况下，才能评价结果准确性的好坏。

用 SPSS 进行建构效度分析的操作方法如下：

选择【分析】→【降维】→【因子分析】，将变量选入【变量】框。点击【抽取】按钮，在【方法】下拉菜单中选择【主成分】，点击【继续】。点击【旋转】按钮，选择【最大方差法】，点击【继续】。最后点击【确定】按钮。

效度测定的这三种类型，从内容效度、准则效度到建构效度，可视为一个累进的过程，建构效度常被认为是最强有力的效度测量程序。内容效度只需要一个单一的概念和对该概念的一个测量法；准则效度仅需要一个概念，但需要对该概念的两个以上的测量法；而建构效度则不仅需要概念和测量法，而且需要命题中的相关概念及其测量法。效度是针对某种评测目的而言的，并不具有普遍意义；而且效度分析具有多面性，只有综合分析各类型的效度才能把握结果的有效性。

现实中当回答值与真值之间出现系统性偏差时，效度的衡量也会不准确。比如，所有的受访者都把他们的收入少报10%，他们的报告收入与真实收入之间的相关系数是1，但其实报告的均值要比真实均值少10%。实践中降低测量回答偏差有两种途径：一是使用目标人群个体单元的外部数据；二是使用不受调查测量误差影响的总体统计量。

（1）使用目标人群个体单元的外部数据。每个受访者的真值可以通过外部数据获得，只需比较他们的回答值和外部数据即可。举个例子，在健康调查中，受访者报告自己在过去的12个月中是否曾经住院。调用医院的记录进行统计和对比，会发现均值的偏差与住院发生时间离调查时间的久远程度和住院天数有关。住院发生时间离调查时间越长，偏差越大；住院天数越少，偏差越大。

（2）使用不受调查测量误差影响的总体统计量。有时，虽然无法评价个体回答的精确程度，但可以得到对总体精确程度的评价。比如，在有关赌马的调查中，提问了受访者在赌马中获得的收入。赌马的总赌注是公开的，因此，尽管研究者不能判断个体回答的准确程度，却可以比较回答结果的估计总值和已知的总值，看是否有显著的偏差。如果二者没有显著差异，可以得出在平均水平上，受访者没有虚报他们的赌马收入这一结论。

小　结

对调查问卷的评估内容主要包括问题内容是否适当，受访者是否正确理解题意、愿意并有能力给出可靠的答案，以及现场调查实施中能否顺利完成数据的收集。本章给出专家评审法、受访者焦点小组法、认知访谈法、预调查和行为编码法等问卷评估方法。不同的方法收集的信息不同，能够反映的问卷问题类型也不相同，实践中具体评估方法的选择取决于研究者所关注的问题、研究预算约束以及问卷本身的难易度、成熟度等特征。

可靠度和有效性是问卷的两个基本特征，因此信度与效度分析是问卷设计中必不可少的环节。信度是指问卷调查结果的一致性、稳定性和可靠性。在市场调查中，所测量特征的属性、问卷的内容、措辞、问题形式、顺序等都会影响问卷信度。效度是指问卷能否真正测量到所要测量的东西，也就是能否达到测量的目的。信度是效度的必要条件而非充分条件。就是说，问卷要有效度就必须有信度，不可信就不可能正确；但是，信度不是效度的充分条件，即有了信度，不一定有效度。

思考题

6.1　简述有声思维法和追问探寻法的原理，比较两种方法的差异。

6.2　什么是信度和效度？两者的关系如何？

6.3　简述 Cronbach's α 系数的原理和判别标准。

6.4　对第 5 章思考题第 9 题设计的满意度问卷进行质量评估，并通过预调查收集 50 份问卷数据，进行信度与效度分析。

第7章 抽样设计

7.1 概 述

7.1.1 抽样的作用与特点

抽样调查是市场调查中使用频率最高的一种调查方式。它是指按照某种原则和程序，从总体中抽取一部分单位，通过对这部分单位进行调查得到的信息，达到对总体情况的了解，或者对总体的有关参数进行估计。

1. 抽样的作用

（1）解决数据来源。

有些情况和信息对市场研究人员十分重要，但没有获得这些数据的其他渠道，又不可能进行大规模的全面调查，这时抽样调查就是解决数据来源的一种理想选择。

（2）对已有数据进行验证、调整。

有时，我们可能拥有一批数据，但数据质量如何并不清楚，这时可以采用抽样调查的方式检验数据质量，即从相关单位中抽取样本，通过认真细致的调查，得到较为真实的数据，和原有数据比较，由此评估原数据质量，并作为对原数据进行调整的依据。例如，在人口普查的同时，采用抽样调查的方式对普查的数据质量进行评估。在普查以后的年份中，也采用抽样调查方式获得当年数据，结合普查或上年数据，推算出当年人口的有关数据。

所以抽样调查的主要作用是解决数据的来源，以及对数据进行验证和调整。

2. 抽样的特点

抽样调查之所以能够担负起上述作用，是与抽样调查的特点密切相关的。抽样调查有如下特点：

（1）节省费用。

由于抽样调查只调查总体当中的一部分单位，调查的涉及面较小，因而可以大大降低调查费用。事实上，抽样方案是在数据精确度和费用约束之间的折中选择。调查费用越多，就为调查数据精确度的提高提供了越有利的条件。但是，通常的情况是，调查费用是有约束的，这些费用不可能支持对调查对象进行全面的调查，研究工作又急切需要这些数据，这时就只能采用抽样调查。抽样调查可以在费用约束的条件下，通过科学的设计，选择与调查费用相适应的调查方式，所以抽样调查在与调查经费的协调方面，具有较大的灵活性。

（2）调查周期短、时效快。

许多调查具有很强的时效性，要求在较短的时间内完成调查。全面调查由于规模大、耗时多，不能按时提供调查结果。抽样调查则由于规模小，接受调查的单位少，可以在较短时间内完成。

（3）有助于提高原始数据质量。

任何调查都会存在调查误差。全面调查由于涉及的人员多，在调查员的培训及采用先进的测试手段等方面都有一定的局限。抽样调查由于调查工作量小，有条件选择精干的调查员，进行严格的技术培训，采用虽然复杂但更为先进可靠的测试手段，同时督导人员可以对现场调查进行更为仔细的监督和检查，被调查者的心理负担也容易减轻，等等。这些都有助于提高抽样调查原始数据的质量。

当然，抽样调查也有自身的局限。如果采用抽样调查的目的是用样本数据对总体的有关变量进行推算，使用抽样调查的场合是大范围的调查，因为大范围的调查更容易发挥抽样调查的优势。如果调查对象分布于很小的区域内，例如对一个街道或一个乡内的个体商贩的零售额调查，被调查对象比较集中，个体之间又存在较大差异，抽样调查的优势不能充分发挥，这种情况下采用全面调查的方式更好。所以总体规模越大，实施全面调查的难度越大，抽样调查的用武之地也就越大。

7.1.2 抽样中的基本概念

抽样调查中涉及许多基本概念，这些概念中有些是描述抽样方式的，有些是描述误差类型的。随着本章内容的展开会逐渐涉及这些概念，这里仅介绍几个贯穿全章内容的最基本概念。

1. 总体与样本

（1）总体。

总体即调查对象的全体。如欲对北京市的个体商业进行抽样调查，则所有北京市的个体商业单位就构成一个总体。又如欲通过抽样调查方式了解北京市小学生的视力状况，这个总体就是北京市的所有小学生。由此看出，总体的限定是人为的。在一项具体的调查项目中，调查对象必须是明确的而不能是模糊的。所以在抽样调查中，总体总是明确的。

（2）样本。

样本是总体的一部分，它由从总体中按一定原则或程序抽出的部分个体所组成。因此与总体一样，样本也是一个集合。每个被抽中进入样本的单位称为入样单位。样本中包含的入样单位的个数称为样本量。抽样调查中调查的具体实施是针对样本而言的。

2．总体参数与样本统计量

（1）总体参数。

总体参数是我们所关心变量的数字特征，它是根据总体中所有单位的数值计算的。例如在对北京市个体商业进行的调查中，北京市个体商业的零售额就是一个总体参数。也可以说总体参数就是总体指标值，它是未知的，是我们通过调查想要了解的。常见的总体参数有总体总量、总体均值、总体比例、总体方差等。

（2）样本统计量。

样本统计量是根据样本中各单位的数值计算的。常用的样本统计量有样本均值、样本比例、样本方差等。样本统计量是样本的函数，如果样本是随机抽取的，则在大样本情况下，样本统计量趋于正态分布。也正是因为如此，我们可以根据样本统计量对未知的总体参数进行估计，并计算抽样误差。

3．抽样框

抽样框是供抽样所用的所有调查单位的名单。在抽样框中，可以对每个单位编上一个号码，由此可以按一定随机化程序进行抽样。在抽样后，调查人员也可以根据抽样框上所提供的信息找到被选中的入样单位，从而实施调查。

抽样框有多种形式，常用的是名录框，如企业名录、电话簿、人员名册等。抽样框也可以是一张地图或其他适当形式。不管是什么形式，抽样框中的单位必须是有序的，便于编号。高质量的抽样框应当提供被调查单位更多的信息，并且没有重复和遗漏。

7.1.3 概率抽样与非概率抽样

根据样本抽取方法的不同，抽样可以分为概率抽样和非概率抽样。

1．概率抽样

概率抽样也称随机抽样，是指按照随机原则抽取样本。也就是说，在抽取样本时排除主观上有意识的挑选，总体中的每个单位都有一定的机会被抽中。如果每个单位被抽入样本的机会相同，称为等概率抽样；如果每个单位被抽入样本的机会不同，称为不等概率抽样。无论是等概率抽样还是不等概率抽样，抽取时都要通过一定的随机化程序来实现，每个单位的入样概率也通过抽样的随机化程序得到认定。

在概率抽样条件下，样本统计量的分布一般是可测的，因而可以用样本统计量对总体参数进行估计，并根据概率样本计算抽样误差。在对总体参数进行估计时，估计量不仅与样本观测值有关，还与样本单位入样概率有关，所以每个单位的入样概率必须是已知的或可测的。

概率抽样的最大特点是可以用样本数据对总体参数进行估计，并计算总体参数可能落入的区间范围，故从概率样本中所获信息的含金量较高。但抽取概率样本的技术操作相对复杂，同时必须有抽样框，因而概率抽样的成本较高，对抽样设计人员的专业技术要求也较高。

2. 非概率抽样

非概率抽样是相对于概率抽样而言的，是指抽取样本时并不遵照随机原则，而是根据主观判断有目的地挑选，或者是依照方便、快捷的原则抽取。因此，这种抽样效果的好坏在很大程度上依赖于抽样者的主观判断能力和经验。与概率抽样相比，非概率抽样的最大特点是操作简便、时效快、成本低，但因为在非概率抽样条件下，无法查明样本统计量的分布，或者这种分布根本就不存在，所以尽管利用样本数据有可能对总体特征做出不错的描述，却无法计算抽样误差，无法对估计结果的精确性做出评价，也不能从概率的意义上控制误差，因而在理论上不具备由样本对总体进行推断的依据。

7.2 概率抽样方式

概率抽样中有不同的抽样方法，用样本统计量估计总体参数的方法及这种估计的精确度都与具体抽样方法有关。概率抽样技术是统计学中的一个专门分支，详细了解需要阅读专门的书籍，本节只是对概率抽样中几种最基本的方法予以简要介绍。

7.2.1 简单随机抽样

简单随机抽样是从总体 N 个单位中随机抽取 n 个单位作为样本，有放回抽样和不放回抽样两种方法。放回简单随机抽样是指从总体中随机抽出一个样本单位，记录观测结果后，将其放回总体中去，再抽取第二个，依此类推，一直到抽满 n 个单位为止。采用这种方法，单位有被重复抽中的可能。这种抽样方法容易造成信息重叠而影响估计效率，所以较少采用。另一种是不放回简单随机抽样，即抽取第一个样本单位后，将其放置一边，再从总体 $N-1$ 个单位中抽取第二个，依此类推，一直到抽满 n 个单位为止。采用这种方法，每个单位最多只能被抽中一次，故不会由于样本单位被重复抽中而提供重叠信息，因此比放回抽样有更高的估计效率。

简单随机抽样的随机化抽样程序主要通过三种方式实现。

1. 抽签法

这种方法类似于通常所说的抓阄儿，即将每个总体单位的号码写在签上，将签充分混合均匀后随机抽取，中选号码的单位作为入样单位。在总体单位 N 较大的情形下，制作选签是一件繁重的工作，实践中较少采用此法。

2. 随机数字表法

随机数字表是由 0～9 的随机数字组成的表，表中数字的排列顺序也是随机的。用随机数字表抽取简单随机样本时，可用下面几种方法。

方法一：根据总体的 N 的位数决定在随机数表中随机抽取几列，如 $N=678$，要抽取 $n=5$ 的样本，则在随机数字表中随机抽取 3 列，顺序往下，选出头 5 个 001～678 之间互不相同的数，如果这3列随机数字不够，可另选其他3列直到抽满 n 个单位为止。

方法二：若 N 的第一位数字小于5，且 n 不小，则方法一可能花费较多的时间。如 $N=327$，按方法一则000和328～999的数都没有用。这时采用下面的方法可能更好，在随机数字表中随机抽取3列，顺序往下，如果得到的随机数在401～800之间，则这个数字减去400，由此大于327的数字被扔掉。显然这种方法比上一种方法效率高。

方法三：若 N 的第一位数字小于5，如 $N=327$，且 n 不小，除了按方法二产生随机数以外，还可按下面的方法产生随机数。在随机数表中随机抽取3列，顺序往下，如果得到的随机数大于327，且小于982（因为 $327\times3=981$，而 $327\times4=1\ 308$，因此000及982～999的数字应扔掉），则用这个数字除以327，得到的余数入样，显然这种方法也比方法一效率高。

在使用随机数字表时，为克服可能的个人习惯，增加随机性，使用随机数字表的页号及起始点应该用随机数产生，如随意翻开一页，闭上眼睛，将火柴随意扔到页面上，将火柴头所指的数字作为页号，可用同样的方法产生起始行号和起始列号。

3．计算机抽取

统计软件中都有抽取随机样本的功能，其原理是利用软件中的相应程序产生随机数，然后由计算机完成抽取。通常，抽样框中的信息都可以形成文件，存储于计算机中，因此利用这种方法抽取样本十分快捷。需要指出的是，通过大量的模拟实验可以发现，计算机产生的随机数是伪随机数，其随机性并不特别理想，在使用中要意识到这一点。

简单随机抽样是最基本的随机抽样方法，操作简单，且每个单位入样的概率是相同的，因而计算抽样误差和对总体参数进行推断都有比较简单的形式。但是，简单随机抽样没有利用抽样框中更多的辅助信息，所以用样本统计量估计总体参数的效率受到影响。同时，在简单随机抽样条件下，样本的分布可能非常分散，这就增加了调查过程中的费用和时间。这种抽样方法的适用条件是，抽样框中没有更多可以利用的辅助信息；调查对象分布的范围不广；个体之间的差异不大。

7.2.2 分层抽样

分层抽样是将总体按一定的原则分成若干个子总体，每个子总体称为层，抽取样本时在每个层内分别进行。分层抽样的最大好处是可以提高估计的效率，这里通过一个简单的例子加以说明。

设某学生宿舍共有6人，其中3名新生（A，B，C），3名老生（D，E，F）。现欲估计该宿舍平均每人拥有书的数目。假定他们拥有书的数目如表7-1所示。

表7-1　　6名学生拥有书的数目

学生编号	拥有书（本）	学生编号	拥有书（本）
A	20	D	2
B	22	E	4
C	24	F	6
合计	66	合计	12

容易算出总体均值为：

$$\bar{Y}=\frac{66+12}{6}=13(\text{本})$$

现在用抽样方法随机抽取 2 人为样本，并用样本数据对总体进行推断。在简单随机抽样下，抽中拥有最少书的 2 人的样本均值为 3 本，即 $y_1=\frac{2+4}{2}=3$，最多书的 2 人的样本均值为 23 本，即 $y_2=\frac{22+24}{2}=23$，显然与总体均值 13 相比，误差都比较大。如果抽样前掌握有关信息，如该宿舍住有老生和新生，且知道老生和新生在拥有书的数目上存在较大差异，则可以采用分层抽样，在老生中抽 1 人，在新生中抽 1 人，共同组成样本，这时样本最小的可能值为 $y_1=\frac{20+2}{2}=11$，最大的可能值为 $y_2=\frac{24+6}{2}=15$，它们与总体均值要接近得多。两种抽样方法的结果比较如图 7－1 所示。

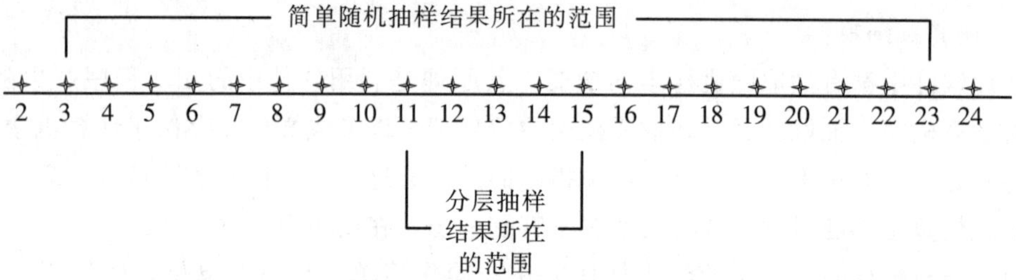

图 7－1　两种抽样方法的结果比较

分层抽样的另一个特点是，由于样本取自各层，因此汇合起来可以对总体有关参数进行估计，分开来又可以对各层的参数进行估计。例如前例对老生、新生拥有书的数量的调查，采用分层抽样，不仅可以估计所有学生平均拥有书的数量，还可以分别估计老生、新生各类群体拥有书的数量。

分层抽样中，对于样本量如何在各层中进行分配有不同的方法。这些分配方法可以归结为两类：等比例分配和不等比例分配。等比例分配是指该层中单位数越多，在该层中抽取的样本单位就越多，该层的样本单位比例与该层中的总体单位比例相一致，即

$$\frac{n_i}{N_i}=\frac{n}{N}$$

式中，n 为样本量；n_i 为第 i 层的样本量；N 为总体单位数；N_i 为第 i 层的总体单位数。等比例分配操作比较容易，也易于理解，有其合理性，在实践中广泛使用。另一类是不等比例分配，因为在有些情况下各层单位数相差悬殊，如果按等比例抽样，总体单位数少的层所分到的样本量过小，代表性不足，就需要在该层适当增大样本量；或者有些层内的方差过大，为了提高估计精度，在方差大的层中可以多抽，在方差小的层中可以少抽，这些都属于不等比例抽样。显然，在条件具备时，例如知道各层的总体方差，不等比例抽样比

等比例抽样有更高的效率。

分层抽样的估计原理是，首先利用各层样本对各层的有关参数进行估计，然后将各层的估计结果加权综合，得到总体的参数估计。分层抽样的应用条件是，抽样框中有足够的辅助信息，能够将总体单位按某种标准划分到各层之中，实现在同一层内各单位之间的差异尽可能小，不同层之间各单位的差异尽可能大。

7.2.3 整群抽样

由若干总体单位组成的集合称为群，总体被分解为群，抽样直接抽取群，对抽中群中的所有单位都进行调查称为整群抽样。

采用整群抽样的主要原因有两个：一个是实施调查方便，可以节省费用和时间。在总体单位分布很广的条件下，若采用简单随机抽样，样本的分布很分散，调查实施有一定难度，费时费力。而群中各单位的分布非常集中，抽中一个群以后，在一个点上可以调查多个单位，调查效率较高。另一个原因是缺乏总体单位的抽样框，不得已而为之。例如欲对北京市小学生的视力状况进行抽样调查，全市小学生名单的抽样框是没有的，但有全市小学校的抽样框，所以可以依据该抽样框抽取小学，在中选的小学中抽取班级，这时可以把班视为群，对中选班中的所有学生进行视力测试。在许多情况下，采用整群抽样的上述原因兼而有之。

整群抽样的主要缺点是，由于抽取的样本单位比较集中，群内各单位之间存在相似性，差异比较小，而群与群之间的差别往往比较大，使得整群抽样的抽样误差比较大。为了达到一定的精度要求，就有必要增大样本量，例如多抽取一些群进行调查。这说明，整群抽样的估计精度与群的性质有关，但是，如果群的构造是相反的情况，即群内各单位之间存在较大的差异，而群与群的结构相似，整群抽样反而会提高估计效率。例如，欲估计某地区的男女比例，采用简单随机抽样，抽取若干人可以得到总体男女比例的估计值；采用整群抽样，以家庭为群，对抽中家庭中的所有人进行统计，也可以得到总体男女比例的估计值。在后面这种情况下，群内个体之间存在很大差异（有男有女），而群与群之间即各家庭中的性别结构却十分相似（同样也是有男有女），在这个背景下，整群抽样估计男女比例的效率就高于简单随机抽样。所以整群抽样特别适合于对某些特殊群结构进行调查。

整群抽样中，群的规模可以相等（如以家庭为群，每个家庭中的人口数相同），也可以不等；抽取群时，可以采用等概率抽样（每个群的入样概率相等），也可以采用不等概率抽样。这些情况构成不同的组合，因而对总体参数有不同的估计形式。

7.2.4 系统抽样

系统抽样是将总体中的单位按某种顺序排列，在规定的范围内随机抽取起始单位，然后按一定的规则确定其他样本单位的一种抽样方法。总体单位的排列可以是一维的（如直线排列）；也可以是二维的（如平面排列）；起始单位可以是一个，也可以是一组；对总体单位的抽取可以是等概率的，也可以是不等概率的。

最简单的系统抽样是等距抽样。将总体 N 个单位按直线排列，根据样本量 n 确定抽样间隔，即抽样间隔$=\frac{N}{n}\approx k$，k 为最接近$\frac{N}{n}$的一个整数。在 $1\sim k$ 范围内随机抽取一个整数 i，令位于 i 位置上的单位为起始单位，往后每间隔 k 抽取一个单位，直至抽满 n 个。这时总体中每个单位的入样概率都相等，均为$\frac{1}{k}$，因此等距抽样是一种等概率抽样。

系统抽样的突出特点是操作简便，因为它只需要随机确定一个（或少数几个）起始单位，整个样本就自然确定了，而不像其他抽样方式那样抽取多个单位。系统抽样对抽样框的要求也比较简单，它只要求总体单位按一定顺序排列，而不一定是一份具体的名录清单，因而非常便于某些内容的现场调查。例如，欲对某地区树木进行抽样，了解病虫害影响情况，可以将树木所处的位置视为顺序排列，每隔一定间隔，抽取一棵树；又如欲对某城市汽车尾气排放情况进行调查，抽样比为 1%，即平均每 100 辆车中抽一辆，采用系统抽样，可以将汽车牌号作为一种排列，在 1～100 中随机抽取一个号，譬如 53，凡牌号尾数为 53 的车辆均作为样本单位。

系统抽样的估计效率与总体单位排列顺序有关。如果排列顺序与调查内容没有联系，称为按无关标识排列，这时系统抽样估计与简单随机抽样估计效率相仿。如果排列顺序与调查内容有关，称为按有关标识排列。按有关标识排列的系统抽样精度比简单随机抽样的精度高。例如，欲对大学二年级的学生进行抽样调查，了解学生的平均身高。采用系统抽样，如果是按学号排列，学号与学生身高没有关系，属于按无关标识排列。如果是按学生入学时身高顺序排列，则属按有关标识排列。在后一种情况下的系统样本中，既有身材较矮的同学，也有身材较高的同学，样本的结构与总体的结构十分相似，因而可以有效提高估计的精度。

系统抽样也有局限性，从估计方面看，当 $N\neq nk$ 时，样本均值不是总体均值的无偏估计量，虽然当 N 很大，n 也较大时，这种偏差很小。更为重要的是，系统抽样的方差估计比较复杂，这就给计算抽样误差带来一定困难。

采用系统抽样方法时，特别需要注意研究变量是否存在周期性变化。例如，欲对商场的零售额进行抽样调查，以每周 7 天为抽样间隔。事实上，每周 7 天中，零售额的情况是不同的，一般规律是：周末和假日零售额较大，平日较少。若抽中周末为系统样本的起点，估计结果会偏高；反之，若抽中平日为起点，估计结果会偏低。若遇到这种情况就需要调整抽样间隔，使处于周期中各个位置的单位都有相同机会入选样本，或者改用其他抽样方法。

7.2.5 多阶段抽样

多阶段抽样是指在抽样中不是一次直接从总体中抽取最终样本，而是经过两个或两个以上阶段才能抽到最终样本单位。首先从总体中采用随机方法抽取若干个小总体，称为初级单元，再在这些中选的初级单元中随机抽取若干个单位。如果经过两个阶段抽样，抽取到接受调查的最终单位，称为二阶段抽样；如果经过三个阶段才抽取到接受调查的最终单位，称为三阶段抽样；依此类推。所以多阶段抽样是对经过两个及两个以上抽样阶段抽样方法的统称。

在大范围的抽样调查中，采用多阶段抽样是必要的。首先，在大范围抽样调查中，往往没有包括所有总体单位的抽样框，或者编制这样的抽样框十分困难。多阶段抽样不需要包含所有总体单位的抽样框。因为抽样是分阶段进行的，抽样框也可以分级准备。在第一阶段抽样中，只需准备总体中关于初级单元的抽样框；在第二阶段抽样中，仅在那些被抽中的初级单元中准备第二阶段抽样所需的抽样框。其次，因为多阶段抽样是在中选单位中的再抽选，这样就使样本的分布相对集中，从而可以节省调查中的人力和财力。调查实践中，往往是以各级行政区划作为划分阶段的依据，如进行全国性的居民入户调查，首先抽市、县，然后在中选的市、县中抽街道（乡），再从中选的街道（乡）中抽居委会（村委会），最后在中选的居委会（村委会）中抽取居民户。如果构造下一级抽样框的工作和抽取样本的工作能得到各级行政单位的配合，则为多阶段抽样的实施创造了十分有利的条件。

多阶段的抽样设计比较复杂，不仅涉及如何划分阶段，还包括在每个阶段上应当抽取多大样本量，以及每个阶段的抽样方法。要达到总体的最好效果，需要把多种因素综合考虑，加以平衡或取舍。此外，多阶段的抽样误差计算也比较复杂。

7.3 非概率抽样方式

非概率抽样是指抽选样本时不是依据随机原则，而是根据方便原则或研究人员的主观判断选择样本。在市场调查中，非概率抽样也是经常使用的，这是因为有些情况下，由于客观条件的限制，比如调查经费有限或没有适当的抽样框，难以采用概率抽样；或者对调查结果的时间要求紧，无法从容进行概率抽样；或者调查人员具有丰富的积累，凭经验可以抽出很好的样本。最重要的是，非概率抽样都是在对抽样误差没有要求，不必对总体参数进行区间估计的条件下使用的。

常见的非概率抽样方式主要有以下几种。

7.3.1 方便抽样

顾名思义，方便抽样就是依据方便原则抽取样本，最典型的方式就是拦截式调查，即在街边或居民小区内拦住行人进行调查。想要了解消费者对某商场服务状况的看法，可在该商场门口向出来的顾客询问调查的问题，想要调查外地居民在本市的购物状况，则机场、火车站、长途汽车站、宾馆等场所都是可选择的调查场所。

方便抽样操作简便，能及时取得所需要的信息，节省调查经费。它的主要局限在于，样本信息无法代表总体，即不能根据样本信息对总体进行任何推论，因而方便样本不适合描述性研究和因果关系研究，它比较适合探索性研究，通过调查发现问题，产生想法和假设。方便抽样也可以用于正式调查前的预调查。

7.3.2 判断抽样

判断抽样是指抽取样本时，由调查人员依据对实际情况的了解和经验，人为确定样本单位，或由了解情况的专家圈定样本。

在判断抽样中，如何确定样本单位，取决于调查的目的。通常有几种情况。第一种是选择平均型样本，所谓平均型是指在调查总体中，选定的样本可以代表平均水平。其目的是欲了解总体平均水平的大体位置。第二种是选择众数型样本，即在调查总体中选择能够反映大多数单位情况的个体为样本。第三种是选择特殊型样本，如选择很好（高）的或很差（低）的典型单位为样本，目的是“解剖麻雀”，分析研究造成这种异常的原因。

方便抽样简便、快捷，节省费用，符合调查目的和特殊需要。但因为样本选择是主观的，所以样本的质量取决于挑选人员的经验、专业知识和对情况的了解。判断抽样的目的多在于了解总体的数量特征和对问题的深入分析，而不是利用调查结果对总体参数进行估计。例如通过判断抽样，我们可以了解到总体均值的大体位置，但是无法从概率的角度推算其置信区间，也缺乏足够的理由说明用样本结果进行推算的客观性。

7.3.3 配额抽样

配额抽样是指将总体中的各单位按一定标准划分为若干个类别，将样本数额分配到各类别中，在规定的数额内由调查人员任意抽选样本。

配额抽样与分层抽样有相似之处，都是事先对总体所有单位按某种标准分层，将样本分配到各层中，但它们也有明显的区别。在分层抽样中，是按随机原则在各层中抽取样本，所以分层抽样属于概率抽样。而在配额抽样中，样本的抽取不是随机的，调查人员可以根据主观判断或方便原则抽取样本，所以配额抽样属于非概率抽样。

在配额抽样中，可以按单一变量控制，也可以按交叉变量控制。表 7-2 是单一变量控制的例子。在一个城市中欲采用配额抽样抽出一个 $n=500$ 的样本。控制变量有年龄和性别，配额是按单个变量分别分配的。如各个年龄段上的配额和性别的配额。这种配额抽样操作比较简便，但有可能出现偏斜，例如年龄小的均为女性，年龄大的均为男性。表 7-3 是交叉变量控制的例子。

表 7-2　　单一变量控制配额分配表

年龄	人数
20～30 岁	150
30～40 岁	150
40～50 岁	100
50 岁以上	100
合计	500
性别	人数
男	250
女	250
合计	500

表 7-3　　交叉变量控制配额分配表

年龄	性别		
	男	女	合计
20～30 岁	70	80	150
30～40 岁	75	75	150
40～50 岁	55	45	100
50 岁以上	50	50	100
合计	250	250	500

交叉变量控制配额可以保证样本的分布更为均匀，更具有代表性，但现场调查中操作的难度要大些。

配额抽样不需要抽样框，还能保证样本结构与总体结构的一致，所以在市场调查中得到广泛应用。由于它属于非概率抽样，所以具备非概率抽样方式的共有特征。

7.3.4 自愿样本

自愿样本不是经过抽取，而是由自愿接受调查的单位所组成的样本。例如，在有些饭店的餐桌上有调查表，就餐者可以自愿填答，飞机上也不时有乘务员向乘客发放调查表，乘客自愿参与调查。网络调查是构造自愿样本的另一个例子，调查人员将调查问卷粘贴到相关内容的网页上，上网读者可以自愿参与。还有一些调查，采用将问卷刊登在报刊上这种方式进行。这类调查所得到的样本都可以视为自愿样本。

自愿样本有一些特点：首先，样本集中于某些特定群体，只有能够接触到调查问卷的那些人才有机会参与调查；其次，构成样本的那些单位往往对调查内容感兴趣，并愿意陈述自己的看法，所以这类调查其样本结构具有独特性，通常与总体结构相去甚远，因而调查结果不能反映总体状况。但这种自愿参与性的调查组织方便、成本低廉，而且参与者大多是对调查内容的关心者，调查人员能够了解这个特定群体的意见和看法，这对于了解情况、分析问题、查找原因都是十分重要的信息。

7.4 抽样中的误差问题

7.4.1 描述误差的一些概念

只要是调查就一定有误差，误差或大或小总是存在的，不可能完全避免。由于产生误差的原因不同，误差的性质不同，因此有描述误差的各种概念，对误差问题的深入讨论也离不开这些概念。

1. 估计量方差

设总体某个待估参数为 θ，在概率抽样条件下，用样本数据计算出统计量 $\hat{\theta}$ 作为总

体 θ 的估计，所以把 $\hat{\theta}$ 称为 θ 的估计量。在一个总体中，包含众多的样本，抽中不同的样本，会得到不同的估计量 $\hat{\theta}$，将所有可能样本估计量的期望值记为 $\hat{\theta}$，则估计量方差的定义式为：

$$V(\hat{\theta})=E[\hat{\theta}-E(\hat{\theta})]^2 \tag{7.1}$$

估计量方差是描述估计精度的一个重要指标。方差越大，说明样本统计量之间的差异越大，用样本统计量估计总体参数的效率（估计的精度）就越低。

2. 偏差

仍然令 θ 为总体待估参数，也可以把它视为总体真值，$\hat{\theta}$ 为样本估计量的期望值，则偏差的定义式为：

$$Bias(\hat{\theta})=E(\hat{\theta})-\theta \tag{7.2}$$

由定义式可以看出，偏差的含义是，如果反复进行抽样，其所有可能样本估计量的均值（数学期望）$E(\hat{\theta})$ 与总体真值 θ 之间的离差。偏差与估计量方差不同，它属于偏于某个方向的系统性误差，而估计量方差是随机性误差，没有系统性。而且，估计量方差可以随着样本量的增大而减小，而大多数的偏差（少数有偏估计量除外）并不随着样本量的增大而减小。因此，如果用样本推断总体，在有偏差的情况下，无论怎样增大样本量，都不可能有效地提高估计的精确度。

3. 均方误差

均方误差（mean square error，MSE）的定义式为：

$$MSE(\hat{\theta})=E(\hat{\theta}-\theta)^2 \tag{7.3}$$

将式（7.3）进一步展开，可以写成：

$$\begin{aligned}MSE(\hat{\theta})&=E\{[\hat{\theta}-E(\hat{\theta})]+[E(\hat{\theta})-\theta]\}^2\\&=E[\hat{\theta}-E(\hat{\theta})]^2+[E(\hat{\theta})-\theta]^2\\&\quad+2E[\hat{\theta}-E(\hat{\theta})][E(\hat{\theta})-\theta]\\&=E[\hat{\theta}-E(\hat{\theta})]^2+[E(\hat{\theta})-\theta]^2\\&=V(\hat{\theta})+Bias(\hat{\theta})^2\end{aligned} \tag{7.4}$$

由此看出，MSE 是估计量方差与偏差平方之和。如果估计量是无偏的，便有

$$MSE(\hat{\theta})=V(\hat{\theta})$$

由于均方误差 MSE 包含了估计量方差和偏差，因而更全面、更综合地反映了估计误差的状况。

7.4.2 抽样误差

抽样中的误差可以分为两类：抽样误差和非抽样误差。

抽样误差是由抽样的随机性造成的，是用样本统计量估计总体参数时出现的误差。对任何抽样方案，都会存在许多待选样本，实际抽到的只是其中一个样本。抽到哪一个样本

完全是随机的，而抽到不同的样本，对总体的估计就会不同，这就是抽样误差产生的根本原因。描述抽样误差，可以采用不同的指标，前面谈到的估计量方差就是其中之一。此外，估计量方差的平方根 $S(\hat{\theta})$ 也是描述抽样误差的一个指标。

$$S(\hat{\theta})=\sqrt{V(\hat{\theta})} \tag{7.5}$$

$S(\hat{\theta})$ 称为估计量标准差或抽样标准差，它与估计量方差具有相同的性质。

在概率抽样中，抽样误差是不可避免的，其大小受到以下因素的影响：

第一，抽样误差与总体分布状况有关，总体各单位之间差异越大，即总体方差越大，抽样误差就越大；反之，抽样误差就越小。

第二，抽样误差与样本量有关，在其他条件相同的情况下，样本量越大，抽样误差就越小；反之，抽样误差就越大。

第三，抽样误差与抽样方式和估计方式也有关系。例如分层抽样的估计精度高于简单随机抽样。在有辅助信息的条件下，比率估计、回归估计也可以有效地减小抽样误差。

抽样误差的最大特点是它的可计算性。抽样误差虽然无法避免，但调查人员可以知道抽样误差有多大，并采用适当的方式（如增大样本量）对其进行控制。

7.4.3 非抽样误差

非抽样误差是指除抽样误差以外，由其他原因引起的样本统计量与总体真值之间的差异。非抽样误差产生的原因主要有以下几种。

1. 抽样框误差

例如，用工商局签发的营业执照作为个体商业调查的抽样框，对个体商业单位实施抽样调查，以掌握个体商业零售额的情况。但有些个体商贩是无照经营，这部分零售额就会被漏掉。有些人虽有营业执照，但已经转行。用抽样框中的单位数对总体零售额推估，也会造成误差。有些人虽然只有一个摊点，却办理了多个营业执照，他入选样本的概率就是其他人的数倍，使得在设计入样概率基础上的估计结果失真。凡此种种都是由抽样框不完善造成的，故称其为抽样框误差。

2. 无回答误差

现场调查中可能由于各种原因，调查人员不能从被调查者那里得到所需要的数据。例如被调查者不在家、生病无法接受调查、拒绝接受调查等。可以把无回答分为两类：一类是由于随机因素造成的，如调查时被调查者恰巧不在家，这种无回答减少了有效样本量，会造成估计量方差增大；另一类无回答是非随机因素的影响，如被调查者不愿告诉实情而拒绝回答，这时，回答者与不回答者在调查指标上存在数量的差异，调查的结果中只有回答者的信息，却没有无回答者的信息。这种无回答不仅造成估计量方差增大，还会带来估计偏差。

3. 调查人员误差

这种误差是由调查人员造成的，如在调查中有意无意地渲染某种东西，诱导被调查者；调查中的提问错误或记录答案错误等。最恶劣的是调查人员有意作弊，因此对调查人员的职业道德教育和业务培训十分重要。

4．受访者误差

受访者误差是指在现场调查中，受访者没有能够提供准确、真实的信息。受访者误差的产生有以下几种情况：

（1）理解。

由于问卷的原因或受访者自身的原因，受访者在对调查问题的理解上有偏误，提供了与真实情况不符的答案。

（2）记忆。

对调查的问题，受访者记忆模糊，回答结果与事实有出入。

（3）有意隐瞒。

对某些调查问题，受访者不愿意提供真实情况，在无法回避的情况下或由于其他原因，向调查人员提供了虚假数字。有意隐瞒的虚假数字往往带来较大的偏差，对调查结果的危害最大。

除此之外，非抽样误差还可能产生自其他一些原因，如由于测量工具不准造成的计量误差，对数据编码和录入的错误造成的数据整理误差，等等。

7.4.4 误差问题小结

本节对抽样中的误差问题的讨论是从两个方面展开的。

首先，从误差的性质上看，可以分为估计量方差、偏差和均方误差。估计量方差是一种随机性误差，它描述了样本统计量的分布状况，是评价概率样本估计精度的重要指标。估计偏差则是一种系统性误差，其偏误具有特定的方向，且不会随着样本量的增大而减小（少数有偏估计量除外）。均方误差则是估计量方差与偏差平方之和。对于同一个估计目标，可以使用不同的估计量。有些估计量方差大、偏差小，有些估计量方差小、偏差大，所以均方误差是综合评价估计量优劣的一个指标。在估计量性质的讨论范围内，如果一个估计量是无偏估计量，则该估计量的方差与均方误差相等。

其次，从误差的类型上看，可以分为抽样误差和非抽样误差。抽样误差是由抽样的随机性引起的，所以只是在概率抽样中才涉及抽样误差的问题。估计量方差是反映抽样误差的一个重要指标。此外，抽样误差也可以用抽样标准误差（估计量方差的平方根）表示。抽样误差随样本量的增大而减小，可以计量并且能够通过抽样方式和样本量加以控制。非抽样误差是除抽样误差外由其他各种因素造成的误差。非抽样误差与抽样的随机性无关，可以存在于各种类型的调查方式之中。非抽样误差成因复杂，难以准确对其进行计量，且样本量越大，非抽样误差出现的机会就越多。对非抽样误差的控制从设计开始，到数据采集直至数据处理，贯穿整个调查过程。所以从一定意义上讲，能够把非抽样误差控制在很小水平上的调查，一定是一个精心设计、精心实施的调查。

7.5 样本量的确定

样本量的确定是抽样设计中的一项重要内容。确定样本量需要对影响样本量的因素进行分析。

7.5.1 影响样本量的因素

(1) 调查精度。

调查精度是指用样本数据对总体进行估计时可以接受的误差水平。它可以用绝对数的形式表现，一般称为绝对误差或允许误差，也可以用相对数的形式表示，一般称为相对误差。绝对误差与相对误差的关系为：

$$\Delta = r\bar{Y} \tag{7.6}$$

式中，Δ 为绝对误差（允许误差）；r 为相对误差；$\bar{Y}$ 为目标变量的总体均值。要求的调查精度越高，即 Δ 和 r 值越小，所需要的样本量就越大。

(2) 总体的变异程度。

总体的变异程度用总体方差表示。在其他条件相同的情况下，总体的变异程度越大，所需要的样本量越大。

(3) 总体的规模。

小规模和中等规模的总体，其规模大小对样本量的需求会产生一些影响，而大规模的总体对样本量的需求则几乎没有影响。也就是说，规模很小的总体逐渐扩大，为保证相同估计精度，样本量会随之增大（但不是同比例的）。当总体规模达到很大程度时，随着规模的继续扩大，样本量却几乎可以维持不变。大规模总体中的抽样比$\frac{n}{N}$要远远低于小规模总体中的抽样比。

(4) 无回答情况。

无回答减少了有效样本量。在无回答率较高的调查项目中，样本量要大一些，以减少无回答带来的影响。

(5) 调查经费。

调查经费是影响样本量的一个十分重要的因素。事实上，样本量是调查经费与调查精度之间的某种折中和平衡。

此外，调查的限定时间、实施调查的人力资源也是影响样本量的客观因素。

7.5.2 确定样本量的方法

在抽样调查中，对于概率抽样和非概率抽样，确定样本量的方法是不同的。

非概率抽样的目的主要在于进行探索性研究，而不是用样本数据对总体进行数量上的推算。所以样本量的确定主要是根据主观判断和从事实际调查的经验，这样就具有一定的随意性。样本量大小是否恰当，与设计人员的判断能力、调查经验的积累有密切关系。在市场调查中，对于一些项目的配额抽样，也常常使用一些经验数据，如每个样本城市抽取200个或500个样本单位。经验数据是长期从事该项调查的经验积累和总结，十分简捷，便于操作。但因为缺乏严格的理论证明其合理性和必然性，所以对由非概率抽样确定的样本量提出质疑是可以理解的。

概率抽样的样本量则是在计算的基础上确定的。在其他客观条件已定情况下，样本量的确定主要在于对估计精度的要求。这取决于估计量的用途和使用者可以接受的误差范围。如果调查结果将用于意义重大的风险决策，就要以较高的精度要求计算样本量。此外，还需要考虑是否需要对调查的子总体进行估计。如果调查结果需要包括一些细分的数据，就要对不同子总体单独计算样本量，总样本量是单独计算的子样本量之和。如果仅仅需要总体数据，则是按既定需要标准计算出总样本量，然后把总样本量按某种方法分配到各子总体（层）中。

本节以下部分，将主要讨论概率抽样中样本量的计算问题。

7.5.3 样本量的计算

由于概率抽样中有不同的抽样方式，对不同的抽样方式，样本量的计算方式是不同的。这里仅以简单随机抽样为例，介绍样本量计算的基本原理，其他抽样方式样本量的计算方法可以参考抽样技术的专门书籍。

在无放回简单随机抽样条件下，可以使用绝对误差和估计量标准差计算所需要的样本量。均值估计量标准差的表达式为：

$$S(\bar{y})=\sqrt{V(\bar{y})}=\sqrt{\left(1-\frac{n}{N}\right)\frac{S^2}{n}} \tag{7.7}$$

式中，$\bar{y}$ 为样本统计量，它是总体均值 $\bar{Y}$ 的估计量；$S(\bar{y})$ 为估计量标准差；N 为总体单位数；n 为样本量；S^2 为总体方差。$1-\frac{n}{N}$为有限总体校正系数，如果是有放回随机抽样，这部分是不存在的，即

$$S(\bar{y})=\sqrt{\frac{S^2}{n}} \tag{7.8}$$

绝对误差的表达式为：

$$\Delta=tS(\bar{y})=t\sqrt{\left(1-\frac{n}{N}\right)\frac{S^2}{n}} \tag{7.9}$$

式中，t 为概率度，它的数值与 α 有关。当 $\alpha=0.05$（通常取值）时，$t=1.96$。其含义为，以 95%的概率对总体参数的置信区间做出估计。

由式（7.9）可以解出

$$n=\frac{n_0}{1+\frac{n_0}{N}} \tag{7.10}$$

式中，n_0 为有放回抽样条件下的样本量，即

$$n_0=\left(\frac{tS}{\Delta}\right)^2 \tag{7.11}$$

总体方差 S^2 是客观存在的，t 和 Δ 则取决于设计人员对估计的精度要求，当这些数值确定以后，所需要的样本量便可以计算出来。

如果抽样设计中使用相对误差的要求，由式（7.6）

$$r\bar{Y}=\Delta=t\sqrt{\left(1-\frac{n}{N}\right)\frac{S^2}{n}}$$

解得

$$n=\frac{n_0}{1+\frac{n_0}{N}}$$

此时

$$n_0=\left(\frac{tS}{r\bar{Y}}\right)^2 \tag{7.12}$$

由上述公式看出，计算样本量，需要知道总体方差 S^2。S^2 通常需要根据过去的资料求得。有时候过去的资料没有，可以使用类似总体的方差代替。与对方差的直接估计相比，人们可能更愿意使用变异系数 C，即 $C=\frac{S}{\bar{Y}}$。变异系数是个相对数，具有更好的稳定性。

由式（7.12），采用变异系数，样本量的计算式可以写为：

$$n_0=\left(\frac{tC}{r}\right)^2 \tag{7.13}$$

当调查中要估计的是总体的比例 P 时，对于大的总体，P 的总体方差为：

$$S^2=P(1-P) \tag{7.14}$$

代入式（7.11），得

$$n_0=\frac{t^2P(1-P)}{\Delta^2} \tag{7.15}$$

再根据式（7.10），可以求出无放回简单随机抽样比例估计的样本量。

如使用相对误差的要求，根据 $S^2=P(1-P)$，$\bar{Y}=P$，则 $C=\sqrt{\frac{1-P}{P}}$，代入式

(7.13)，得

$$n_0=\frac{t^2(1-P)}{r^2P} \tag{7.16}$$

如果总体比例 P 未知，而且也没有以前的信息可以利用，那么可以取 $P=0.5$，这时的总体方差 S^2 最大，可以求得一个保守的样本量。

以上是关于简单随机抽样设计中样本量的计算。如果抽样设计不是采用简单随机抽样，如前面所提到的，就需要在抽样技术的专门书籍中查阅其他抽样设计样本量的计算公式。此外，也有一种简单的处理方法，即使用设计效应对简单随机抽样的样本量进行调整。设计效应是对于同样规模的样本量，其他抽样方式的估计量方差对简单随机抽样估计量方差的比值。在本章所提到的几种抽样方式中：

简单随机抽样，设计效应$=1$

分层抽样，设计效应<1

整群抽样，设计效应>1

系统抽样，设计效应$\leqslant 1$

多阶段抽样，设计效应>1

设计效应通常是从过去相同或相似主题的调查中取得的，前提是过去调查使用的抽样设计与现在计划实施调查的抽样设计相同或相似。

有了该种抽样方式设计效应的经验数据，对简单随机抽样样本量 n 进行调整即可以得到该种抽样方式所需的样本量 n'：

$$n'=deff\cdot n \tag{7.17}$$

式中，$deff$ 为设计效应。

最后，无回答会造成样本量事实上的减少，为了弥补这种缺失，还需要根据回答率对计算结果进行再次调整，以确定最终的样本量。

$$\text{最终样本量}=\frac{n}{R}\text{或}\frac{n'}{R} \tag{7.18}$$

式中，R 为估计的回答率，通常根据以往类似调查的经验确定。

小 结

本章有五节。7.1 节是对抽样中有关问题的总体描述，其中，准确把握概率抽样与非概率抽样有十分重要的意义，因为概率抽样和非概率抽样获取的数据的作用是有区别的。使用中的误区往往是，样本是采用非概率方式抽取的，却用来推算总体。7.2 节和 7.3 节对概率抽样和非概率抽样的一些主要抽样方式做了介绍。7.4 节讨论了抽样中的误差问题，包括误差的描述和误差产生原因的分析。抽样误差只在概率抽样中存在，非抽样误差则不论在概率抽样和非概率抽样中都同样存在。抽样技术中的核心问题是对误差的计量和控制问题。7.5节讨论了样本量的确定，涉及的主要内容有：影响样本量的因素、确定样本量的方法以及样本量的计算。

思考题

7.1　什么是抽样框？抽样框有几种类型？请举例说明不同类型的抽样框。尝试对这些不同类型的抽样框加以评价。

7.2　什么是概率抽样和非概率抽样？它们各自的特点和作用是什么？

7.3　举出两个概率抽样的例子和两个非概率抽样的例子，并说明其之所以采用概率抽样或非概率抽样的原因。

7.4　概率抽样有哪些主要的抽样方式？不同抽样方式各自的特点和应用场合是什么？

7.5　非概率抽样有哪些主要的抽样方式？不同抽样方式各自的特点和应用场合是什么？

7.6　什么是抽样误差和非抽样误差？它们各自具有什么特点？

7.7　谈谈你对目前市场调查中非抽样误差的看法。如何对这些非抽样误差进行控制？

7.8　为调查学生购书支出，某高校在全校6 000名大学生中按简单随机抽样抽取78名学生，调查了他们最近一个学期用于购书的支出，结果为：$\bar{y}=102.30$元，$s^2=13\,712$。根据这样的资料，如果要求置信度为95%，估计的相对误差不超过10%，则采用不重复抽样，应抽取多少学生进行调查？又知在这种调查中，分层抽样的设计效应为0.7，在其他条件相同情况下，如果采用分层抽样，则需要抽取多少名学生？

7.9　对某企业生产的一批袜子进行质量检查，随机抽取了50双，发现有3双没有达到优质品的标准。若要估计优质品袜子的比例，在95%的置信度下，把估计的绝对误差控制在1%的范围内，应抽取多少双袜子作为样本？

第8章 调查的实施

8.1 调查前的准备

8.1.1 调查团队的组织

一个完整的市场调查活动大体可以分为三个阶段，即调查的设计、调查的实施和数据的处理。一个优秀的调查团队应当由各方面的优秀专业人员组成。调查的设计人员负责项目设计中的技术问题，包括抽样设计、问卷设计、加权和估计方法设计、质量控制方法设计、数据质量的评估设计和统计分析方面的设计等。在数据处理阶段，录入人员负责调查数据的录入，统计分析人员负责数据的统计处理并按照设计的要求进行统计分析，完成统计分析报告。在团队组成中，还应有计算机系统管理人员，负责设计和开发计算机系统和程序，以确保统计方面的计算机处理得以有效实施。

在调查的具体实施，即数据采集阶段，也需要有一些专门的人员承担相应工作。本章内容的主题是调查的实施，这里先对调查实施团队的情况做一些介绍。团队的组织及团队成员所负责的工作，实际上体现了管理体制。由于调查机构规模不同，调查内容不同，可以采用多种管理体制对调查的实施进行管理，这里以项目管理的一般情况为例加以介绍。

（1）项目主管。

项目主管负责整个项目的管理，包括协调各部门的关系，起草初步的计划，制定预算并监督资源的使用。项目主管需要与高级管理层和客户保持紧密联系，向他们报告调查的进度。他应保证严守行业法规或法定的职责，遵守行业政策、标准、指导方针和条例。项目主管的责任是确保调查项目的目标、预算和计划得以执行。

（2）实施主管。

实施主管负责项目的具体实施。在不同的场合下，如在规模不大的市场调查机构中，或对于不大的调查项目，项目主管也可能就是实施主管。实施主管的责任主要包括：了解调查项目的目的和具体的实施要求，根据调查设计的有关内容和要求挑选调查员，负责督导队伍的管理和调查员的专业培训，负责调查实施中的质量控制。实施主管一方面要与上游的项目主管甚至高层领导沟通，另一方面要与下游的督导和调查员打交道，这就要求实施主管既要掌握市场调查的基本理论和方法，又要有比较强的组织和运作能力，有丰富的现场操作经验。实施主管的水平在很大程度上可以反映一个市场调查机构现场操作的水平。

（3）调查督导。

调查督导是数据采集过程中的监督人员，负责对调查人员工作过程的检查和调查结果的审核。调查督导又可以分为调查现场督导和调查技术督导。调查现场督导负责对调查员日常工作的管理，包括现场监督、回收问卷、对问卷进行复核和其他服务工作。调查技术督导负责调查员访问技巧的指导，回答现场调查中有关技术问题的咨询，协助实施主管挑选调查员和进行专业培训等。在很多情况下，调查现场督导和调查技术督导是融为一体的。有些时候实施主管充当调查技术督导的角色。

对调查督导的要求是，工作认真、踏实、有责任心，同时具有一定的组织管理能力。此外，还要具有访问经验，对调查技术有一定的了解。在调查机构中，调查员一般是通过社会招聘方式招募的兼职工作人员，所以可以把调查督导视为调查机构的入门职位。调查督导也可以从调查员中选拔。

8.1.2 调查员的挑选

在调查项目的实施中，调查员是必不可少的重要因素，然而一般情况下，商业调查机构都不设立常年的调查员队伍。因为调查业务具有突发性，在没有业务的时候，调查员是空闲的，维持成本比较高，而有的时候又可能有几个调查同时进行，需要较多的调查员。此外，有些调查业务可能涉及多个城市，任何调查机构都无力在每个城市设立自己的调查员队伍。因此调查机构通常都握有一份调查员名单，或掌握一些潜在调查员的资源。调查机构可以根据调查员名单或潜在资源，在需要的时候招聘调查员。如果需要大量调查员，还可以招聘社会上的各类人员充当临时调查员。调查员的流动性很大，因此调查员的招聘已成为调查机构的一项常规工作。

调查员的挑选需要考虑以下几个因素。

第一，要考虑调查的方式和调查对象的人口特征，尽量选择与调查对象相匹配的调查人员。一般来说，调查员与被调查者的共同特征越多，越有利于调查的实施。例如，进行全国性的电话调查，对有不同口音或方言地区的调查，最好招聘该地区或熟悉该地区口音、方言的人员作为调查员，这样不仅可以增加亲切感，还有助于调查速度的提高。对于入户调查，男性调查员的成功率通常不如女性调查员高，因为从被调查者的角度看，陌生男性具有威胁性，不敢轻易放其入户。在这种场合，居委会成员是不错的人选。

第二，调查人员的职业道德水平十分重要。应聘人员之所以应聘，在很大程度上是想通过调查活动得到一定的经济收入，这是无可厚非的。通常调查人员的经济收入是与调查的工作量（如完成有效问卷的份数）联系在一起的，因此作弊的诱惑力很强。有些调查员在现场调查中只是挑容易的题项问，略过复杂的题项，然后冒充被调查者填答，以增加完成问卷的份数。还有些人不按采访地址分发问卷，将调查问卷交给自己的亲朋好友代答，或索性自己填答。对作弊行为的监测和监控成本都是比较高的。所以一开始就要特别注意调查员的职业道德水平。挑选一位尽管在其他能力方面稍差，但却诚实、可信的调查员要远远优于调查员能力较强但不诚信的情况。

第三，调查员的语言交流能力也是一个要素。调查员的任务是与被调查者进行交流，因此需要调查员吐字清楚，注意说话的节奏，能细心聆听别人的说话，正确领会和解释他人的回应。这些都是一名合格调查员所应具备的素质。

兼职调查员的主要来源是在校大学生、居委会的积极分子、热心的下岗职工等。

8.1.3 其他准备工作

调查实施前的一项重要工作是对调查员的培训，下节将对此进行专门讨论。除此之外，还有一些准备工作需要关注。

1. 编写手册

条理清楚的指导手册对于现场工作人员的工作指导具有不可忽视的作用。调查指导手册包括调查员手册和督导手册。

(1) 调查员手册。

调查员手册的内容不能一概而论，但其主体部分是调查员在现场调查所应遵守的操作条例和有关的技术指导。尽管手册中的内容也是培训中的内容，但文字有助于工作中的随时查阅。调查员手册中的内容应当包括：

1) 与被访者的接触。解释怎样与被调查者第一次接触，怎样确保所接触到的是正确的样本，如何进行就近访问。

2) 一般的访问技巧和技术。对特殊的调查还应给出具体的例子。

3) 问卷的审核。要求调查人员在调查现场或调查结束后立即进行问卷审核。该部分应给出审核的方法和规则。

4) 疑难解答。这部分应包括调查中所使用概念和术语的定义，调查中最可能出现的问题，以及处理这些问题的建议。

(2) 督导手册。

工作的性质决定督导必须十分熟悉调查员手册中的内容。此外，在一些情况下还需要有专门的督导手册，为调查的管理提供指引。督导手册的内容主要有：

1) 作业管理。包括如何给调查员分配任务，怎样向调查员分发和回收问卷，如果调查员的财务问题由督导负责，手册中还应该有如何查找调查员的开销凭证（如调查旅费）以及怎样向调查员分发报酬。

2) 质量检查。对调查人员的工作进行质量检查的原则和方法。

3）执行控制。如何通过各种表格记录调查实施过程中各环节的执行情况。

2. 其他材料

除了编写手册，调查前还需要准备好其他所需要的印好的文字、图片材料。这些材料包括：

（1）调查问卷。

（2）示卡。

示卡即在调查过程中需要使用的卡片，以及图片或照片等其他展示物。

（3）样本单位名单。

包括受访者的地址表、显示地理位置的地图等。

（4）相关表格。

调查过程中所需要的表格。如入户登记表、问卷收发表、项目进度表、陪访记录表、复核记录表等。

（5）介绍信等证明文件。

通常包括介绍信和调查员证。

3. 物品准备

物品准备指与调查有关的所有实物准备。这部分工作也比较烦琐，需要考虑周到。现场调查中常用的物品有：

（1）礼品。

礼品通常是在调查结束后，为向被调查者表示感谢而准备的。一般根据调查时间的长短或难易程度不同而准备不同价值的礼品。同时，准备礼品时要注意针对不同的调查对象选择不同种类的礼品。其原则是实用，并且使消费者乐于接受。

（2）测试用品。

有些调研项目如概念测试、包装测试、口味测试和产品留置等需要用到测试用品。在项目开始前要做好这些用品的准备。鉴于食品的特殊性，应尽量避免使用食物用品，如必须使用时，应向被调查者提供有关的卫生检疫证明及有效的食用日期。

（3）使用工具。

这是指调查实施中需要用到的工具，如记录笔、访问夹、手提袋（装问卷及礼品）、手表（记录访问时间）、手电筒（防楼道无灯或天黑）等。

8.2 调查员的培训

8.2.1 培训内容

对调查员的培训是调查实施过程中一项重要的工作，它对调查数据的质量起着关键作用。一个优秀的调查员，也是经过培训、实践、再培训、再实践的过程成长起来的。培训的内容可以分为基础培训和项目培训。

1．基础培训

基础培训主要是针对新聘用的调查员。培训的内容主要包括：

（1）责任心教育。

调查员的职责是利用合法的手段，以严谨的态度采集市场信息，在这里职业道德十分重要。调查员要坚决杜绝弄虚作假和作弊行为，以健康和积极的心态面对访问工作，同时要为受访者和客户保密。

（2）行为规范。

按调查项目的要求，规范调查员行为。例如严格按照项目要求确定受访者，在需要使用随机表确定受访者时，不要轻易被周围环境（如受访者推脱）所影响；严格按照规范要求进行操作，包括提问、记录答案、使用卡片等；调查中保持中立的态度，不能加入自己的观点和意见来影响受访者。

（3）调查技巧的培训。

在培训中不仅要告诉调查员怎么做，同时要解释为什么这样做。获得数据可以有不同的途径，通常要求调查员走的往往是一条比较困难的途径。在这种情况下，向调查员解释必须这样做的原因，以及如果不这样做可能带来什么样的后果就显得十分必要。

2．项目培训

项目培训面对所有的调查员，其目的在于让调查员了解项目的有关要求和标准做法，使所有调查员都能以统一的口径和标准的做法进行访问。同时进一步明确调查纪律和操作规范。项目培训的内容通常包括：

（1）行业背景简介。

市场调查项目会涉及不同的行业，每个行业都有不同的情况和专业知识，而调查员对此未必都了解。适当介绍一些行业背景和与调查内容有关的专业知识，有助于调查员理解调查问题，更好地理解受访者回答的含义。

（2）讲解问卷内容。

向调查员解释调查问卷中每一个问题的含义，以及问题之间的逻辑关系。在问卷讲解中，应特别注意对复杂题项的分析，分析一般的情况、可能出现的特殊情况，以及处理特殊情况时应掌握的原则。

（3）其他要求。

例如，受访者的条件（筛选）；需要完成的样本量和时间进度的要求；介绍所需要的调查工具，如示卡、调查介绍信等。

8.2.2 培训方式

从调查项目主持方（如承接项目的调查机构）的角度看，培训方式有两种。一种是书面培训，采用这种方式的背景通常是调查项目主持方将数据采集的具体工作委托给专门的数据采集机构，对调查员和督导的具体培训由数据采集机构负责，调查项目主持方提供培训材料；另一种方式是调查项目主持方直接派人进行现场培训。在前一种情况下，数据采集机构也要在项目主持方的指导下，针对特定的调查项目，对调查员进行现场培训。所以，培训方式主要是针对现场培训而言。

现场培训有以下一些方式：

（1）讲授。

这是指将接受培训的人员集合在一起，采用讲课的方式进行培训。讲授的内容包括：介绍调查项目的背景材料，讲解调查问卷、实施要求，介绍调查技巧。

（2）模拟。

在讲授的基础上，通过模拟锻炼调查员处理各种可能局面的应变能力。与讲授相比，模拟更强调操作中的实际运用，侧重于应变手法的培训。

（3）试访。

试访是在项目正式实施之前，调查员所进行的“热身”。试访后进行总结。实地的操作往往给人留下更深的印象。对于内容复杂的调查项目以及新的调查员，试访是必要的。

（4）陪访。

陪访即督导陪同调查员一起进行访问，实地检查调查员对问卷的理解程度、访谈技巧以及操作规范，然后由督导总结访问的情况。陪访和试访有时可以合并进行。

8.2.3 访谈基本技巧

访谈是一种面对面的语言交流，掌握访谈技巧可以更好地发挥面访的优势，保证调查结果的质量。按照访谈的过程，其基本技巧涉及以下几个方面。

1. 接触前有关事项

调查员在与受访者接触前需要注意一些问题，这些问题处理得好将有利于调查的进行。

（1）仪表。

调查员要注意仪表，着装整洁大方，头发、指甲干净，所带的袋子（装问卷、礼品及记录工具）不要太大，要给人以朴素、精明、整洁的感觉。

（2）调查时间。

调查时间对回答率和调查结果都会产生影响。入户调查最好在周末或平日晚上进行。若在工作日的白天实施调查，或者家中无人造成回答率低，或者待在家中的是一些特殊的群体，如无业和离退休人员，造成样本有偏。要注意避开吃饭时间。晚上太晚敲门也会引起受访者的反感。

（3）调查地点。

调查地点的选择应该按调查设计的要求进行。入户调查应当争取对方允许自己进入户内，坐在桌子边与受访者进行交流。有时对方态度坚决，不允许调查员进入，在这种情况下，调查也可以在楼道里、院子间进行。拦截式调查的地点变数较大，但如果调查是在商场内、音乐厅门口等公共场所进行，事先要与有关方面取得联系，征得其同意，以避免不必要的误会。

2. 自我介绍

中国有许多俗语，如“万事开头难”和“好的开始是成功的一半”，都表达了开始时的工作既困难又重要这样的意思。自我介绍是调查员与受访者第一次接触时的“表白”，是能否顺利实施调查的关键，在态度上要予以高度重视，在技巧上要仔细推敲。

自我介绍的一般要求是，话语简单明了，态度友善礼貌。通过自我介绍，表明调查目的，有针对性地回答受访者的疑问，创造一个轻松、愉快的气氛。除良好的形象和礼貌的谈吐外，要注意表达意思准确，语言规范、流利，不用“哼”“哈”“哦”等语气助词。自我介绍要简短，把握入户时机，不要在门口耽搁时间，应尽早提出调查的问题。一旦受访者回答问题，他的注意力就会从是否接纳调查员的思考中转移。随着问题的展开，调查员就会很自然地进入户内。

受访者在一开始时对调查的态度大体可以分为三类：表示可以接受调查，处于犹豫状态，坚决予以拒绝。其中处于犹豫状态的占大多数。犹豫部分的成功率对整体的回答率影响很大。犹豫的原因有几种：对调查员怀疑，怕调查时间长，正忙于其他事情，对调查不感兴趣，等等。调查员的应变能力可以在此时得到最充分的体现。例如，对于怀疑和有疑问者，及时出示有关证件，消除其怀疑；对担心调查时间长的受访者可以说，“调查只占用几分钟时间，您看如果我们一见面就开始，现在可能已经结束了”，对于那些不感兴趣者，可以强调他们的意见对于反映民意、对于项目的研究起着多么重要的作用，并可以补充说“对于您的配合，我们将赠送小小的礼品表示感谢”。对于那些正忙于其他事情者，调查员可以强调调查时间的短暂，如果对方确实抽不出身，如家中有客人，可以约定另外一个时间进行访问。

3. 提问

提问表明调查实施已经开始，这是一个相互交流的过程，调查员要随时注意受访者的理解程度和配合态度，调节自己的节奏，调动受访者的情绪，让受访者自始至终能以感兴趣的态度配合访问。在念问卷中问题的时候，注意用声音和眼神与对方沟通，掌握好提问节奏、快慢有序，用眼神和表情表示对对方回答的关注和鼓励。

同时，在提问过程中也要注意按规定的程序操作，在问题的措辞、提问的方式上不能各行其是，也不能按照自己的理解修改问卷中问题的提法。如果需要出示卡片，一般在问题陈述完以后再出示。出示卡片的方向是使卡片斜向上方 45 度，正好使受访者的目光能够垂直投射在卡片上。调查员自己不应看卡片，而是要注意记录受访者的回答。因为调查员看卡片会影响受访者的视线，也可能会对受访者造成一些暗示，例如将目光落在自己感兴趣的选项上。

4. 引导

引导不是提出新问题，而是帮助受访者正确回答已经提出的问题。所以引导是提问的补充。在访问中，受访者应当多说，但内容要由调查员控制，这就需要引导。例如，当受访者滔滔不绝而又离题太远的时候，调查员要采取适当的方式将内容引导到所提的问题上。如果受访者一时遗忘了某些情况，调查员可以从不同的角度帮助对方回忆，例如询问受访者是否参观过科技馆，调查员可以说明科技馆的地理位置。受访者一时想不起洗衣机的购买时间（假如这是问卷中的问题），调查员可以利用是搬家前还是搬家后或孩子上学前还是上学后这样有明显标志的日子帮助回忆。为了促使受访者进一步合作给出完整的回答，调查员可以做这样的启发，“我不十分明白您所说的是什么意思，您可以再多谈一些吗?”

引导的作用在于排除访问过程中的干扰，使访谈按预定计划顺利发展。同时，引导不应带有倾向性，是引导而不是诱导。

5. 追问

追问是更深入的提问，是更具体、更准确、更完整的引导。在访谈过程中当被调查者的回答含糊其词、模棱两可的时候，或当回答前后矛盾、不能自圆其说的时候，或者受访者回答过于笼统、很不准确的时候，就需要采用追问这种形式。追问的技术要求是利用中性的标准追问语，客观、中立，没有诱导。例如常用的标准追问语有：

还有其他吗?

其他理由呢?

您指的是什么?

您为什么那样认为?

您是怎么想的?

追问的方式也有多种。常用的方式有：重复提问，即用同样的措辞再一次提问，刺激他们谈出进一步的看法；复述追问，即复述受访者的回答，让其再一次思考回答是否正确，是否有遗漏；停顿或沉默，即通过停顿、沉默或注视，暗示正在等待受访者提供更详细的答案。

6. 非语言控制

在访谈中，除了通过语言交流外，调查员可以通过双方的表情与动作，即通过非语言交流，达到对访问过程的控制。非语言控制包括表情、目光、动作和姿态。

表情是传达思想感情的一种方法。调查员要做到自始至终使自己有礼貌、谦虚、诚恳、耐心，运用表情创造良好的访谈气氛。例如，用微笑鼓励受访者讲下去，用略微严肃的表情表示这个问题很重要，正在认真地倾听。在整个访谈过程中，如果调查员表情一直很严肃，会使受访者感到不愉悦或紧张。

目光是访问时重要的非语言交流方式。在对方讲话时与其交流目光，是表示在全神贯注地倾听，但如果一直目不转睛地盯着对方，也会使对方感到拘谨和不自在。

动作姿态同样受到思想感情的支配。微笑、点头表示对受访者回答的感谢和肯定，匆匆记录表示对受访者回答的重视。在对方讲话时，切忌目光游离。挠头皮、挖耳朵等小动作也会使对方反感。

同时，调查员也应注意观察受访者的表情、目光及动作姿态，从中捕捉对方的情感信息。例如，通过观察对方的目光，注意其是否对所谈的问题感兴趣；通过观察对方的细微动作，如东张西望、频频看表、注意力不集中、不断打哈欠等，判断对方已经厌倦，要转变话题或加快速度尽早结束访谈。

7. 结束

访谈工作的最后一个环节是做好结束工作。正常的结束是在完成所有调查问题之后。结束前可以先给对方发出访谈快要结束的信号，例如可以问“您还有什么需要补充的吗?”

以保证对方把想要说的话说完。结束时，应向受访者表示感谢，向受访者赠送小礼品，并回答受访者关于调查项目的提问，以给对方留下一个良好印象。有时，结束是在调查没有全部完成情况下发生的，如受访者家来了客人，不得不中断访谈。此时，调查员应该同样对对方给予的配合表示感谢，并约定再次访问的时间。离开访问场所之前应注意检查一下，确认有关的材料（问卷、卡片、文件夹等）没有遗忘。

8.3 现场调查的质量控制

8.3.1 督导与复核

1. 督导

在调查开始前，需要对调查员进行严格的培训。除此之外，在调查实施过程中和调查结束后，还需要对调查员的工作进行检查和监督，以保证调查员按培训中所要求的方法和技术进行访问。现场督导的工作内容主要有：

（1）检查已完成的问卷。

包括现场的记录是否规范，字迹是否清晰，有没有缺失数据，答案之间的逻辑关系是否成立。对发现的问题，采取及时的补救措施。对工作质量较差的调查员，需要进行再次培训。

（2）严格的文档管理。

对现场操作中每个阶段的实施情况都要建立必要的文档管理。如问卷收发表、入户接触表、陪访报告、复核记录等。这些文档材料不仅有助于现场督导及时发现问题，有针对性地进行工作，同时有助于项目组对现场操作的质量进行评估。

（3）调查员的报告。

随着现场调查活动的展开，调查员应定期提交工作报告，汇报调查过程中的情况，必要时，督导可以将调查员召集在一起进行座谈总结，交流经验和体会，研究处理棘手问题的方法。这些报告所提供的信息，有助于提高现场工作的质量，同时也可以提示问卷中存在的问题。这些问题在问卷设计阶段可能没有意识到，但却是调查员在访问过程中切身体会到的。将这些信息反映到数据处理和数据审核过程中，对整个调查来说极为有价值。这些信息可以为以后问卷设计的改进提供参考。

2. 复核

复核是对调查员完成工作的抽查，即通过对受访者再一次的访问以检查访问工作的真实性。复核这套工作程序本身对调查员的作弊行为就是一个“威慑”，同时也是对调查结果的质量进行的一次检查。复核的比例根据现场操作的情况可以有所不同，一般在10%～20%，对存在质量问题的调查员可以增大复核比例。复核的内容包括以下方面。

（1）访问情况。

向受访者求证调查过程，如是否接受过调查，接受调查的时间和地点是否属实等。有时也需要对调查员放弃的样本进行复核，例如访员声称某一户拒访时，可以由复核人员登门核实是否存在拒访的情况及拒访的原因。有时调查员为了避免走较远的路，可能伪称某一户居民不在家或者拒访，复核人员需要确定在调查员所声明的时间内该户居民是否真的不在家。

（2）问卷内容的真实性。

调查员作弊可以有多种手法。其中一种是虽然登门进行了访问，但是为了赶进度，调查中只涉及问卷中的部分内容，而略去了比较难、比较费时间的题项，然后回来自己填写。为此，复核人员需要对问卷中的关键问题进行再次询问，核查与调查员的记录是否一致。

（3）调查员的工作态度。

向受访者了解调查员的工作态度，包括：现场的表现，是否有礼貌，是否赠送了礼品，让受访者对调查员的工作加以评价。

在复核时如果出现复核结果与调查结果不符合的情况，需要进行具体分析。除调查员作弊外，还可能有一些其他原因造成结果不符。一个原因是受访者记忆误差。由于记忆的原因，受访者向调查员和复核人员提供的答案不一致。此时，复核人员可以向受访者适当提示，以确认正确的结果。另外，接受复核的人并不是当时的受访者本人，因而给出不一致的答案。所以当出现复核结果与调查结果不一致时，处理要慎重。通常的方法是加大对该调查员的复核比例，通过多次复核做进一步的判断。

8.3.2 调查质量评估

对现场调查活动而言，最重要的是收集到高质量的原始数据。但是高质量的原始数据不是凭空产生的，它是一系列具体调查活动的结果。在一项复杂的调查活动中，没有高质量的现场实施，要获得高质量的数据是不可能的。所以高质量的现场实施是高质量调查数据的基础和前提。同时也要看到，除了现场实施以外，有些时候，数据质量本身还受到调查人员以外其他因素的影响。所以，调查质量评估包括实施过程的质量评估和数据质量的评估。

1. 实施过程的质量评估

实施过程的质量可以反映在以下方面。

（1）调查员的工作质量。

调查员是成功收集数据的关键因素。要确保聘用的调查员具备进行访问的素质和能力，同时还需要有很强的责任心，经过良好的专业技术培训。对调查员工作质量的评估包括以下一些内容。

1）访谈过程的规范性。例如，具有亲和力的自我介绍，提问、追问的规范性操作，现场调查中的应变能力，等等。

2）问卷的填写。严格按照要求填写问卷，记录字迹清晰，格式规范，没有错答或漏答。

3）工作记录。按要求填写接触记录（入户接触表）。

4）完成时间。按规定的时间上交问卷，在规定的时间内完成布置的访问数。

（2）管理工作的质量。

管理工作的质量可以通过一系列的文档文件得以反映。这些文件包括：

1）培训材料。主要指培训手册、调查员操作手册等。

2）操作控制文件。例如问卷收交表、项目进度表、配额表等。这当中入户接触表（包括街访的接触表）是很重要的文件。接触表是对调查现场的全面记载，接触表的内容包括样本单位的详细地址，成功访问的实施情况，未成功访问的具体原因。入户接触表是评估数据质量不可缺少的材料。

3）检查性文件。如陪访报告、问卷复核记录、复核报告等。

2．数据质量的评估

高质量的调查实施过程是高质量数据的前提。但是，良好的调查现场操作也不能保证数据质量就一定是高的。因为数据质量如何还取决于其他因素的影响，最重要的是受访者对调查活动的支持与配合。数据的质量直接影响最终的分析结果。在数据分析阶段之前，对原始数据质量进行评估确实十分必要。

可以从两个方面对原始数据的质量进行评估。

（1）受访者的配合程度。

在调查问卷的尾部，一般要设计几个题项，这些题项由现场的调查员在访问结束后填写，题项的内容主要包括：

1）受访者对问卷的理解程度。受访者对调查内容的充分理解有助于提高回答的质量。这方面的信息也可以作为修改、完善问卷设计的参考。

2）受访者的配合程度。受访者的配合程度高，说明受访者在回答问题时比较关注和用心，这有助于提高数据的信度。在调查过程中，受访者不耐烦、不情愿、不认真，通常对数据的信度会带来一定影响。

（2）问卷回答率。

问卷回答率是评价数据质量的一个重要量化指标。回答率低的调查项目，数据的质量肯定受影响。在用回答率评价数据质量时要考虑以下几个因素。

1）采集数据的方式。采集数据有面访、电话调查、邮寄调查等不同方式，不同方式的回答率是不同的。一般而言，面访的回答率较高而邮寄调查的回答率较低。

2）问卷难度。内容较难、较长的问卷，含有敏感性问题的问卷，回答率通常都会降低。

3）无回答的类型。调查中的无回答有两种类型：一种是单位无回答，是指整个问卷是空白的，没有获得受访者的任何信息；另一种是项目无回答，是指在一份问卷中，有些问题（如容易的、不敏感的）受访者进行了回答，而另一些问题（如难的、敏感的）受访者没有回答。显然，无回答的不同类型对数据的影响是不同的。单位无回答的负面影响大于项目无回答。严格的质量评估应当分别计算单位无回答率和项目无回答率（或回答率）。

用回答率（无回答率）评估数据质量，要特别注意无回答产生的原因。无回答率虽然相同，但造成这种无回答的原因不同，数据的质量很可能不同。造成无回答的主要原因有：

1）拒访。受访者拒绝接受调查。

2）不在家。调查时受访者家中无人。

3）被迫放弃。这是指调查员虽然接触到受访者，但由于客观原因无法实施调查，例如受访者生病或正在忙于其他事情而无法脱身。对这种情况，现场调查中通常要求调查员与受访者预约再次调查的时间。而再次调查时仍然由于客观原因而没有成功，只能放弃调查。

无回答产生的原因不同，对调查结果的影响也不同。例如，在概率抽样中，我们的目的是用样本数据对总体参数进行估计。如果无回答与调查内容有关，由于调查内容敏感而遭到受访者的拒绝，这时回答层与无回答层的数量特征往往存在差异。这种无回答既减少了样本量，扩大了估计量方差，又造成估计偏差。如果无回答产生自一些客观原因，与调查内容无关，那么回答层与无回答层之间的数量差异可能是随机的。这种无回答虽然会由于样本量减少而增大估计量方差，但不会带来估计偏差。从这个意义上讲，拒访的无回答对调查结果的影响比较大，由于其他随机因素造成的无回答对调查结果的影响相对比较小。当然也需要注意另一种情况，无回答集中于某个特殊的群体，而该群体与其他群体在数量特征上有明显差异，这种无回答也会造成估计偏差。例如，由于工作忙而脱不开身被迫放弃的受访者可能都是高收入者，若调查的内容是估计平均收入，这部分无回答的比重又很大，则将使估计结果发生系统性偏差。

关于无回答率的计算，可以有不同的口径，相应说明不同的问题。下面通过一个例子，就几个主要的方面加以说明。

设调查的设计样本量为 1 000 个单位，调查实施后只找到 900 个地址，另外 100 个根本无法找到，这是因为有些房屋拆迁，有些地址记录不详而无法找到（无法判断该地址是否存在）。这些情况使设计的样本量无法实现，它虽然发生在现场调查中，但却是由于抽样框的原因造成的，因此这里用可查找率来反映抽样框的质量，计算公式为：

$$\begin{aligned}\text{可查找率}&=\frac{\text{可以找到的地址个数}}{\text{设计的样本量}}\\&=\frac{900}{1\ 000}\times 100\%=90\%\end{aligned}$$

显然，可查找率从抽样框角度说明了样本的质量。

对 900 个可找到的地址进行入户面访，结果如表 8－1 所示。

表 8－1　　调查实施情况表

项目	户数
拒访	150
被迫放弃	50
不在家	100
回答	600
合计	900

由此可以计算出单位无回答率。

$$\text{单位无回答率}=\frac{\text{无回答个数}}{\text{可以找到的地址数}}=\frac{300}{900}\times 100\%=33\%$$

在回答的问卷中，有些是全部回答（回答了所有调查的问题），有些是部分回答，所以可以进一步计算项目无回答率。首先，需要确定重要问题。重要问题是调查实施前确定的，是调查设计人员最需要得到的信息。在一份调查问卷中，如果重要问题的回答不足50%，应将该问卷视为无效问卷舍弃，将其归并到“被迫放弃”类中。重要问题回答超过50%才视为有效问卷。项目无回答率的计算公式为：

$$项目无回答率=\frac{有效问卷中重要问题的缺失值个数}{一份问卷中重要问题个数\times 有效问卷份数}$$

8.3.3 进度控制

一个调查项目的实施要做到有计划、按步骤、平稳地进行，需要对实施的进度进行合理安排。进度安排首先要满足项目对时间的要求，在规定的时间内完成整个调查任务。但也需注意，调查员每天的访问量并不是越多越好。如果每天规定的工作量过大，调查工作的质量就难以保证。对具体的调查项目，调查员也需要有一个不断熟悉的渐进过程，工作量的安排应体现这个规律。一般情况下，可以将现场调查分为慢、快、慢三个节奏阶段。

第一阶段，慢节奏。调查实施的初期，调查员需要熟悉问卷、掌握访问技巧，相互交流体会和经验，总结访谈中遇到的各种问题。这时的进度可以安排得慢些。

第二阶段，快节奏。这是相对于初期的慢节奏而言的。调查进行一段时间后，调查员已经十分熟悉问卷内容，访谈技巧有所提高，这时的进度可以适当加快。

第三阶段，慢节奏。现场调查进入后期，可能会涉及调整配额、对有问题的问卷进行补做等，这时每天安排的问卷数量可以少些。

在安排进度时，还要根据调查员的实际能力、受访者地点的远近以及其他相关因素综合考虑。同时，安排问卷的份数要保证督导的检查工作能够同步进行。

小　结

本章对调查活动实施过程中的有关问题进行了讨论。进行调查是一个团队的活动，团队中不同的人员承担不同的任务，调查实施前还要做好相应的准备工作。对调查员的培训是十分重要的，调查的成败往往取决于调查员，涉及调查员的工作态度和调查专业技巧。现场调查的质量控制是保证高质量数据不可缺少的工作环节，质量控制包括督导与复核、调查质量的评估和调查进度的控制。

思考题

8.1　结合调查过程中可能出现的各种情况，讨论督导如何更好地发挥其监督职能。

8.2　如果由你对调查员进行培训，请列出你的培训计划。

8.3　结合现场调查的实际，说明如何使用各种访谈技巧。

8.4　现场调查质量控制的意义是什么？怎样进行质量控制？

第9章 调查资料的整理

市场调查数据收集回来以后，必须经过整理才能进行分析。市场调查的实践告诉我们，收集的原始数据难免出现虚假、差错、冗余等现象，如果简单地把这些数据投入分析，可能会导致错误的结论，使得整个调查工作失去意义。因此，要保证市场调查的质量，必须保证数据资料的真实、准确和完整，原始数据必须经过去粗取精、去伪存真、由此及彼、由表及里的数据整理过程。

调查资料主要包括定量资料、定性资料、视听资料、实物资料等不同类型。本章所讲的资料整理主要针对定量资料。定量资料的整理一般包括调查资料（主要是调查问卷）的回收及审核、编码、录入、数据清洁以及预处理等步骤。

9.1 调查问卷的回收及审核

9.1.1 调查资料整理的意义

如果说实地调查阶段是认识的感性阶段，分析阶段是认识的理性阶段，那么调查资料整理是从实地调查阶段过渡到分析阶段，是由感性认识上升到理性认识必经的中间环节。

1. 数据整理是提高调查数据质量的必要步骤

运用各种方法从各个具体单位调查得来的资料往往是分散、零乱的，而且难免出现虚假、差错等现象，所有这些现象都会大大降低调查数据的质量。必须对数据进行审核与校对，区分其真假和精粗，消除其中的假、错、缺、冗等现象，以保证数据的真实、准确和完整。从一定意义上说，数据整理实际上是对市场调查工作的一次全面检查，必要时还应组织力量进行补充调查。通过整理工作，调查数据的质量会大大提高。

2. 数据的整理是分析的重要基础

分析阶段的任务在于获得正确的结论，而正确的结论来源于科学的分析，科学的分析又依赖于调查资料的真实、准确、完整和统一。因此，必须在分析之前，认真鉴别、整理调查数据，校订或淘汰不合格的数据，这是保证分析工作顺利进行的重要基础。

3. 数据的整理便于今后对数据的长期保存和研究

经过整理的真实、完整的原始调查资料往往具有长久的研究价值，经过整理并录入计算机的数据更便于保存与使用。

9.1.2 原始调查数据的类型

采用不同的调查手段，通过不同的调查途径，从不同的调查单位收集来的原始调查数据也不相同。根据不同的标准，原始调查数据可以分为以下几类。

（1）根据收集途径的不同，可分为一手数据和二手数据。

一手数据是指为解决目前的问题直接调查收集的数据；二手数据是为解决其他问题而收集的数据。

（2）根据调查形式的不同，可分为定性数据和定量数据。

定性数据是指文字形式的数据；定量数据则是指数字形式的数据。

（3）根据数据形式的不同，原始数据可能是市场调查问卷、专家访谈记录、政府机关的档案资料、录音带或其他多媒体资料等。

9.1.3 调查资料整理的步骤

调查资料的整理主要依据调查资料的整理方案（在市场调查的设计阶段编制）来进行。数据整理的步骤一般包括：

（1）对原始资料进行审核、订正。审核所有被调查单位的资料是否齐全、有无差错，并对差错进行审核、订正。

（2）编码。将问卷信息（包括调查问题和答案）转化为统一设计的计算机可识别的代码。

（3）数据的录入。

（4）数据的清洁。

（5）进行统计预处理。

尽管数据实地收集过程可能还没结束，但只要首批问卷从实地返回，就应立即开始进行数据整理工作。这样做的好处是，如果发现了问题，就可对数据的实地收集工作及时采取措施进行更正。

9.1.4 调查问卷的回收

调查问卷回收工作的要点是：

（1）与资料收集工作相配合，掌握每天完成的问卷数和接收的问卷数。

（2）在完成的问卷后面记录下问卷完成的日期和接收的日期，以便必要时在分析过程中对先接收的资料和后接收的资料做比较。

(3) 多个项目同时实施时，必须清楚地记录交付实施的项目数、仍在实施的项目数、已经完成并返回的项目数。

(4) 每一份返回的问卷都要记录一个唯一的、有顺序的识别号码，作为原始的文件。

(5) 在进行资料的核对、事后的编码、资料的录入等工作时，必须按识别号码，准确地记录清楚是谁拿着哪些原始文件（返回的问卷）。

(6) 要让所有参与资料整理工作的人员都知道，他们不仅负有保证工作质量的责任，还负有保证不丢失任何原始文件的责任。

问卷回收中登记和编号工作很重要。从不同地区不同调查员交回的问卷，都应立即登记和编号，尤其对于大规模的调查，更应做好这一工作。一般负责接收问卷的人员要事先设计好登记表格，上面列有调查员姓名和编号、调查地区和编号、调查实施的时间、交付的日期、实发问卷数、上交问卷数和问卷编号、未答或拒答问卷数、丢失问卷数、其他问卷数以及合格问卷数等。回收的问卷应分别按照不同调查员和不同地区（或单位）放置，问卷上面应写有编号或注明调查员和调查地区等。否则大量的问卷混在一起，容易丢失问卷，而且不易查找。

按顺序的号码记录接收问卷的做法十分有用。这些唯一的号码不但记录在原始文件上，也同时记录在资料中。因此，如有必要进行查错时，研究者可以随时找到原始的资料。这些原始文件的识别号码可以手写，也可以用打号机打印。重要的是要注意使用的最后一个号码，以免重复编号。

如果有配额的规定或对某些子样本有具体的规定，那么应将可以接受的问卷分类并数出其数量。如果没有满足抽样的要求，就要采取相应的行动，例如在资料的校订之前对不足份额的类别再做一些补充访问。

9.1.5 调查问卷的审核

对调查资料进行审核是保证调查工作质量的关键。资料的审核是指对回收问卷的完整性和访问质量的检查，目的是确定哪些问卷可以接受，哪些问卷要作废。这些检查常常是在实施过程中就已经开始。

1. 审核的内容

(1) 完整性的审核。

审核应包括被调查单位是否都已调查，问卷或调查表内的各项目是否都填写齐全，即检查是否有单位无回答或项目无回答。如果发现没有答案的问题，可能是被调查者不能回答或不愿回答，也可能是调查人员的疏忽所致，则应立即询问，填补空白问题。如果问卷中出现“不知道”的答案所占比重过大，就会影响调查资料的完整性，应采取适当措施处理并加以说明。

(2) 正确性的审核。

主要是审核调查资料的口径、计算方法、计量单位等是否符合要求。剔除不可靠的资料，使资料更加准确。例如，问卷中要求填写被调查者每月购物的次数，被调查者回答的却是每周购物次数。所以，审核员应当了解该调查项目的业务，熟悉各指标含义、计算方法和资料审核方法等。

（3）一致性的审核。

主要是审核被调查者的回答是否前后一致，有无逻辑错误。例如，某被调查者在前面说她在前一天晚上看见了某电视广告，后面又说自己前一天晚上没看电视。调查人员在审核调查问卷时，可能发现某一被调查者的回答前后不一致，或者一个资料来源的数字与其他资料来源数字不一致，这就需要调查人员深入调查，探询原因，剔除或调整资料，使之真实、准确。

（4）及时性的审核。

主要是看各被调查单位是否都按规定日期填写和送出，填写的资料是否为最新资料，切勿将失效、过时的信息引入决策中。此外，要剔除不必要的资料，把重要的资料筛选出来。

（5）清楚易懂。

即书写的记录应字迹清楚，让人明白易懂。如果所记录的回答字迹模糊，或者除调查员以外谁都不明白，则应返回问卷，让调查员校正或写清楚。

2. 审核的主要方法

（1）经验判断。

即根据已有经验，判断数据的真实性、准确性。例如，如果被调查者的年龄填为132岁，根据经验判断，年龄填写肯定有误。又如，某小杂货店营业面积300平方米，根据经验，一个小杂货店这样的营业面积肯定与事实不符。

（2）逻辑检查。

即根据调查项目之间的内在联系和实际情况，对数据进行逻辑判断，看是否有不合情理或前后矛盾的情况。例如，某被调查者的年龄填写13岁，而婚姻状况却填“已婚”，其中必有一项是错误的。又如某消费者前面说“不知道”某调味品，后面却说“每天都在使用”，显然前后矛盾。

（3）计算审核。

它是对数据资料的计算技术和有关指标之间的相互关系进行审查，主要审查各数字在计算方法和计算结果上有无错误。常用的计算检查方法有加总法、对比法、平衡法等。例如，在家庭的收支结构调查中，家庭总收入远小于总支出与储蓄之和，这种情况肯定是有错误的。

3. 审核的阶段（何时进行审核）

审核可以在数据收集和数据公布之间的任何阶段进行。调查的审核工作一般包括两个阶段，即实地审核和中心办公室审核。

（1）实地审核。

又称初步审核、现场审核，一般包括调查员审核和督导审核。调查员在调查结束后及时审核问卷，检查其完整性、正确性、一致性以及是否清楚易懂。如果被调查者对于某项问题无回答，则应注明原因。另外，还可标明资料的可靠程度，例如，可信的、可以参考的、不可信的等。这样，在利用资料时，特别是具体引用文字资料时可酌情处理。实地督导审核应在收到问卷后立即开始，其主要目的是检查数据是否有比较明显的遗漏与错误，并且通过审核，有助于控制调查员误差，可以及时发现并纠正他们对调查程序或具体问题的误解。

（2）中心办公室审核。

这一阶段的审核工作应在资料收集工作全部结束后立即开始。中心办公室审核比实地审核更全面、确切和仔细，要求审核员的目光更加锐利，审核时更加认真。为保证处理方法的一致性，审核工作最好由同一个人完成。如果工作量过大或花费时间太长而必须分工，也应该按照问卷结构分工，而不是按照问卷份数分工。例如，不同审核员分别负责A，B，C等部分问题的审核，采用流水作业方式。更加复杂的审核是在数据录入过程中以及数据录入后进行的，一般称为“数据的清洁”。

4．审核的基本步骤

我们以最常见的问卷调查的中心办公室审核为例，介绍接收核查问卷、编辑检查及采取相应处理措施等基本步骤。

（1）接收核查问卷（又称一审）。

接收问卷时对所有的问卷都应检查一遍，将无效的或不能接受的问卷剔除。

无效的问卷主要指以下几种可能的情况：1）缺损的问卷，例如，缺了一页或多页或无法辨认的问卷；2）回答不完全，即有相当多的问题没有填写答案；3）被调查者没有理解问卷的内容而错答问题，或没有按照指导语的要求回答问题，例如，要求跳答的问题没有按要求去做，单选题却选择多个答案，等等；4）回答没有什么变化的问卷，例如在7级的态度量表中，不管是正向的看法还是反向的看法，被调查者的回答全是4；5）在截止日期之后回收的问卷；6）由不属于调查对象的人填写的问卷，例如，在一项药品市场调查中，调查对象是患有某种疾病并进行过治疗的人，因此没有患有此疾病或患有此疾病但没有治疗过的人填答的问卷都属于无效问卷；7）前后矛盾或有明显错误的问卷，例如年龄为20岁，工龄为30年。

很多情况下核查人员会发现一些难以判断的问卷，这些问卷可以先放在一边，由数据分析人员来检查并最终决定取舍。显然，核查人员如果能将原始问卷分成可以接受的、明显要作废的以及仍有疑问的三大类是有好处的。

对于配额抽样的调查，各层要抽取的样本数已定，所以在接收问卷时应弄清属于哪层，并计算各层回收的问卷。如果某些层的回收问卷数与定额相差太多，则可能要进行补充调查。例如，某项关于高档消费品的抽样调查中，事先要求家庭人均月收入高于2 000元并使用过此高档消费品的被调查者至少150人，调查对象是从随机抽取的居委会的居民户中等距抽取的，结果回收问卷时发现该类被调查者数明显低于配额，因此，在数据处理前应及时地对该类居民专门进行补充调查。

（2）编辑检查（又称二审）及采取相应处理措施。

编辑检查是对问卷进行进一步的更为准确和精确的检查。主要检查的仍是回答的完全性、准确性、一致性以及是否清楚易懂等。例如，北京市一个消费品市场调查中，某被调查者的家庭人均月收入仅500元，却经常在燕莎、赛特、当代等高档商场购物；又如某题的答案圈在2与3之间，让人难以确定是2，是3，还是2和3之间。对于检查出来的无法令人满意的问卷，常用的处理方法是退回实地重新调查、视为缺失数据或者放弃不用。

退回实地重新调查，即把不满意的问卷退回去，让调查员再次调查原来的被调查者。这种处理方法主要适用于规模较小、被调查者很容易找到的商业或工业市场调查。但是，调查的时间不同，调查的方式不同（例如，原是面访调查，第二次调查可能只是通过电话询问），都可能会影响二次调查的数据。

视为缺失数据，一般是在无法退回问卷时，把令人不满意的回答作为缺失值来处理。这种方法主要适用于：1）有令人不满意回答的问卷数较少时；2）这些问卷中令人不满意回答的比例很小；3）有令人不满意回答的变量不是关键变量。

放弃不用，即简单放弃有令人不满意的回答的问卷。这种方法主要适用于：1）有令人不满意回答的问卷比例很小（低于10%）；2）样本量很大；3）有令人不满意回答的被调查者与令人满意的被调查者在人口特征、关键变量等方面的分布没有显著差异；4）准备放弃的问卷中令人不满意回答的比例较大；5）对关键变量的回答是缺失的。

但是，如果有令人不满意回答的被调查者与令人满意的被调查者在人口特征、关键变量等方面的分布存在显著差异，或者判断一份问卷是否令人满意是主观的，简单放弃有令人不满意回答的问卷也可能会产生系统偏差。因此，如果调研者决定放弃一些问卷，则应当在报告中说明放弃的问卷数量以及判别这些问卷的程序。

9.2 调查资料的编码与录入

9.2.1 编码的概念

编码，就是将问卷信息（包括调查问题和答案）转化为统一设计的计算机可识别的代码，以便于对其进行数据整理与分析。编码是信息转换的重要手段之一，一般采用数字代码系统。广义的编码包括：与问卷信息相对应的代码的设计；根据设定的编码，将问卷答案转化为相应代码的过程。但在市场调查中，常用的编码概念仅指根据设定编码将问卷答案转化为相应代码的信息形式转换过程，即狭义的编码。

编码的作用主要是：

（1）减少数据录入和分析的工作量，节省费用和时间，提高工作效率。

编码把文字等复杂信息转化为数字形式的简单信息，大大减少了录入的工作量，帮助调查者利用计算机快速进行分析工作。

（2）将定性数据转化为定量数据，把整个问卷的信息转化为规范标准的数据库，进而可以利用统计软件，采用统计分析方法进行定量分析。

因此，编码是实现计算机处理的桥梁。

（3）减少误差。

例如量化的数据简单易懂，不像文字资料容易丢失重要信息。又如在编码过程中，利用编码修正回答误差，替代缺失值，都有助于减少调查误差。

9.2.2 编码的基本原则

由于编码涉及内容较多，具体的原则将在下面的具体方法中详细探讨。这里只给出一般的编码原则：

（1）准确性，设计的代码要能准确有效地替代原信息。

（2）完整性，在转换信息形式的同时尽量不丢失信息，或者减少信息浪费。

（3）有效率，易于操作，尽量节约人力、物力。

（4）转换的代码要便于数据的整理与分析。

（5）标准化，以便于比较。

9.2.3 编码设计的内容与分类

编码的设计即确定各问卷、问卷各项目和答案对应代码的名称、形式、范围以及与原数据的对应关系。

1．编码设计的内容

编码设计的具体内容包括：问卷的代码、变量的定义（名称、类型、所占字节、对应问题等）、取值的定义（范围、对应含义等）。将这些内容列成表格形式，称为编码表（见表9-1）。编码的设计与问卷设计密切相关，其部分内容可以归入问卷设计中，问卷设计时要考虑编码的内容和位置。编码的设计是整个编码过程的基础，编码表的设计准确、全面、有效，将有助于提高调查数据的分析质量。

表9-1　　某项调查的编码表格式

变量序号	变量名	变量类型	变量所占字节	取值范围	取值对应含义	备注	对应题号	对应问题
38	V28	数值型	1	0～4或9	0～3表示台数； 4表示4台或4台以上； 9表示缺失		28	家中拥有电视机数

问卷的代码主要包括地区代码、调查员代码、居委会代码以及问卷代码等。例如，某问卷的代码为“1051202”，第一位数字“1”表示北京市，后面两位数字“05”表示调查员代码，再后面两位数字“12”为居委会代码，最后两位代码“02”表示该调查员在此居委会成功调查的第2份问卷。问卷的代码看上去很简单，但非常必要。因为通过问卷代码不仅可以方便地查找问卷，检查访员的工作，还有助于地区间的对比分析。

2．编码设计的分类

（1）根据问卷结构的不同，可分为结构式问卷编码设计和非结构式问卷编码设计。

（2）根据问卷中问题类型的不同，可分为封闭题编码设计、半封闭题编码设计和开放题编码设计。

（3）根据编码设计的时间与方法不同，可分为前设计和后设计两种。

前设计主要针对答案类别事先已知的问题，如结构式问卷中的封闭题和数字型开放题，在问卷设计的同时设计编码表。这种编码设计简单易行，但有可能由于问卷选项的设计缺少某重要选项，或设置多余选项，从而影响数据质量。后设计主要针对答案类别事先无法确定的问题，如非结构式问卷和结构式问卷中的文字型开放题，要在数据收集完成后，根据被调查者的回答设计编码表。这种编码表的分类可能相对更准确、有效，但比较复杂，而且费时费力。

9.2.4 前设计编码

编码的设计与问卷设计密切相关，前设计编码可以归入问卷设计之中。注意答案选项不要过多。前设计编码要求事先已知问题的答案类别，主要应用于结构式问卷中的封闭题和数字型开放题，下面按不同题型分别阐述。

1．封闭题的编码设计

（1）对单选题只需规定一个变量，取值为选项号。

例如：

Q18　请问您最近一年内买过 DVD 光盘吗？（　　）

1．买过　　　　2．没买过

设计编码时对上题定义变量名为 V18，属于数字型变量，变量所占字节数为 1，变量取值范围为 1，2 或 9，其中 1 表示买过，2 表示没买过，9 表示该题无回答。

设计问卷时，在问题后统一位置留出相应位数用于编码，而且位置的编排应统一醒目。这里应注意，如果有项目无回答，应返回问卷改正。但有时实在无法得到答案，应编上专门表示无回答的码，不能漏码。还有，这个码不能与合理回答相重复。例如，询问家中电视机数量时，答案为 0 表示家中没有电视，如果无回答也用 0 表示，编码就不能如实反映原数据了。所以无回答常用 9 或 99 表示。

2．对多选题需规定多个变量

对变量与取值的定义一般有两种做法：一种做法是将各个可能回答的答案选项都设为一个 0－1 指示变量，如被调查者选择了该答案，此变量的值为 1，否则为 0。例如：

Q17　请问您观看的 DVD 光盘的主要来源是什么？（　　）

1．自己购买　　　　2．租借

3．向朋友/同事/亲戚借　　　　4．别人送的

5．单位的　　　　6．其他

对上题设计的编码见表 9－2。

表 9－2　　Q17 问题的编码（方法一）

变量序号	变量名	变量类型	变量所占字节	取值范围		取值对应含义	备注	对应题号	对应问题
				方法一	改进法				
48	V171	数值型	1	0 或 1	0 或 1	取值为 1（或 1～6）表明该选项为主要来源，为 0 则不是	全为 0 表示该题无回答	17	观看的 DVD 光盘的主要来源
49	V172	数值型	1	0 或 1	0 或 2				
50	V173	数值型	1	0 或 1	0 或 3				
51	V174	数值型	1	0 或 1	0 或 4				
52	V175	数值型	1	0 或 1	0 或 5				
53	V176	数值型	1	0 或 1	0 或 6				

这种方法的优点是便于分析，编码的结果不用经过转换，可直接分析；缺点是不便于录入，变量随选项增多而增多，对于大样本，录入工作负担较重，而且录入时，如果录入值与问卷答案不同，很容易出错。改进的方法是，该 0－1 变量为真时，取值为对应选项号，这样录入时出错率少一些，但工作量仍较大。

另一种做法是将变量定义为所选题号，变量值为选项号，变量排列顺序即为选择答案的顺序。仍以上题为例，假设题中规定至多只选择 3 项，则该题设计的编码如表 9－3 所示。

表 9－3　　Q17 问题的编码（方法二）

变量序号	变量名	变量类型	变量所占字节	取值范围	取值对应含义（i=1，2，3，4，5，6）	备注	对应题号	对应问题
48 49 50	V171 V172 V173	数值型 数值型 数值型	1 1 1	0～6 0～6 0～6	取值为 i 表明第 i 选项为主要来源，为 0 则说明其余选项都不是主要来源	全为 0 表示该题无回答	17	观看的 DVD 光盘的主要来源

如果题中没有规定选择项数，则问卷设计时难以确定变量个数，应等问卷回收后翻阅问卷回答结果，再根据分析的需要确定变量个数。这种编码方法的优点是便于录入和检查，但分析前要用计算机程序把它们转化为各选择答案的 0－1 变量。

3．排序题的编码设计

对排序题同样需规定多个变量，与多选题类似，也有两种方法，这两种方法对应的问题形式略有差异。一种方法是，变量个数即选项个数，按照选项排列顺序，分别定义各变量为对应选项所排次序号，取值即为次序号。例如：

Q12　请您根据信任程度由大到小对下列广告排序（信任程度最高的广告前填 1，其次信任的广告前填 2，依此类推，最不信任的广告前填 5）：

（　　）1．电视广告

（　　）2．报纸广告

（　　）3．广播广告

（　　）4．杂志广告

（　　）5．路牌广告

对上题设计的编码见表 9－4。

表 9－4　　Q12 问题的编码（方法一）

变量序号	变量名	变量类型	变量所占字节	取值范围	取值对应含义（i=1，2，3，4，5）	备注	对应题号	对应问题
30 31 32 33 34	V121 V122 V123 V124 V125	数值型 数值型 数值型 数值型 数值型	1 1 1 1 1	0～5 0～5 0～5 0～5 0～5	取值为 i 表明该广告的信任程度排名为 i，为 0 则表明对该广告的排名缺失	全为 0 表示该题无回答	12	对各类广告的排序

按照这种题型对所有选项排序，采用此法比较可行，问卷设计时对应各选项统一留出

位置填写次序号。如果仅取前几名排序，采用此法与多选题一样，优点是可以直接进行分析，但录入工作量大。

另一种方法是，变量个数即要求排序项数，依照次序号排列顺序，分别定义各变量为各次序号对应的选项项数，取值即为选项号。仍以上题为例，但形式稍做改变：

Q12　请问下列广告中，您最信任哪个广告？（　　）

其次呢？（　　）

再次呢？（　　）

1．电视广告　　2．报纸广告

3．广播广告　　4．杂志广告

5．路牌广告

对上题设计的编码见表 9－5。

表 9－5　　Q12 问题的编码（方法二）

变量序号	变量名	变量类型	变量所占字节	取值范围	取值对应含义（i=1，2，3，4，5）	备注	对应题号	对应问题
30 31 32	V121 V122 V123	数值型 数值型 数值型	1 1 1	0～5 0～5 0～5	i 为对应信任度的广告对应的选项号。0 则表明对应信任度的广告缺失	全为 0 表示该题无回答	12	对各类广告的排序

如果问题只要求取前几名排序，与多选题一样，采用此法便于录入，减少工作量和降低出错率，但分析时要先进行数据转化。

4．数字型开放题的编码设计

对直接回答数字的问题，变量取值即为该数字。设计编码时变量的测量水平应尽量高一些，这样，后期为不同分析的需要可以再分组。如果编码时就采用低测量水平的变量，则后面想提高测量水平时只能重新编码，成本太高。变量所占字节数可以根据事先预计的数字最大值的位数确定。例如，直接询问被调查者的年龄，设计编码时取变量名为 NL，所占字节为 2（因为调查对象要求在 20～60 岁之间），小数点位数为 0，变量取值即为年龄，单位为“岁”，取值范围为 20～60 或 99（99 表示该题缺失）。

对数字题设计编码时，根据取值范围，可以核对该题的回答有无明显错误，是否合乎逻辑。此外，根据问卷的填写要求，对变量统一规定格式，如小数点数、数量单位等，以便于数据的对比分析。

5．牌子表的编码设计

牌子表是记录产品品牌的统计表。它是一种编码表，在涉及产品品牌的问题时有助于被调查者回答、访员提问和记录。牌子表中给出所有可能答案选项的代码，使访员可直接编码。随着社会经济的发展，新品牌不断涌现，建立牌子表时应注意及时了解市场情况，加入新品牌，删除消失的品牌。另外，注意“其他”选项的设立，避免出现品牌错误、重码、漏码等错误。

9.2.5 后设计编码

有些调查事先无法确定回答问题，有些问题的答案无法预料或难以完全罗列，但又希望定量分析答案的频数分布和变量间的关系。在这种情况下，一般要采用后设计编码方法，在数据收集完成后再进行编码设计。实践中主要的应用对象是无结构问卷和结构式问卷中的文字开放题。

1. 开放题

要对开放题进行定量分析，必须将问题转化为一个或几个变量，将所有可能的答案类别赋予相应代码。应注意：

（1）确定变量相对简单一些，类似单选或多选题对照问题大致翻阅一下问题的回答，根据分析的需要定义变量名称、类型和含义。

（2）根据问题的回答确定各答案类别。

选取问卷有两种方式：一是阅读所有问卷对该问题的回答，这种方法适用于样本量较小的情况；二是抽取部分问卷，抽取方法可以是随机选取，也可以是分层系统选取，还可以是主观选取，尽量使其分布分散一些，此方法适用于样本量较大的情况。

选定问卷后，仔细阅读每个被调查者对该特定问题的回答，每遇到一个新的答案类别就记录下来，同时记录各答案类别出现的频数，依此类推。这里要注意的是答案除字面含义以外，可能还有引申、隐含的含义，应注意区分。最后结合调查分析目的对分类的要求和各答案类别进行整理归纳，突出分析重点，尽量包含所有信息且互不交叉，将不能编码或个数较少、可不予考虑的答案归入“其他”项。此外，注意留出位置准备修改，如果后期发现较多或较重要、有新意的类别，可以增加或细化类别。

（3）对类似封闭题给每种答案类别确定一个代码，规定其位数。

此外，实践中还有一种方法把问题答案全部录入计算机文件，使数据具有永久性。这样在对答案进行编码设计时，如果一次分类效果不好，可以多次分类，直到满意为止。而且，以后出于不同分析目的的需要，还可以选用不同标准重新分类。即使当期没时间而暂时不进行编码，还可以利用这一系列录入的答案进行解释和扩展分析。这种方法优点很多，但代价是需要投入大量的时间、人力和物力，一般只适用于意义重大且费用、时间充裕的项目。

2. 无结构问卷

对无结构问卷首先看有无必要编码，如果仅定性归纳研究，不准备进行定量分析，也就无须编码。如果希望定量分析各变量的分布与变量间的关系，则需要进行编码，将问卷内容和结果结构化和量化。

对无结构问卷编码的第一步是确定变量，大致步骤为：第一步，仔细阅读问卷的各问题和答案，围绕分析目的，评价各重要问题的潜在信息，简要记录主要的主题与含义，确定能否从中推导出变量；第二步，从问卷中分离出主要类别，将变量分组归类；第三步，继续寻找与调查主题和假设相关的因素，无关因素暂且忽略，直到确信已找出所需并可测量的全部变量。

定义问卷变量之后，应针对各变量，分别确定答案类别，定义代码。这一步工作与开放题的编码比较相似，但更复杂，需要考虑的问题更多：第一，需要考虑变量所包含的内容，以及变量间的界限。第二，对于数据中新出现的而之前没有预见到的类别，都要认真考虑其含义以及对理解主题有无扩充意义，这些数据可能会促进我们发现潜在的新变量和新类别。我们可以用另一种方法研究该问题，观察是否出现新变量和新类别。例如用结构型问卷调查，给出这些观点，看被调查者是否认同，如果此观点与其他变量相关，则他们的回答会提供不少新的信息。第三，考虑其内部含义，尽可能探讨其因果关系。

总之，系统的分析方法有助于从无结构问卷的复杂数据中提取出编码表。一般说来，对无结构问卷的编码设计要从熟悉每一份数据开始，然后通过变量寻求数据的共同点。

9.2.6 编码表的设计原则

编码设计的好坏直接影响调查数据的质量，下面对设计编码表的原则进行简单总结和补充。

（1）准确性。

定义的变量要能准确反映问题的信息，答案选项能准确代表被调查者提供的信息。

（2）便利性。

编码设计要方便上码、录入与分析。

（3）完整性。

定义的所有变量能反映问卷中所需的全部信息，各问题的所有答案选项要能穷尽被调查者可能回答的所有内容，所有回答都有相应代码，即使无回答也应有对应代码。

（4）唯一性。

变量号和名称唯一确定，各变量的答案选项唯一，相互间互斥，问卷代码、变量代码以及答案选项与相应代码一一对应。

（5）有效率。

即在具有一定质量的前提下，尽量降低成本。例如，变量字节数能用一位数就不用两位数，这样不仅节约人力、物力和财力，还可以减少出错的机会。例如，家庭人口数很少超过 8 人，可以把 8 人和 8 人以上归为一项，这样相应变量的字节可设为 1 位。有些相对不重要的不能编码或出现次数很少的答案，一般不单独编码，而归入“其他”选项。

（6）标准化。

在满足分析目的的前提下，编码设计尽量标准化，这样有助于比较分析。例如在某电视台收视率调查中，年龄的分组与统计部门使用的分类应一致，这样不仅方便样本与总体的对比，还方便借助其相关统计资料分析收视问题。

（7）维护性。

在设计阶段很可能没有考虑周全，或调查中会有意外发现，在实际操作时可能要修改编码表，所以初次设计时应留有余地，便于修改。

9.2.7 实践中的编码技巧

对收集的数据审核之后就可以进行编码了，即根据编码表将问卷信息转换为代码形式。问卷类型不同，编码方式也有所不同。

对于封闭题、数字开放题，编码规则很简单，可根据被调查者的选择和回答直接编码。因此在许多自填式问卷调查中，由被调查者回答的同时自己编码，而派员访问调查由访员记录时直接编码，这样可以节约时间、提高效率。许多访问调查要求访员完成访问后先审核再编码，这样可以减少误差，因为访员熟悉整个调查过程，编码时可以检查出审核没发现的错误。电话调查比较特殊，其调查、编码和录入过程一体化。

开放题要求被调查者根据自己的想法用自己的语言回答，因而具有随意性，不可能与编码表中事先设计的答案选项完全一样。这样就需要编码人员理解语句的含义，根据自己的判断将回答与编码表中的答案类别相对应，进而转化为代码。开放题的编码比较复杂，很容易出现误差，是编码工作的重点。

1. 实践中容易导致编码误差的因素

这些因素主要有：

(1) 被调查者的回答可能不完整、含糊，难以确认其含义，对这类答案无法编码。

(2) 编码表有问题，例如答案类别相互交叉，或缺少重要的答案类别，令编码人员无法准确归类。

(3) 编码人员对语句的理解有误，编码错误，产生误差。

(4) 编码人员疏忽大意，造成漏码、错码，不仅耽误时间，浪费人力，还可能严重破坏数据质量。

各变量都有自己的取值范围，落在范围外的码为无效码。审核时可以设计程序，查出无效码、漏码，但在有效范围内的编码错误很难检查。

2. 可相应采取的措施

可相应采取的措施主要是：

(1) 设计问卷时，答题说明尽量详细。

调查时，访员询问要耐心认真，记录要忠于原句，必要时还要进行追问，这可以减少由答案本身引起的编码误差。

(2) 编码人员在遇到模棱两可的问题时，不能凭猜测编码，最好询问督导。

督导应针对该类问题，制定统一标准，以便于修正。

(3) 尽量保证编码表的质量，避免由编码表引起的编码误差。

(4) 在编码表中找不到对应答案时，可以将答案编入“其他”项，但如果该答案比较重要或出现频率较多，可以增加或细分答案类别，修改编码表，有时甚至要放弃原编码表，设计新的编码表。

修改编码表后，一定要记住返回前面编过码的问卷，检查所编的码是否还适用于新编码表。

(5) 编码人员对编码质量至关重要，一定要做好编码人员的选择、培训、监督、审核工作。

对编码人员的挑选一般以少而精为原则，要求他们具有较高的文化素质和理解能力，有敬业精神，工作认真仔细。每次编码工作开始之前，都要进行统一的详细培训和训练，让他们熟悉问卷和编码表。如果有两个以上的编码员，尽量让他们在不同时间工作；如果在同一时间工作，应该让他们在同一地点并使用同一编码表工作。在编码过程中还要安排督导及时解决疑难问题，监督编码人员的工作，定期抽查他们的工作质量。

9.2.8 调查资料的录入

对于计算机辅助电话调查（CATI）、计算机辅助面访（CAPI）以及网络调查，数据收集与录入可以同时进行，无须再进行数据的录入。对于面访、邮寄调查以及传真调查等，还需要进行数据录入。数据的录入除键盘录入以外，还可以采用扫描、光标阅读器等方式。目前应用最多的仍是键盘录入。数据的录入可以利用数据库形式，也可以采用其他专门的数据录入软件，如 PC-EDIT 或 SPSS 中的 DATA ENTRY 等。此外，还可以直接用常见的中西文文字编辑软件，按文本文件的形式输入。

键盘录入是出错率较高的环节。录入员可能因为手指敲错位置、错看、串行等造成录入错误。即使技术纯熟、工作仔细的录入员也有一定出错率，更不用说工作马虎、心不在焉的录入员了。在手工录入时，控制录入质量的方法主要有：第一，挑选工作认真、有责任心、技术熟练的录入员；第二，加强对录入员的监督管理；第三，采用定量指标，定期检查录入员的工作质量和工作效率，例如，对出错率超过一定界限或者录入速度太慢的录入员应予以淘汰；第四，抽检复查质量，即对抽出一定比例的数据，检查数据质量，一般复查的比例为25%～50%；第五，双机录入，即用两台计算机分别录入相同的数据，然后将两部分数据相比较，根据不一致的数据检查错误并加以改正。双机录入的数据质量较高，但录入所花的时间和费用都要加倍。

9.3 调查数据的清洁和预处理

9.3.1 调查数据的一致性检查和逻辑检查

前面在审核阶段进行的初步的一致性审核主要采用手工形式，而此阶段的一致性检查主要通过计算机进行，更加全面广泛。一致性检查的内容主要包括变量的取值是否超出合理范围、有无逻辑错误以及有无极端值。

变量取值超出合理范围是不允许的，必须给予校正。例如，在要求被调查者给出满意度的5级量表中，表达满意度的选项从1～5，假设用9表示缺失值，则如果出现6，7，8，0这些数字，就说明超出了取值范围。使用统计软件，如 SPSS，SAS 等，对每个变量都可以很容易地找出超出范围的值，并能打出相应的被调查者代码、变量名、记录号以及超出范围的值等。对于超出范围的变量取值，应核对原始问卷进行改正。

逻辑检查就是检查数据有无逻辑错误。逻辑错误的形式是多样的。例如，在商品房租赁市场调查中，没有租房却填写房屋租金。又如，不知道某个品牌的产品却又频繁使用该产品。还有年龄为15岁的人文化程度为硕士以上。这些数据都有逻辑错误，需要核对改正。

此外，还要检查有无极端值。尽管并非所有的极端值都来自误差，但有时通过极端值可以找出有问题的数据。例如，某被调查者对某品牌的评价非常低，原因是他对所有问题一律都答1。

9.3.2 缺失数据的处理

如果数据空缺或无效，一般视为缺失值。其中部分为合理缺失，例如，没看过某广告的被调查者就不用回答后面关于广告内容的问题，因而分析时不会带来问题。但有时缺失值会影响分析结果的可信度，如果缺失数据比例较大，或者缺失数据的分布与总体分布有明显差异，就可能使分析有偏。控制缺失值的影响主要方法有两种：一种是事前控制，在收集阶段尽量减少无回答，在审核阶段严把关，控制数据质量，并采取再次回访调查或核实数据等。另一种是事后控制，即在数据清洁阶段对缺失数据的处理，主要方法有：

1. 删除个案

即将有缺失数据的个案都删除掉，不参加数据分析。这种方法只有在样本量很大、有缺失数据的个案比例较小，而且有缺失数据的个案与无缺失数据的个案在分布上无显著差异时，才考虑使用。如果许多被调查者都有一些问题没有回答，这种方法将删除大量的数据导致小样本，可能会使结果产生严重偏差。

2. 删除缺失值

这种方法指不删除有缺失数据的所有个案，仅在计算时删除相应变量的缺失值，也即对变量有完整回答的个案才能参加计算，对变量有缺失值的个案不参加该次计算。这样，在分析中，参加不同计算的样本数可能不同。如果在某变量上有缺失值的个案与无缺失值的个案在分布上有明显差异，这种方法也可能导致偏差。在样本量较大、缺失数据较少并且变量间不是高度相关的情况下，可以使用这种方法。

3. 加权组调整法

这种方法指通过对回答数据使用加权因子，从而降低缺失值的偏差影响。例如，不同文化程度的人对某问题的回答率差异很大，对缺失值比例较大的层赋予较大的权数，可以减少缺失值比例失衡的影响。

4. 插补法

这种方法指利用其他数据替代或估算缺失值的方法。根据数据的来源，插补法可分为热卡法（hot-deck）和冷卡法（cold-deck）。热卡法是指根据当前调查数据替代或估算缺失数据；冷卡法是指根据以前的同类调查或其他已有的有关数据替代或估算缺失数据。根据插补的数据个数，插补法可分为单一插补法和多重插补法。单一插补法是指给每个缺失数据选择一个适合的插补数据，多重插补是给每个缺失数据构造多个插补数据。

常用的插补法主要有均值插补法、回归插补法、最近邻插补法、随机插补法等。

均值插补法是指用回答单元观测值的均值对缺失值进行插补的方法。如果利用辅助信息对样本进行分层，然后在每一层中，用层内回答单元的均值插补该层的缺失值，则称为分层均值插补法。均值插补法不会改变估计量的均值，但可能会导致估计量方差的低估。

回归插补法是利用回归模型对缺失数据进行预测插补。例如，被调查家庭对某产品的购买量有缺失数据，可以根据回答数据建立购买量与家庭人口、家庭收入等变量的多元回归模型，然后根据估计的回归方程预测缺失的产品购买量数据。

最近邻插补法是根据样本单元在辅助变量上的接近程度来选择缺失值的赋值单元。即在变量 Y 的无回答单元邻近的回答单元中，利用辅助变量定义样本单元间的距离函数，选择满足所设定距离条件的回答单元的变量 Y 取值为插补值。

随机插补法是在前面的确定性插补基础上加入随机成分，其基本表达式为：

$$z_i = f(X_i) + e_i$$

式中，$f(X_i)$ 可以对应任意一种确定性的插补方法，比如均值插补、回归插补、最近邻插补等。

9.3.3 异常值诊断与处理

在实际调查中，与大部分数值相比有较大差别的数据被称为异常值或离群值。例如某调查中受访者的家庭常住人口数绝大多数是个位数，极个别地出现了 55 人。这种异常值的出现可能是随机波动的极端情况，也可能是源于调查过程的测量误差或过程误差。异常值的存在对抽样估计误差有很大影响，因此在数据整理过程中，需要对异常值进行识别诊断和处理。

1. 异常值诊断

贝克曼和库克（Bechman and Cook，1986）指出，异常值一般被理解为与数据集明显不协调、出现概率非常小的数据点，或者为不是与数据集来自同一分布而掺入该数据集中的“杂质”。异常值的异常之处是相对于数据集的总体或所假定的模型而言的。

当数据集含有异常值时，直接使用数据集进行统计分析将影响分析的准确性，甚至得出错误的结论。不同的异常值对数据分析结果的影响不同，因此需要判断异常值的类型，然后决定是否剔除异常值或做其他平滑处理。

最常见的离群值检测方法是单变量检测。传统上，离群值通过测量它们和数据中心的相对距离来辨认。

（1）统计分布法。设 y_1，…，y_n 为一组来自均值为 $\bar{Y}$，标准差为 σ 的正态分布总体的观测值，则对每个样本数据 y_i 进行标准化变换，

$$d_i = \frac{|y_i - \hat{\bar{Y}}|}{\hat{\sigma}}$$

如果标准化值 d_i 大于预先确定的值（比如 3），则认为该观测值为离群值。

（2）回归诊断法。利用辅助变量对检测变量构建回归模型，通过估计的回归模型进行残差检验，如果出现异常大的残差或 Cook 距离，判断是异常值点。

（3）戈罗伯斯检验法。设 y_1，…，y_n 为一组来自均值为 $\bar{Y}$，标准差为 σ 的正态分

布总体的观测值，$s_n^2=\frac{\sum_{i=1}^{n}(y_i-\bar{y})^2}{n-1}$。把这些数据按照数值大小从小到大排列后表示为 $y_{(1)}\leqslant y_{(2)}\leqslant\cdots\leqslant y_{(n)}$，$s_{n-1}^2=\frac{\sum_{i=1}^{n-1}(y_{(i)}-\bar{y}_{n-1})^2}{n-2}$，其中 $\bar{y}$ 是 n 个样本数据的均值，$\bar{y}_{n-1}$ 是去掉最大值 $y_{(n)}$ 后剩余的 $n-1$ 个数据的均值。$\frac{s_n^2}{s_{n-1}^2}$大于某数（可查表获取），则判断 $y_{(n)}$ 是异常值，如果最大值是异常值，可以依次检验次大值是否异常，直到检测不出异常值为止。

这种依次接连检验的方法，还可以使用偏态和峰度检验，如果偏态和峰度系数大于某特定值（可查表获取），则认为最大值异常，然后剔除最大值后继续检验次大值，直到检测不出异常值为止。

（4）四分位数法。将所有数据按数值大小排序，计算上四分位数 UQ、下四分位数 LQ 以及四分位差 IQR＝UQ－LQ，不在区间（LQ－k×IQR，UQ＋k×IQR）内的样本数据被判定为异常值。系数 k 可以根据具体情况自己设定，实践中通常设为 1.5。

2. 异常值处理方法

对于被检测出来的异常值不能简单采用剔除的方法，具体选择处理方法之前应该先判断可能的产生原因。例如：（1）测量误差是异常值最常见的来源。可能是问卷的设计不够规范，例如测量距离时计量单位标注不清楚，有受访者把公里误解为米。也有可能是主题敏感导致受访者自己故意高报或低报数值。（2）在数据收集、记录、录入、处理过程中经常会出现人为错误导致数据出现异常值，例如家庭常住人口数出现 55 很可能是重复录入 5 导致的。（3）抽样错误。例如规模以下企业调查中由于编码错误，抽取了大规模企业，导致产值数据中出现异常数据。（4）自然异常值，异常值也可能不是错误导致的自然数据，例如大学生身高调查中可能会访问到身高 2 米的篮球特长生，住户收支调查也可能访问到亿万富翁。

异常值的存在，会导致高估总体方差、降低正态性和增加估计误差。异常值的处理大多情况下类似缺失值的处理，通常采用改变数值、调整权数、使用稳健估计等方法。

（1）删除法，适用于抽样错误的异常值以及异常值比较少的情况。

（2）缩尾法，把样本数据 y_1，…，y_n 从小到大依次排序为 $y_{(1)}$，…，$y_{(n)}$，如果排在第 k 位的数据 $y_{(k)}$ 至最大值 $y_{(n)}$ 被认为是离群值，则在估计时将所有离群值的数值 $y_{(k)}$，…，$y_{(n)}$ 均替换为 $y_{(k-1)}$ 的数值参与计算。

（3）变换变量也可以消除异常值，比如自然对数变换可以减少由极值引起的变化，分组合并也是一种变换方式，决策树算法允许变量的合并也可很好地处理异常值。

（4）降低异常值的权数，使得异常值的影响变小。将异常值单独分组赋予很小的抽样权数可以有效降低抽样方差，但主观降低权数也可能导致低估总体参数。

（5）插补法，将异常值直接删除，视为缺失数据进行插补处理。

（6）采用对异常值不太敏感的稳健估计量，比如中位数比均值更为稳健，四分位数间距比方差估计量更为稳健。

9.3.4 加权处理

用样本的调查结果对总体的目标量进行估计是基于这样的原理，每个样本单元不仅代表自己，而且代表研究总体中那些没有被选入样本的一些单元。抽样推断就是把调查的原始结果放大，得到总体参数的估计。通常，我们把一个样本单元所代表的总体单元的数量称为这个样本单元的设计权数，确定这些权数是估计过程的一个重要组成部分。但设计权数只是确定权数的开始，在调查中会有许多情况发生，与设计时的情况产生一些出入，需要对设计权数进行调整，例如对特殊结构进行权数调整，对无回答情况进行权数调整等。

1．设计权数

设计权数是由抽样设计所规定的每个样本单元所代表研究总体的单元数，也就是样本单元入样概率的倒数。概率抽样的特征是每个样本单元的入样概率是可以计算的，因而是已知的。用 W_{di} 表示第 i 个单元的设计权数，则总体总值的估计为：

$$\hat{Y}=\sum_{i=1}^{n}W_{di}y_i$$

在简单随机抽样中，因为在简单随机抽样条件下每个单元入样概率都为$\frac{n}{N}$，则

$$W_{di}=\frac{N}{n},\quad i=1,2,\cdots,n$$

所以总体总值的估计又可以写为：

$$\hat{Y}=\sum_{i=1}^{n}W_{di}y_i=\frac{N}{n}\sum_{i=1}^{n}y_i$$

这种每个单元入样概率都相等的抽样方法又称为等概率抽样。在采用等概率抽样设计时，每个单元的设计权数是相同的，在数据整理中可以不增加权数变量。

对于分层抽样，如果按各层规模等比例分配样本，也是等概率抽样；如果不是按各层规模等比例分配样本，如内曼分配，则是不等概抽样。在不等概率抽样条件下，每个单元的设计权数是不同的，数据文件中要生成相应的权数变量，该变量在相同的层内取值相同，不同层间取值不同。

在多阶段抽样条件下，设计权数由每个单元在不同阶段的入样概率相乘而得。例如，对于二阶段的抽样设计，令 P_{1i} 代表第 i 个单位在第一个阶段的入样概率，P_{2i} 代表第 i 个单元在第二个阶段的入样概率，则 i 单元的设计权数为：

$$W_{di}=\frac{1}{P_{1i}P_{2i}}$$

以此可以推演到更多阶段抽样设计的情况。

2．权数的结构调整

权数的结构调整包括的范围比较广，主要指调查现场出现与抽样设计不同的情况，为了保证抽样设计方案的落实而进行的某些权数调整。权数的结构调整可以通过我国劳动力

抽样调查的例子说明。我国劳动力抽样调查是多阶段分层整群抽样，最后阶段抽取群，群由30个家庭户组成，对抽中群内的家庭户全部进行调查。在调查实施中，不可能保证所有的群都正好为30户，如在农村有自然村，对于很小的自然村（远少于30户）可以合并为群，对于规模差不多的自然村（30户左右），该自然村就是一个群。在城市通常取某栋住宅楼或某个单元为一个群。有些群的规模与抽样设计相同（正好30户）或相仿（30户左右），有些群的规模则与抽样设计要求相差较大，这时就需要对入样单元的设计权数进行调整。在这个例子中，设第 i 群的规模为 M_i，如果 $M_i \neq 30$，则给该群的每一个家庭户都赋予一个结构调整系数 $W_i^* = \frac{30}{M_i}$。例如，一个群包含45户，则该群的每个住户的结构调整系数为：

$$W_i^* = \frac{30}{45}$$

3. 权数的无回答调整

调查中都会遇到无回答情况，只能得到回答者的数据，此时如果不对原有的设计权数进行调整，那些无回答单位的权数就会丧失，总体的规模就会被低估，从而导致对总值进行估计时出现严重偏差。权数的无回答调整可以计算无回答调整系数，令 W_{nri} 为无回答调整系数，W_{ri} 为调查中回答单元的权数和，W_{ni} 为调查中无回答单元的权数和，则无回答调整系数为：

$$W_{nri} = \frac{W_{ri} + W_{ni}}{W_{ri}}$$

可以看出，调整的思路是把无回答单元的设计权数在回答单元之间进行重新分配，无回答调整系数 W_{nri} 就是分配比例。

如果是大规模调查，无回答调整系数应该分别计算，例如可以按群计算，或者按层计算。这里的假定是，群内各单元、层内各单元具有更高的相似性，用与无回答更相似的回答单元代替无回答，估计的效果会更好。

4. 最终权数

最终权数是对目标量进行估计所使用的权数，是设计权数、结构调整系数、无回答调整系数的结合体。令最终权数为 W_i，则有

最终权数＝设计权数×结构调整系数×无回答调整系数

即

$$W_i = W_{di} \times W_i^* \times W_{nri}$$

9.3.5 变量的转换

根据数据分析的需要，在分析之前可能要对现有的变量进行一定的修改或生成新变量。常见的方式有：

1. 变量重新定义

某些分析方法可能对变量的数学特性有一定要求，因此可能要改变数据的测量水平，

把定距、定比变量转为定序、定类变量。例如，进行交叉列联分析时，必须先将某变量（如收入）划分为高、中、低三组。另外，同测度内有时还需要进行再分组，如年龄最初分为10组，但实际分析中分组过细反而不便于分析，因而要把小类合并为大类。

2. 变量转换

例如，进行聚类分析、因子分析时，必须消除量纲的影响，要在分析前先把变量标准化。又如，进行回归分析时，为了改进模型的拟合程度，要对变量进行对数变换、平方根变换等。

3. 定类变量转换为0-1变量

为便于分析，有时要把定类变量转换为0-1变量，如前面讨论多选题、排序题的编码设计时提到的两种方法的互换。这种转换便于进行定量分析。例如，被调查者的居住地包括北京、上海、广州和杭州这四类，可以将其转变为 X_1，X_2 和 X_3 这三个0-1变量（如表9-6所示）。

表9-6　两种编码的转换表

居住地	原变量编码	0-1变量编码		
		X_1	X_2	X_3
北京	1	1	0	0
上海	2	0	1	0
广州	3	0	0	1
杭州	4	0	0	0

一般在正式进行统计分析之前，为了定量分析的方便，常把一些定类变量转换为若干个0-1变量。一般来说，含 K 个类别的变量可以用 $K-1$ 个0-1变量来表示。

4. 重新组合新变量

为了某些特定的统计分析（如拟合模型），需要把几个变量重新组合为一个新变量，重新进行定义。例如，根据被调查者对耐用消费品在若干方面的评价，把各方面的评价值加权平均，就可以得到一个新变量“综合评价得分”。

9.3.6 量表的转换

为了保证数据的可比性，便于进行数据分析，有时候还要做一些量表的变换。一些量表可能会分别从正、反两个方向设计问题，因此分析时应注意统一方向，如全部正向提问或全部反向提问，这样可以使数据便于比较。例如，从以下6个角度调查观众对某广告的看法（其中A，C，F为反向提问，B，D，E为正向提问）。

请问您是否同意以下观点？

1. 非常同意　2. 同意　3. 不同意　4. 非常不同意

A. 这个广告与我无关。（　）

B. 这个广告吸引我的注意力。（　）

C. 我不想进一步了解有关它的更多信息。（　）

D. 这个广告让我产生购买欲望。（　）

E. 这个广告令人信任。(　　)

F. 天天播此广告，让我产生反感。(　　)

在分析数据前，应把量表问题的方向统一，这样才能进行比较分析，否则各题的答案之间没有可加性。例如同样都选 2，对 D 为正面评价，对 F 则是反面评价。假设将以上问题统一为正面问题，则要改变 A，C，F。以 F 为例，改为 F_1 “天天播此广告，不会让我产生反感”，当然该题的取值也应该颠倒位置，原来选 1 现在改为 4，原来选 4 现在改为 1，原来选 2 现在改为 3，原来选 3 现在改为 2。这样，同样都选 2，对 D 和 F_1 都为正面评价。

有时为了合乎人们比较的习惯或满足其他分析需要，要对量表数据进行转换。例如把 4 级改为 2 级，即将“非常同意”和“同意”合并，“非常不同意”和“不同意”合并。

此外，为了使不同单位或不同量表的变量在分析中具有可比性，可以对数据进行标准化。例如，对品牌 A 的评价使用的是 7 级量表（X_1），品牌 B 使用的是 5 级量表（X_2），等等，直接比较这些品牌的得分是没有意义的。对此，通常先对数据进行变换处理。

1. 标准化变换

将得分 X_1，X_2，…，X_m 转换成标准化得分 Z_1，Z_2，…，Z_m，标准化公式为：

$$Z_i=\frac{X_i-\text{mean}(X_i)}{\text{SD}(X_i)},\quad i=1,2,\cdots,m$$

式中，$\text{mean}(X_i)$ 和 $\text{SD}(X_i)$ 分别为变量 X_i 的平均值和标准差。

2. 规格化变换

先找出每一个变量的最大值和最小值，各变量的最大值减去最小值称为极差。将各变量得分 X_1，X_2，…，X_m 减去最小值后除以极差，就得到规格化数据。规格化公式为：

$$Z_i=\frac{X_i-\min(X_i)}{\max(X_i)-\min(X_i)},\quad i=1,2,\cdots,m$$

式中，$\max(X_i)$ 和 $\min(X_i)$ 分别为变量 X_i 的最大值和最小值。

9.3.7 SPSS 操作指导和简单实例

例如，调查某院系本科生的生活消费状况及态度，其中一部分问题为：

1. 您的生源地是（　　）。

A. 农村　　B. 中小城市

C. 大城市　　D. 发达城市（北京、上海、广州）

2. 您的月生活费金额（　　）元。

3. 请对下面的观点进行打分：

很同意（5 分）　比较同意（4 分）　说不清（3 分）

不太同意（2 分）　很不同意（1 分）

人们在生活中应该注重节俭，即使这种节俭以牺牲一定的生活舒适度为代价。(　　)

4. 请对您自身的财务平衡状况进行打分，分数范围为 1～10，财务平衡状况越好打分越高。(　　)

该院系有 300 名学生，按照生源地分层，其中农村 50 人，中小城市 80 人，大城市 100 人，发达城市（北京、上海、广州）70 人。抽取 10 人进行预调查，按照最优分配计算每层的样本量分别为 2，3，3，2。

1. 变量的编码和定义

在实际中，为便于后续的软件操作，通常将变量名命名为英文，比如，对本例，通常的做法是将问卷编码命名为 code，按顺序将题目依次命名为 Q1～Q4，然后在 SPSS【变量视图】窗口的【标签】中填写相应的中文解释。示例如图 9－1 所示。

	名称	类型	宽度	小数	标签	值
1	Code	数值(N)	8	0	问卷编号	无
2	Q1	数值(N)	8	2	生源地	{1.00, 农村}...
3	Q2	数值(N)	8	2	月生活费	无
4	Q3	数值(N)	8	2	对节俭的态度	{1.00, 非常...
5	Q4	数值(N)	8	2	财务平衡状况打分	无

图 9－1

但是，出于方便展示的考虑，本例选择用标签中的内容作为变量名。

对于“生源地”变量，按照题目选项的顺序分别编码为 1，2，3，4。对“对节俭的态度”和“财务平衡状况打分”变量，按照打分进行编码，编码值与分数相同。录入数据的结果如图 9－2 所示。

	问卷编号	生源地	月生活费	对节俭的态度	财务平衡状况打分
1	1	1.00	500.00	5.00	10.00
2	2	2.00	.	4.00	9.00
3	3	4.00	1000.00	2.00	6.00
4	4	3.00	800.00	3.00	7.00
5	5	3.00	850.00	2.00	7.00
6	6	2.00	750.00	4.00	6.00
7	7	1.00	600.00	3.00	8.00
8	8	2.00	700.00	4.00	8.00
9	9	4.00	800.00	4.00	6.00
10	10	3.00	900.00	2.00	100.00

图 9－2

对应的调查结果如图 9－3 所示（标签格式）。

	问卷编号	生源地	月生活费	对节俭的态度	财务平衡状况打分
1	1	农村	500.00	非常同意	10.00
2	2	中小城市	.	比较同意	9.00
3	3	发达城市（北京、上海、广州）	1000.00	不太同意	6.00
4	4	大城市	800.00	说不清	7.00
5	5	大城市	850.00	不太同意	7.00
6	6	中小城市	750.00	比较同意	6.00
7	7	农村	600.00	说不清	8.00
8	8	中小城市	700.00	比较同意	8.00
9	9	发达城市（北京、上海、广州）	800.00	比较同意	6.00
10	10	大城市	900.00	不太同意	100.00

图 9－3

2. 变量的重编码（以对节俭的态度为例）

我们在录入“对节俭的态度”时，是以分数顺序为编码顺序的，越赞成节俭分数将越高。出于后续分析的某些考虑，有时可能希望把编码的顺序倒过来，越不赞成节俭分数越高，这就需要进行重编码。

通过【转换】菜单中的命令，我们可以生成一列重编码后的新变量，也可以直接覆盖原始的变量列。前者需选择【重新编码为不同变量】，后者需选择【重新编码为相同变量】。假设本例选择【重新编码为不同变量】，将“对节俭的态度”选入【输入变量→输出变量】框，并且在【输出变量】框中填入新变量名称“对节俭的态度重编码”，点击【更改】。点击【旧值与新值】按钮，在【旧值】框中输入“1”，在【新值】框中输入“5”，点击【添加】；在【旧值】框中输入“2”，在【新值】框中输入“4”，点击【添加】按钮。依此类推，定义新、旧值的转换。点击【继续】。点击【确定】按钮即可生成一列重编码后的变量。

由如图 9－4 所示的结果可以看出，编码的顺序已经实现了颠倒。

	问卷编号	生源地	月生活费	对节俭的态度	财务平衡状况打分	权数	对节俭的态度重编码
1	1	1.00	500.00	5.00	10.00	27.44	1.00
2	2	2.00	.	4.00	9.00	29.27	2.00
3	3	4.00	1000.00	2.00	6.00	38.41	4.00
4	4	3.00	800.00	3.00	7.00	36.59	3.00
5	5	3.00	850.00	2.00	7.00	36.59	4.00
6	6	2.00	750.00	4.00	6.00	29.27	2.00
7	7	1.00	600.00	3.00	8.00	27.44	3.00
8	8	2.00	700.00	4.00	8.00	29.27	2.00
9	9	4.00	800.00	4.00	6.00	38.41	2.00
10	10	3.00	900.00	2.00	100.00	36.59	4.00

图 9－4

3．检查缺失值和异常数据（以“月生活费”为例）

选择【分析】→【描述统计】→【频率】，将“月生活费”选入【变量】框。勾选【显示频率表格】，点击【统计量】按钮，勾选【均值】等相应的统计量，点击【继续】。点击【确定】按钮。

相应变量各个值的频数分布以及缺失值的情况如表 9－7 所示。

表 9－7　　两种编码的转换表

		频率	百分比	有效百分比	累计百分比
有效	500.00	1	10.0	11.1	11.1
	600.00	1	10.0	11.1	22.2
	700.00	1	10.0	11.1	33.3
	750.00	1	10.0	11.1	44.4
	800.00	2	20.0	22.2	66.7
	850.00	1	10.0	11.1	77.8
	900.00	1	10.0	11.1	88.9
	1 000.00	1	10.0	11.1	100.0
	合计	9	90.0	100.0	
缺失	系统	1	10.0		
合计		10	100.0		

可以看出数据中有 1 个缺失值，有效数据最小为 500，最大为 1 000，没有异常数据。

4．对缺失值和异常值的处理（以“月生活费”的缺失值为例）

（1）转换。

如果想用其他值替换缺失值，选择【转换】→【替换缺失值】，将“月生活费”选入【新变量】框，在【名称和方法】框中的【方法】下拉菜单中，提供了5种替换缺失值的方法（序列均值、临近点的均值、临近点的中位数、线性插值法、点处的线性趋势），选择【序列均值】，点击【确定】按钮。

结果如图9-5所示，生成了名为“月生活费_1”的新变量，个案2就是用平均月生活费766.67替换了缺失值的案例。

	问卷编号	生源地	月生活费	对节俭的态度	财务平衡状况打分	月生活费_1
1	1	农村	500.00	非常同意	10.00	500.00
2	2	中小城市	.	比较同意	9.00	766.67
3	3	发达城市（北京、上海、广州）	1000.00	不太同意	6.00	1000.00
4	4	大城市	800.00	说不清	7.00	800.00
5	5	大城市	850.00	不太同意	7.00	850.00
6	6	中小城市	750.00	比较同意	6.00	750.00
7	7	农村	600.00	说不清	8.00	600.00
8	8	中小城市	700.00	比较同意	8.00	700.00
9	9	发达城市（北京、上海、广州）	800.00	比较同意	6.00	800.00
10	10	大城市	900.00	不太同意	100.00	900.00

图 9-5

（2）删除。

如果想将缺失值排除在分析之外，选择【数据】→【选择个案】→【如果条件满足】，点击【如果】，填入表达式：“～MISSING（月生活费）”，点击【继续】。

如果仅想在分析“月生活费”这一变量时删除缺失案例，分析其他变量时恢复该案例，则在【输出】框中选择【过滤掉未选定个案】；如果要永久删除该案例，则在【输出】框中选择【删除未选定个案】。

（3）留待具体的分析操作时再行处理。

具体的分析操作时，通常会有对缺失值处理的两种选择：【按分析顺序排除个案】和【按表排除个案】。前者表示当前计算涉及的变量有缺失值时，剔除该变量为缺失值的个案；后者表示剔除所有在任意变量上含有缺失值的个案后再进行分析。前一种处理方式较充分地利用了样本数据。

（4）如果通过其他途径得到了相应样本的缺失数据，不妨将其手工加入，例如本例通过回访的方式得到样本2的缺失值为720，可将其补录入。

5．一致性检验和逻辑检验（以“财务平衡状况打分”为例）

首先需要定义规则：选择【数据】→【验证】→【定义规则】→【单变量规则】。在【有效值】框的下拉菜单中选择【在范围内】。在【最小值】中填入1，在【最大值】中填入10，此规则命名为“SingleVarRule 1”。

然后对相应的变量应用规则：选择【数据】→【验证】→【验证数据】。将“财务平衡状况打分”选入【分析变量】框，选择【单变量规则】选项卡，在【规则】中勾选

【SingleVarRule 1】，点击【确定】，见图 9－6。

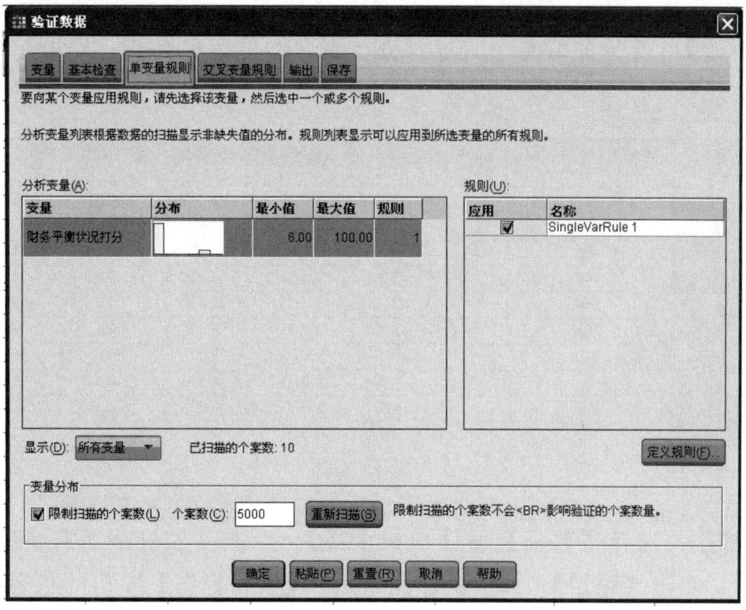

图 9－6

软件将输出不符合规则的案例序号。个案 10 值为 100，违反了取值规则，见表 9－8。

表 9－8　　　　个案报告

案例	确认违反规则
	单变量[a]
10	SingleVarRule 1 (1)

a. 违反规则的变量数遵循每个规则。

我们可以推测受访者可能的打分其实是 10，并进行修改，也可以在分析这一项数据时，用前面介绍过的删除异常数据的方法将其删除（此时的表达式可输入：“问卷编码～＝10”）。

检验多变量之间逻辑关系的操作是类似的，在定义和应用时，需选择【交叉变量规则】选项卡，输入多变量需要满足的表达式，然后进行验证。

6. 加权处理（以根据生源地入样概率计算总体平均月生活费为例）

由于缺失数据已通过回访补齐，最终权数就是设计权数。各层的入样概率及权数如表 9－9 所示。

表 9－9

地区	层内总人数	各层样本量	层内的入样概率	W_i
农村	50	2	0.040 0	25.00
中小城市	80	3	0.037 5	26.67
大城市	100	3	0.030 0	33.33
发达城市（北京、上海、广州）	70	2	0.028 6	35.00

将上面的权重赋予每个个案：选择【转化】→【重新编码为其他变量】。将“生源地”选入【输入变量→输出变量】框，并且在【输出变量】框中填入新变量名称“权数”，点击【更改】。按照重编码中的步骤进行新、旧值转换操作，即可生成一列权重变量，见图 9-7。

	问卷编号	生源地	月生活费	对节俭的态度	财务平衡状况打分	权数
1	1	1.00	500.00	5.00	10.00	25.00
2	2	2.00	720.00	4.00	9.00	26.67
3	3	4.00	1000.00	2.00	6.00	35.00
4	4	3.00	800.00	3.00	7.00	33.33
5	5	3.00	850.00	2.00	7.00	33.33
6	6	2.00	750.00	4.00	6.00	26.67
7	7	1.00	600.00	3.00	8.00	25.00
8	8	2.00	700.00	4.00	8.00	26.67
9	9	4.00	800.00	4.00	6.00	35.00
10	10	3.00	900.00	2.00	100.00	33.33

图 9-7

进行加权操作：选择【数据】→【加权个案】。点选【加权个案】，将“权数”选入【频数】变量框，点击【确定】。加权操作完毕后，【数据视图】窗口的状态栏右下角会提示“加权范围”信息，表示加权已生效。如要取消加权，则点选【请勿对个案加权】。

计算加权后的平均月生活费：选择【分析】→【描述统计】→【描述】，将“月生活费”选入【变量】框。点击【选项】按钮，勾选【均值】等相应的统计量，点击【继续】。将所有设定都调整好后，点击【确定】按钮。

得到的均值为 777.88，比不加权时的均值 762.00 略大。本例由于环境的限制，无法得到总体真值的数据，所以无法对三者进行比较。但理论上，加权估计的结果应与真值更接近，估计的效果应该比不加权时要好。

7. 对数据进行标准化变换（以对节俭的态度为例）

选择【分析】→【描述统计】→【描述】，将“对节俭的态度”选入【变量】框。勾选【将标准化得分另存为变量】，点击【确定】按钮。

生成的标准化变量如图 9-8 所示。

	问卷编号	生源地	月生活费	对节俭的态度	财务平衡状况打分	Z对节俭的态度
1	1	1.00	500.00	5.00	10.00	1.60476
2	2	2.00	.	4.00	9.00	.66078
3	3	4.00	1000.00	2.00	6.00	-1.22717
4	4	3.00	800.00	3.00	7.00	-.28319
5	5	3.00	850.00	2.00	7.00	-1.22717
6	6	2.00	750.00	4.00	6.00	.66078
7	7	1.00	600.00	3.00	8.00	-.28319
8	8	2.00	700.00	4.00	8.00	.66078
9	9	4.00	800.00	4.00	6.00	.66078
10	10	3.00	900.00	2.00	100.00	-1.22717

图 9-8

小 结

市场调查数据收集回来以后，必须经过整理才能进行分析。调查数据的整理主要依据调查资料的整理方案来进行，数据整理的步骤一般包括：对原始资料进行审核、订正；编码；数据的录入；数据的清洁；进行统计预处理。

调查问卷的回收是一项非常具体的工作，问卷回收中登记和编号工作很重要。对调查资料进行审核是保证调查工作质量的关键。审核的内容一般包括完整性的审核、正确性的审核、一致性的审核、及时性的审核以及清楚易懂等几个方面。审核的主要方法有经验判断、逻辑检查、计算审核等。以最常见的中心办公室审核为例，审核的基本步骤是接收核查问卷（又称一审）、编辑检查（又称二审）及采取相应处理措施等。

编码是将问卷信息（包括调查问题和答案）转化为统一设计的计算机可识别的代码，以便于对其进行数据整理与分析。本章给出了编码的一般原则，即准确性、完整性、有效率、转换的代码便于数据的整理与分析以及标准化等。分别介绍了前设计编码和后设计编码的主要内容。最后总结归纳了编码实践中容易导致编码误差的因素以及可相应采取的措施。

在调查数据的清洁和预处理阶段，主要工作是进行一致性检查和逻辑检查，以及缺失数据和异常值的处理。审核阶段进行的一致性审核主要采用手工形式，而此阶段的一致性检查主要通过计算机进行，更加全面广泛。一致性检查的内容主要包括变量的取值是否超出合理范围、有无逻辑错误以及有无极端值；逻辑检查就是检查数据有无逻辑错误。缺失数据的处理方法主要有删除个案、删除缺失值、插补法以及加权组调整法等。异常值的处理方法主要有删除法、缩尾法、变换变量、改变权数、插补法和稳健估计法。

思考题

9.1　调查资料的整理主要有哪些步骤？

9.2　调查问卷的审核包括哪些内容？

9.3　什么是编码？市场调查中编码有什么作用？

9.4　编码表的一般格式是什么？编码表的设计原则是什么？

9.5　前设计编码和后设计编码有何区别？

9.6　如何控制调查资料手工录入的质量？

9.7　调查数据的清洁包括哪些工作？

9.8　为什么要对资料做统计预处理？

9.9　缺失数据主要有哪些处理方法？

9.10　试举例说明加权调整方法及其对于提高数据质量的作用。

9.11　客户对于某公司的投诉程度可分为经常投诉、偶尔投诉和没有投诉这三类，试将投诉程度变量转变为用若干个哑变量（0-1 变量）来表示。

第10章 调查资料的统计分析

一旦数据准备就绪，即可进入数据分析阶段，围绕不同的调查目的，针对不同类型的调查数据，选择适用的数据分析方法。分析方法的选择要能有效地满足调查目的，并非使用的方法越多越好，或者越难越好。

本章共 4 节。10.1 节为概述；10.2 节和 10.3 节简要介绍了市场调查分析常用的描述统计和多元统计方法等；10.4 节讨论如何有效地展示市场调查结果以及市场调查报告的撰写。

10.1 概　述

市场调查分析就是根据一定的调查目的，采用一种或几种数据分析方法，按照一定的程序，对调查并经过整理的数据资料进行分组、汇总、检验和分析，得到所调查事物或现象的本质及规律性，进而指导实践的过程。

数据分析与市场调查前期的调查设计、数据收集和整理密不可分。良好的数据质量是得出有效结论的前提。问卷设计的内容决定了可分析对象的范围；样本的代表性决定了结论的适用范围；数据类型限定了可用分析方法的范围；收集数据的质量决定了分析结果的准确性。不同分析方法对数据的要求不一定相同，因此，选择分析方法时首先要注意数据的适用性。

10.1.1 市场调查数据的类型

在市场调查中我们的研究目标往往是研究对象的某种特征，比如潜在客户的数量、品牌知名度、消费者满意度、投放广告对销量的影响等，在分析时这些待研究的特征称为变量，这些研究变量的观测结果就是我们调查得到的数据。要从数据中找出统计规律、推测研究对象的特征，首先要认识到数据被计量或测度的程度是不同的，按照测度程度或精确水平的不同，可以将数据分为定性数据和定量数据，不同类型的数据适用的分析方法是不同的。

1. 定性数据

如果变量取值只能分为类别，这类变量称为定性变量，定性变量的观测结果称为定性数据。定性数据可以分为分类数据和定序数据。

分类数据的取值只能代表对事物的分类，类别之间无法比较优劣大小。比如性别分为男和女两类，可以用编号 1 表示男，2 表示女。但这里的数字（如 1 和 2）并不能区分大小或进行加减乘除数学运算，一般只能计算各类别的频数或频率。在市场调查中，对客户职业、品牌、行业、广告渠道等对象的测量数据都属于分类数据。

定序数据的取值不仅代表事物的不同类别，还可以反映这些类别的优劣或顺序，可以判断"A 比 B 更……"。比如文化程度分为大专及以上、高中、初中、小学及以下四类，编号分别为 4，3，2，1。这里的数字除了可以计算各类别的频数或频率外，还可以比较大小，但不能进行加减乘除数学运算。在市场调查中，对态度、意见、感觉、偏好的测量结果大都是定序数据。

2. 定量数据

取值为数据的变量为定量变量，定量变量的取值结果称为定量数据。定量数据不仅能将事物分成不同类别并进行排序，还可以准确地反映数值之间的差距。比如考试成绩 90 分比 80 分高 10 分，价格 1 000 元是 500 元的 2 倍。这里的数据除可以分类或比较大小外，还可以进行加减运算。在市场调查中，销售额、成本、市场份额、消费者数量等测量结果大都是定量数据，等级量表中的态度数据也经常作为定量变量处理。定量数据又可以分为离散数据和连续数据。离散数据是指变量取值是有限个数，比如客户规模、产品数量等。连续数据是指变量取值是连续的，可以是一定区间内的任意值。

定量数据对事物的度量比定性数据更精确，信息更多，有时为了满足分析目的，可以通过对定量数据分组，把定量数据转换为定性数据。但是反过来，定性数据不能转化为定量数据。表 10－1 为数据类型及其适用的统计方法。

表 10－1　数据类型及其适用的统计方法

类型	基本性质	市场调查案例	适用的统计方法	
			描述统计方法	推论统计方法
定性数据	表明对象或其类别的数字	性别，品牌，商店	比例，众数	χ^2 检验，二项式检验
	表示对象的相对位置，但不能表示差异大小的数字	偏好排序，在市场中的位次，社会层次	比例，众数，中位数	顺序相关系数，Friedman ANOVA
定量数据	可以分类、排序、比较对象间的差异	态度，年龄，收入，成本，销售量，市场份额	中位数，全距，均值，标准差	相关系数，t 检验，ANOVA，回归，因子分析，结构方程，结合分析

10.1.2 市场调查统计分析方法的类型

根据研究目的的不同，可以把统计分析大致分为以下两类。

（1）描述统计分析。

即将数据以表格、图形或数值形式表现出来，着重于对数量水平或其他特征的描述，可能是通过某具体指标反映某一方面的特征，也可能是通过若干变量描述它们的相互关系。这类方法对数据的可靠性和准确性、测度的选择有一定要求。其结果重在数量描述，但不具有推断性质。

（2）推论统计分析。

即通过样本推断总体。这类方法对数据的收集方法、变量的选择、测度的决定、资料的时间空间范围有严格限制，必须符合严格的假设条件。其结果不仅可用于描述数量关系，还可以推断总体，进行预测，揭示原因以及检验理论等。

根据涉及变量的多少，还可将统计分析分为三类。

（1）单变量统计分析。

即通过某一变量数据的计算，对其数量水平或其他特征进行概括，或对总体进行推断。

（2）双变量统计分析。

即分析两个变量之间的联系。测量的程度不同，使用的分析方法也不同。

（3）多变量统计分析。

即分析多个变量之间的关系，比如回归分析、判别分析、聚类分析、因子分析、结构方程分析、结合分析、机器学习等。

表 10-2 为数据类型及其适用的模型。

表 10-2　　数据类型及其适用的模型

<table>
<tr><th>因变量</th><th>自变量</th><th>分析模型</th><th>机器学习方法</th></tr>
<tr><td>定量变量</td><td>定量变量</td><td>回归分析，相关分析</td><td rowspan="6">决策树
Boosting
随机森林
支持向量机</td></tr>
<tr><td>定量变量</td><td>分类变量</td><td>回归分析，方差分析</td></tr>
<tr><td>二分类变量</td><td>分类变量/定量变量</td><td>Logit/probit 模型</td></tr>
<tr><td>多分类变量</td><td>分类变量/定量变量</td><td>多类别 Logit 模型</td></tr>
<tr><td>定序变量</td><td>分类变量/定量变量</td><td>次序 Logit/probit 模型</td></tr>
<tr><td>分类变量</td><td>分类变量</td><td>对数线性模型</td></tr>
</table>

10.2 描述统计分析

描述统计是市场调查分析中最常用的分析方法。描述统计分析的关键是如何选择适当的图表或数值使数据更易于解释。不同的描述统计分析方法适用于不同的研究目的，适合不同的测量尺度数据。下面我们以表10－3中的数据为例，结合Excel介绍常用的描述统计方法。

表10－3　　某公司30名职工的数据

员工号	受教育年限（年）	职位	年薪（元）	工作资历	员工号	受教育年限（年）	职位	年薪（元）	工作资历
1	14	0	30 150	1	16	12	0	17 100	2
2	16	0	36 600	1	17	12	0	25 200	2
3	8	0	17 700	1	18	20	1	69 250	2
4	12	0	26 100	1	19	15	0	26 700	2
5	12	1	59 400	1	20	12	0	30 900	2
6	16	1	47 250	1	21	18	0	43 950	2
7	15	0	37 050	1	22	12	0	31 500	2
8	15	0	27 750	1	23	17	0	40 200	3
9	15	1	38 700	1	24	15	0	41 100	3
10	16	0	40 350	1	25	16	0	34 800	3
11	12	0	33 900	1	26	12	0	30 900	3
12	12	0	19 950	1	27	19	1	92 000	3
13	19	1	52 125	1	28	19	1	110 625	3
14	16	1	40 200	2	29	19	1	135 000	3
15	8	0	19 800	2	30	12	0	26 250	3

注：(1) 职位：0表示一般职员，1表示管理者。
(2) 工作资历：1表示工作年限低于5年；2表示工作年限在6～10年；3表示工作年限大于10年。

10.2.1　定性数据描述统计分析

1．定性数据的频数分析

频数分布是数据的表格汇总，表示在几个互不重叠的组别中每一组项目的频数。频数分布表一般包括组别、频数、百分比、累计百分比等项目。表中频数的总和总是等于观测单元的总数，百分比的总和总是等于100％。如果某组项目的频数过小，比如百分比小于5％，建议将这些组与其他组进行合并处理。

根据表10－3的数据，对工作资历数据进行频数分析，频数分布表见表10－4。

表10－4　　某公司员工工作资历的频数分布表

工作资历	频数	百分比（％）	累计百分比（％）
工作年限低于5年	13	43.33	43.33
工作年限在6～10年	9	30.00	73.33
工作年限大于10年	8	26.67	100.00
总计	30	100.00	

表10－4说明该公司员工在工作资历变量上分布比较均匀，新老员工都有一定比例，

其中工作年限低于5年的新员工比较多，占43.3%；工作年限大于10年的老员工相对少一些，占26.67%。

2．定性数据的图形描述

饼图是以圆的整体面积代表被研究现象的总体，按各构成部分占总体比重的大小把圆面积分割成若干扇形来表现部分与总体的比例关系。饼图一般只能用于单选问题，整个圆代表100%，每一部分的面积表示变量取值对应的百分数。饼图不能切成太多的部分，一般不超过7部分。图10-1给出了某年北京市商品房住户人均居住面积分布，调查结果显示，人均居住面积在4平方米以下的住户只占7%；居住条件一般（人均居住面积为4～9平方米）和居住条件较好（人均居住面积为9～14平方米）的被访者比例差不多，均占35%左右；居住条件优裕（人均居住面积在14平方米以上）的居民占23%。

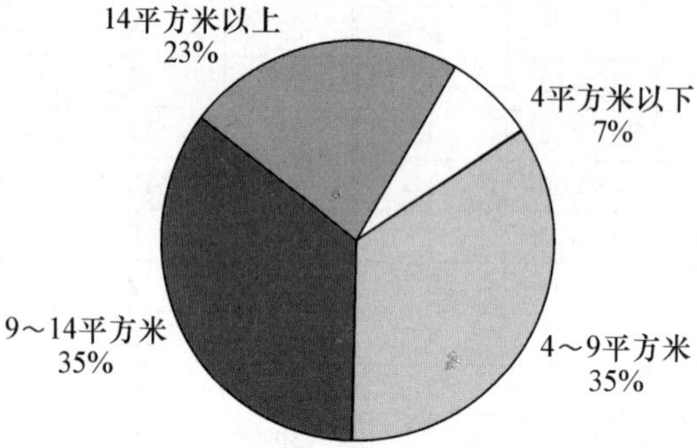

图10-1　北京市商品房住户人均居住面积饼图

线图又称曲线图，即利用线段的升降来说明现象的变动情况，主要用于表示现象在时间上的变化趋势、现象的分配情况和两个现象之间的依存关系。线图又包括简单线图和复合线图。前者适用于描述一段时间内单个变量的历史状况及发展趋势，后者适用于描述一段时间内两个或两个以上变量的历史状况及发展趋势。图10-2是北京市商品房住户人均居住面积分布的线图；图10-3是北京市不同地区（北部和南部）商品房住户人均住房面积分布的复合线图。

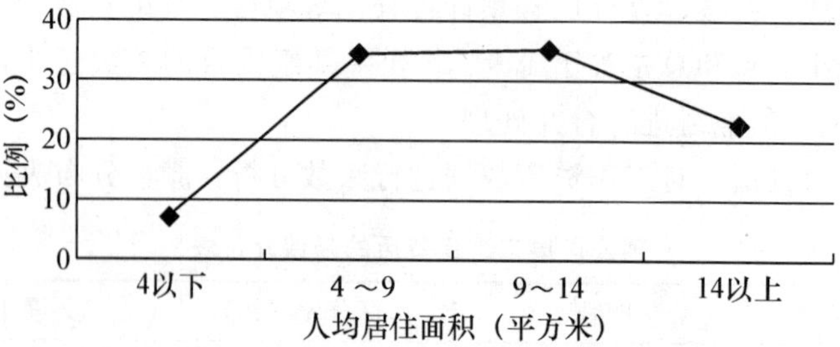

图10-2　北京市商品房住户人均居住面积线图

条形图是利用相同宽度的条形的长短或高低来表现数据的大小与变动。如果条形图横排，也可称为带形图，纵排也可称为柱形图。条形图可以清楚地表现各种不同数值资料相互对比的结果。条形图也可分为简单条形图和复合条形图，前者适用于说明一段时间内的一个变量，复合条形图适用于说明两个或两个以上变量及其对比关系，见图10-4。

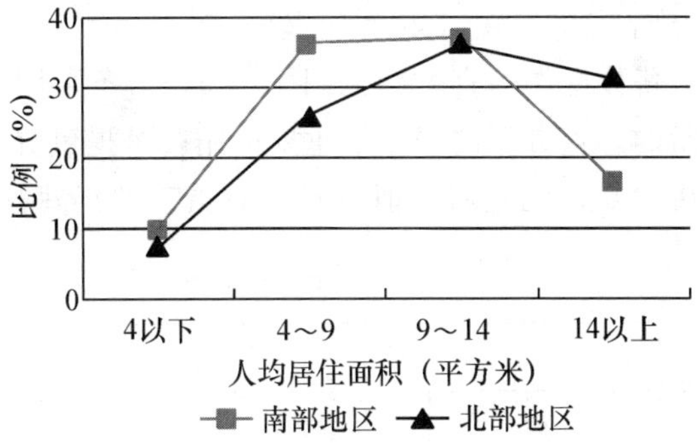

图 10-3　北京市商品房住户人均居住面积区域分布曲线图

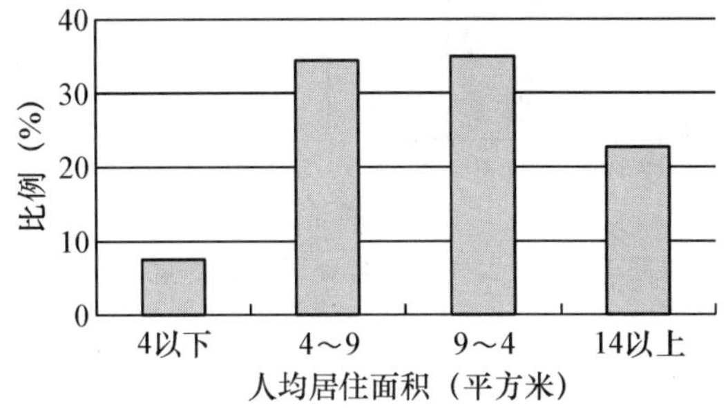

图 10-4　北京市商品房住户人均居住面积条形图

3．定性数据的数值表示

现实生活中经常见到用一两个数值概括大量的数字，比如高收入的人占总人口的百分比，北京市人均收入，等等。对于定性数据除了计算频数和百分比之外，还可以用众数、中位数来描述数字的集中位置。

众数是一组数据中出现次数最多的变量值。要寻找数据的众数，需要先把数据整理出频数分布表，频数最多的那一组为众数。从分布图形来看，众数应对应于图形最高点。有些情况下数据分布可能表现为双众数、多众数，甚至没有众数（均匀分布）。Excel 中计算众数的函数为：MODE（区域）。例如，对表 10-2 中的工作资历求众数 MODE（E2：E31)=1，结果说明工作年限低于 5 年的员工最多。

中位数是一组数据排序后处于中间位置的变量值，是一组数据的中点，高于和低于中位数的数据各占一半。Excel 中计算中位数的函数为：MEDIAN（区域）。例如，对表 10-3 中的工作资历求中位数 MEDIAN（E2：E31)=2，结果说明工作资历排序后位于中间位置的员工对应的工作资历取值为 2，即工作年限在 6～10 年。

10.2.2　定量数据描述统计分析

1．定量数据的直方图

频数分析同样适用于定量数据，只要先把数据分组，即确定组数、组宽和组限，然后分组汇总频数、百分比即可。如果把研究的变量放在横轴，每组的频数或百分比放在纵轴，就得到一个直方图，每组的频数或百分比用一个长方形绘制，长方形的底是组宽，高是每组相应的频数或百分比。

根据表 10 - 3 中的年薪数据作的直方图见图 10 - 5。与条形图不同，直方图中邻近的长方形是相互连接不间断的。直方图的一个最重要应用就是提供分布形态信息。图 10 - 5 显示公司员工的年薪多在 3.5 万元左右，但也有少数员工的年薪达到 10 万元以上，分布呈现一定的右偏。

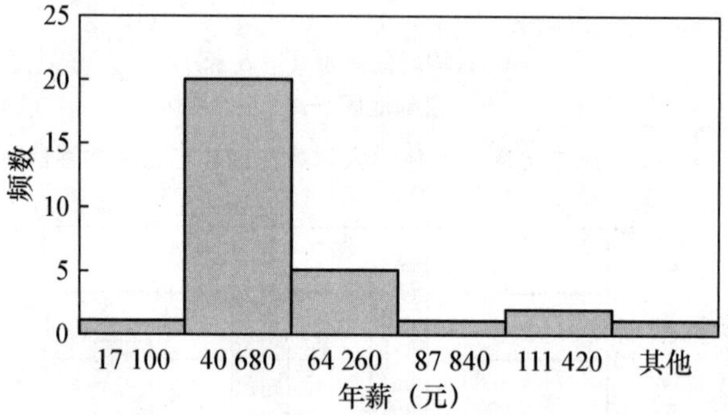

图 10 - 5　公司员工年薪（元）的直方图

2. 定量数据的数值表示

在 Excel 命令栏中选择【工具】、【数据分析】，可以打开数据分析选项框，选择【描述统计】对表 10 - 3 中的年薪数据进行分析，结果见表 10 - 5。

表 10 - 5　　Excel 对公司员工年薪的描述分析

	年薪	
集中趋势	平均数	42 750
	标准误差	4 927.011
	中位数	35 700
	众数	40 200
离散趋势	标准差	26 986.35
	方差	7.28E+08
	峰度	4.815 795
对称和偏斜程度	偏度	2.169 985
	区域	117 900
	最小值	17 100
	最大值	135 000
	求和	1 282 500
	观测数	30

表 10 - 5 中对年薪数据分布特征的定量描述，可分为三个方面。

（1）集中趋势分析。

就是确定数据一般水平的代表值或中心值。常用的指标有三种，即平均数（mean）、中位数和众数。

1）平均数。假定一个样本有 n 个观测值 x_1，x_2，…，x_n，其简单算术平均数 $\bar{x}$ 为用观测值的个数 n 去除观测值的和。

$$\bar{x}=\frac{x_1+x_2+\cdots+x_n}{n}=\frac{\sum_{i=1}^{n}x_i}{n}$$

式中，x_i 为第 i 个观察值；n 为观测值的个数；$\sum$ 为求和符号。Excel 中计算平均数的函数为：AVERAGE（区域）。

2）中位数。就是将样本观测值 x_1，x_2，…，x_n 按大小顺序排序：$x_{(1)}\leqslant x_{(2)}\leqslant\cdots\leqslant x_{(n)}$，处于中间位置的那个数值即为中位数，记为 M_e。显然，50%的样本观测值比中位数小，50%的样本观测值比中位数大。对于已排序的观测值，根据 $\frac{n+1}{2}$ 确定中位数的位置。如果观测值个数 n 为奇数，则 $x_{\left(\frac{n+1}{2}\right)}$ 为中位数。如果观测值个数 n 为偶数，则取 $\frac{n+1}{2}$ 位置两侧数值的平均数，即 $\frac{x_{\left(\frac{n}{2}\right)}+x_{\left(\frac{n+2}{2}\right)}}{2}$ 为中位数。

3）众数。即出现次数（频数）最多的变量值，记为 M_o。众数直接根据观察即可得到，比较适于描述定类变量和定序变量的数据。

均值、中位数和众数的比较及适用范围是：1）均值适于定距或定比变量。优点是能够充分利用数据的全部信息，均值大小受每个观测值影响，比较稳定。缺点是易受极端值影响，如果观测值中有明显的极端值，则均值的代表性较差。2）中位数不适于定类变量，适于定序、定距、定比变量，特别是分布不规则的数据。优点是不受极端值影响。缺点是没有充分利用数据的全部信息，稳定性差于均值，优于众数。3）众数不适用于未分组的连续变量，主要适用于定类、定序变量。优点是不受极端值影响，尤其是分布明显呈偏态时，众数的代表性更好。缺点是没有充分利用数据的全部信息，缺乏敏感性和稳定性。不是用来描述中心的好的统计量，受分组变化的影响较大，而且可能不唯一。

（2）分布的离散趋势分析。

反映各数值远离其中心的程度，即数据分布的分散程度。此外，数据的离散程度越大，则集中趋势测度值对该组数据的代表性越差；离散程度越小，则其代表性就越好。常用的反映数据离散程度的指标主要有：方差（variance）和标准差（standard deviation）、四分位差（interquartile range）、变异系数（coefficient of variation）、全距（range）等。

1）方差和标准差。方差和标准差是反映数据离散程度最常用的指标。它们反映的是所有观测值对均值的离散关系，其数值大小与均值代表性的大小呈反向变化关系，即方差或标准差越大，均值的代表性越差。方差 S^2 即标准差 S 的平方。计算公式如下：

$$S^2=\frac{\sum_{i=1}^{n}(x_i-\bar{x})^2}{n-1}$$

Excel 中方差和标准差的计算函数分别为：VAR（区域）和 STDEV（区域）。

2）四分位差。将一组数据从小到大排列后，用 3 个四分位数点（Q_1，Q_2，Q_3）将其分为四个相等的部分，第一个四分位数点 Q_1 是第 25 百分位数点，又叫下四分位数点；第二个四分位数点 Q_2 是第 50 百分位数点，即中位数；第三个四分位数点 Q_3 是第 75 百分位数点，又叫上四分位数点。上四分位数点 Q_3 与下四分位数点 Q_1 之间的距离即为四分位差，记为 QD。用公式表示为：

$$QD=Q_3-Q_1$$

如果四分位差较小，说明数据比较集中于中位数附近；反之，分布较分散。四分位差经常与中位数一起用来描述定距或定序变量的分布。缺点是四分位差只是由两个点决定的，没有充分利用所有数据的信息。Excel 中计算四分位数的函数为：QUARTILE（区域，i），$i=0$，1，2，3，4。当 $i=0$ 时，函数结果为最小值；$i=4$ 时，函数结果为最大值；$i=2$ 时，函数结果为中位数。例如，对表 10－3 中的年薪数据计算 QUARTILE（D2∶D31，1）＝26 962.5，QUARTILE（D2∶D31，3）＝43 237.5，则 $QD=43\,237.5-26\,962.5=16\,275$。

3）变异系数。也称为离散系数，即标准差与均值的比值，主要用于不同类别数据离散程度的比较，记为 CV。公式如下：

$$CV=\frac{S}{x}$$

变异系数的优点在于，由于标准差的大小不仅与数据的测度单位有关，也与观测值的均值大小有关，不能直接用标准差比较离散程度，而变异系数消除了测度单位和观测值水平不同的影响，因而可以直接用来比较数据的离散程度。

4）全距。也称极差，是一组数据中最大值与最小值之差，计算公式是：

$$R=\max(x_i)-\min(x_i)$$

极差是描述数据离散程度的最简单的方法，表明数据的分布范围。它计算简单，易于理解。但是极差由两端数值所决定，不能反映中间数据的分布离散状况。表 10－5 中的指标“区域”就是全距，Excel 中计算全距的函数为：MAX（区域）－MIN（区域）。

（3）分布的偏度（skewness）与峰度（kurtosis）分析。

偏度是指数据分布的偏斜方向和程度。偏态系数的计算公式为：

$$\alpha_3=\frac{n}{(n-1)(n-1)}\cdot\sum\left(\frac{x-\overline{x}}{s}\right)^3$$

偏态系数是离差三次方的平均数除以标准差的三次方。α_3 为 0 时，表明分布是对称的；若为正值，说明正偏离的差值较大，分布为正偏或右偏；若为负值，说明分布为负偏或左偏。α_3 的绝对值越大，分布的偏斜程度越大。Excel 中计算偏度的函数为：SKEW（区域）。

峰度是指分布集中趋势高峰的形状，它通常是与标准正态分布相比较而言的。若分布的形状比标准正态分布更瘦更高，称为尖峰分布。相反，若更扁平，称为平峰分布。对峰度的测度是用峰度系数，其计算公式为：

$$\alpha_4=\left[\frac{n(n+1)}{(n-1)(n-2)(n-3)}\cdot\sum\left(\frac{x-\bar{x}}{s}\right)^4\right]-\frac{3(n-1)^2}{(n-2)(n-3)}$$

由于标准正态分布的峰度系数为0，当 $\alpha_4>0$ 时为尖峰分布，当 $\alpha_4<0$ 时为平峰分布。Excel中计算峰度系数的函数为：KURT（区域）。

10.2.3 变量间相关分析

研究变量之间的关系的分析往往不能简单用两个变量之间的简单相关分析来描述，但是在研究的前期经常会先探索研究变量之间可能存在的关系。

1. 定性变量间的相关分析——交叉列联表

交叉列联表分析是同时描述两个或两个以上变量联合分布的统计技术。进行交叉列联分析的变量必须是定性变量或离散变量，即有有限个取值，如果取值数量过多则要先进行分组。

以两变量的交叉列联表分析为例，研究城镇居民在某地的居住时间与其对当地百货商场的熟悉程度之间的关系，对“居住时间”和“熟悉程度”这两个变量进行交叉列联分析（如表10-6所示）。

表10-6　　居住时间与对百货商场的熟悉程度的交叉列联分析

熟悉程度	居住时间			合计
	13年以下	13～30年	30年以上	
不熟悉	45（46.4%）	34（39.1%）	55（67.1%）	134
熟悉	52（53.6%）	53（60.9%）	27（32.9%）	132
合计	97（100.0%）	87（100.0%）	82（100.0%）	266

进一步计算出百分比，则可以看得更直观一些。由于两个变量都已交互分层，我们既可以根据行合计计算行百分比，也可以根据列合计计算列百分比。行百分比与列百分比的选择取决于哪个变量是因变量，哪个变量是自变量。一般的规则是，在自变量的方向上，对因变量计算百分比。以表10-6为例，居住时间为自变量，对商场的熟悉程度为因变量，因而可以对各居住时间分别计算熟悉程度的百分比。由表10-6可见，53.6%的居住时间低于13年的人和60.9%的居住时间在13～30年的人都熟悉该商店，而只有32.9%的居住时间在30年以上的人熟悉该商店。看来，同样住在该地区的人，居住时间越长，对购物环境反而更不熟悉。这个结论是有一定道理的，一般地，在一个地方居住很长时间的人相对来说更没有动力去熟悉该商场。

居住时间与对百货商场的熟悉程度之间的联系可能受第三变量的影响，例如年龄。居住时间越长的人可能年龄越大。尽管分析结果表明年龄在此不是影响因素，但由此可见需要检查第三因素的影响。

尽管还可以对3个以上的变量进行交叉列联分析，但解释起来相当麻烦。而且每增加一个变量，单元格数量要成倍增加，可能导致某些单元格内的回答者太少而没有可信度。一般来说，每个单元格至少要有5个观察值才有说服力。因此，对过多的变量不适合采用交叉列联分析法，建议采用对数线性模型方法。另外，应注意，列联表只是检验变量间是否相关，而并非说明变量间的因果关系。

2．定量变量间的相关分析

在市场调查分析中，相关与回归分析广泛应用于研究定量变量间的关系。相关分析中两个变量的地位是平等的，而回归分析侧重探寻自变量对因变量的影响。

（1）散点图。

在对两个变量进行相关分析之前，可以作散点图（scatter diagram），即以一个变量为横轴，另一个变量为纵轴，每个观测单元根据两个变量的取值为坐标以点的形式出现在图中。由散点图可以直观地看出变量间的关系形态及联系程度，对表 10－3 中公司员工年薪和受教育年限的散点图见图 10－6。

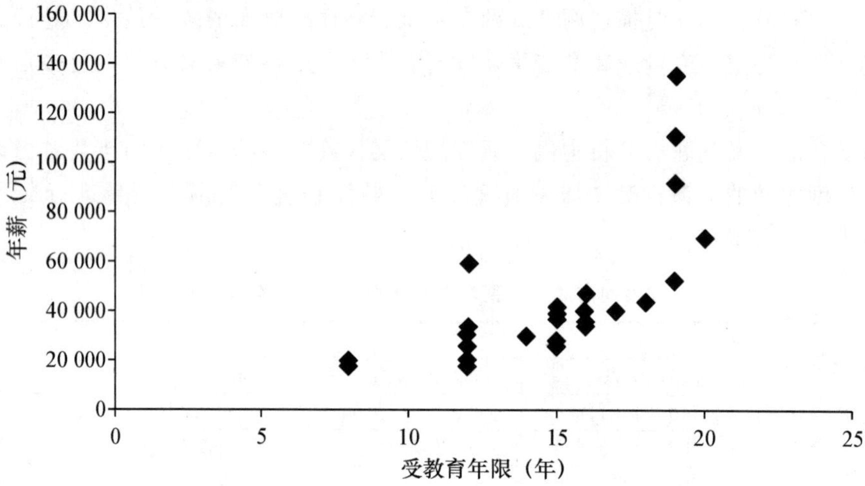

图 10－6　公司员工年薪和受教育年限的散点图

图 10－6 显示公司员工的年薪和受教育年限有正相关关系，即随着受教育年限的数值增加，员工的年薪也随之增长。此外两个变量的关系近似表现为一条曲线，即非线性相关。根据变量间关系的走向，相关关系可以分为正相关和负相关；根据变量间关系的形态，相关关系可以分为线性相关和非线性相关。

（2）相关系数。

相关系数（coefficient of correlation）是测度变量间关系密切程度的量。对两个变量间线性相关程度的度量称为简单相关系数。样本相关系数的定义公式为：

$$r=\frac{COV_{xy}}{S_xS_y}=\frac{\sum_{i=1}^{n}(x_i-\bar{x})(y_i-\bar{y})}{\sqrt{\sum_{i=1}^{n}(x_i-\bar{x})^2\sum_{i=1}^{n}(y_i-\bar{y})^2}}$$

式中，r 为相关系数；COV_{xy} 为协方差；S_x 与 S_y 分别为变量 x 和变量 y 的标准差。

Excel 中计算相关系数的函数为 CORREL（区域 1，区域 2），引用表 10－3 中公司员工年薪和受教育年限的数据，有 CORREL（B2：B31，D2：D31）＝0.695。

相关系数的取值范围在－1～＋1，即 $-1\leqslant r\leqslant +1$。如果 $0<r\leqslant +1$，表明 x 和 y 正

相关；如果$-1\leqslant r<0$，表明x和y负相关；如果$r=0$，表明x和y之间不存在线性相关关系；若$|r|=1$，表明x和y完全相关，y的取值完全依赖于x。根据经验，可以将（-1，$+1$）之间的r分为以下几种情况：若$|r|\geqslant 0.8$，则认为x和y高度相关；若$0.5\leqslant |r|<0.8$，则认为x和y中度相关；若$0.3\leqslant |r|<0.5$，则认为x和y低度相关；若$|r|<0.3$，则认为x和y之间的相关程度极弱，可视为不相关。

需要注意的是，在市场调查分析中，如果仅凭r的值来解释变量间的关系，有时可能得出不切实际的结论。例如，$r=0$只表示x和y之间不存在线性相关关系，并不是说x和y之间不存在任何关系，它们之间可能存在非线性关系；r的大小可能受极端值的影响，不能准确度量变量间的关系，如多数观察值存在线性相关，但个别极端值使数据呈非线性相关；r所表现的相关程度同样本数据的时间范围有很大关系，在不同时间段，变量间的相关性可能不同；用样本数据计算的r带有一定随机性，尤其样本量较少时，可能出现虚假相关。因此，实际应用r时，必须对它的显著性进行检验。

此外，可以用斯皮尔曼（Spearman）相关系数r_s测定两个定序变量等级相关程度，其公式为：

$$r_s=1-\frac{6\sum d_i^2}{n(n^2-1)}$$

式中，n为划分的等级数；d_i为两种排序的等级之差。

与简单相关系数r类似，r_s的取值范围在$-1\sim+1$，即$-1\leqslant r_s\leqslant+1$。$0<r_s\leqslant+1$，表明两种排序正相关；$-1\leqslant r_s<0$，表明两种排序负相关；$r_s=0$，表明两种排序之间完全不相关；$|r_s|=1$，表明两种排序完全相关。

10.3 多元统计分析

10.3.1 聚类分析

聚类分析（cluster analysis）是指依据某种准则对个体（样品或变量）进行分类的一种多元统计分析方法。比如在一项全国范围的市场调查中，需要对我国32个省、自治区、直辖市的经济发展状况进行分析。一般不是逐个省、自治区、直辖市去分析，较好的做法是选取能反映经济发展状况的有代表性的指标，如国民生产总值（GNP）、工农业总产值、第三产业比重、固定资产投资额、人均国民收入、城市和农村平均每人月收入及通货膨胀率等指标，根据这些指标对32个省、自治区、直辖市进行分类。然后依据分类结果，对经济发展情况进行综合评价。

1. 聚类分析在市场调查中的应用

聚类分析作为一种重要的统计分析工具，广泛应用于经济、管理、人口研究、医学、地质、生态、气象等各个领域。在市场研究中，聚类分析可用于以下分析。

（1）市场细分。

例如可以根据消费者购买某产品的目的将消费者分类，这样每个类别内的消费者在购买目的方面是相似的。

（2）了解购买行为。

聚类分析可以将购买者分类，这样有助于分别研究各类购买行为。

（3）开发新产品。

对产品与品牌进行聚类分析，把它们分为不同类别的竞争对手。在同一类别的品牌中比其他类的品牌更具竞争性。公司可以通过比较现有竞争对手，明确新产品的潜在机遇。

（4）选择实验性市场。

通过把不同城市分类，选择具有可比性的城市检验不同营销策略的效果。

（5）简化数据。

聚类分析可以作为简化数据的工具，它所建立的分类数据或子类数据比个体数据更易于管理与操作。许多多元分析都是针对各个类的数据而非个体数据。例如，要描述消费者对产品使用行为的不同，可能得先把消费者分类，再通过多元判别，分析比较不同类之间的差别。

2．聚类分析的基本原理

对于 p 个变量的 n 组样品数据 X_{i1}，X_{i2}，…，X_{ip}（$i=1$，2，…，n），利用聚类分析可以对样品进行聚类（称为 Q 型聚类），也可以对变量进行聚类（称为 R 型聚类）。例如，以全国 32 个省、自治区、直辖市作为样品（$n=32$），选择若干具有代表性的统计指标，把这些省市自治区分为几类，即为 Q 型聚类法。如选取若干企业的指标值对这些指标进行分类，即为 R 型聚类法。

聚类分析方法多种多样，有系统聚类法、样品聚类法、动态聚类法、模糊聚类法、图论聚类法以及聚类预报法等。下面介绍的是最常用的系统聚类法，其基本原理为：

首先，在要进行聚类的样品或变量之间，定义一种能够反映它们之间亲疏程度的量。

常用的方法有两个：距离和相似系数。距离常用来对样品进行分类，它把样本中的每个样品看成 P 维空间的一个点，并在空间定义距离，距离较近的点归为一类，距离较远的点归为不同类。相似系数常用来对变量进行分类，性质越相近的变量，相似系数的绝对值越接近 1，反之越接近 0。将相似系数较大的变量归为一类，相似系数较小的变量归为不同类。

其次，以这些量为聚类的依据，将一些相似程度较大的个体聚合为一类，另一些彼此之间相似程度较大的个体聚合为另一类……最终将关系密切的聚合到一个小的分类单位，关系疏远的聚合到一个大的分类单位，直到将所有的个体都聚合完毕，形成一个由小到大的分类系统。

最后，将所有个体都聚合完毕后，把聚类过程画成一张图表示出来（聚类图或谱系图），以直观表现各个体之间的亲疏关系。

3．聚类分析的基本步骤

（1）确定问题。

其中最重要的部分就是选取变量，一般说来，选择的变量应能描述对象在所研究问题方面的相似性。变量的选择应建立在以往的研究、理论与假设基础之上。

（2）选择距离或相似系数的测度。

距离的类型有多种，目前使用最多的是欧氏距离或欧式距离的平方。使用不同的距离测度，可能导致不同的聚类结果。因此，可以使用不同的距离，再比较其结果。

（3）选择聚类方法。

由于类与类之间定义距离的方法不同，系统聚类法也有多种。例如最短距离法、最长距离法、中间距离法、重心法、类平均法、可变类平均法、可变法、离差平方和法等。选用不同的聚类方法，结果可能不完全相同。

（4）决定类别个数。

对于类别个数的确定，并没有硬性的规定，可以参照理论、概念或实践上的考虑，在系统聚类中可以类间距离为分类标准，而且应保证类别内个体的个数有一定意义。

（5）描述与解释各个类别。

检验各类在各变量上的均值（可以借助判别分析），为各个类别命名。有时也可以使用并没有参加聚类的变量对类别进行解释，可以通过方差分析与判别分析确定这些变量在不同类间是否显著不同。

（6）评价聚类的有效性与准确性。

在接受聚类结果之前，必须对它的有效性与准确性进行检验。正式的评估方法非常复杂，我们可通过以下方法检查聚类结果的质量：

1）使用不同的距离测度或不同的聚类方法对同样的数据进行聚类分析，比较结果来看其稳定性。

2）把数据随机分为两份，分别对其进行聚类分析，比较其结果。

3）随机剔除一些变量，再进行聚类分析，将其结果与原结果进行比较。

4. 聚类分析的案例

例如，要对消费者购物的态度进行分类，在前期研究的基础上，确定6个态度变量。每个消费者要对有关购物态度的6个观点进行评价（采用7级量表，1表示非常不同意，7表示非常同意）（见表10-7）。

表10-7　　某消费者调查的消费者购物态度

V_1	购物很有趣。
V_2	购物不利于我的预算。
V_3	购物总是与上饭店吃饭联系在一起。
V_4	购物时我尽量买得最好。
V_5	我对购物不感兴趣。
V_6	购物时多比较价格可以节省很多钱。

在实践中，参与聚类的样本量一般都大于100。但这里作为示例，我们仅选用20位受访者的回答（见表10-8）。

表 10-8　　某消费者调查的样本数据

号码	V_1	V_2	V_3	V_4	V_5	V_6
1	6	4	7	3	2	3
2	2	3	1	4	5	4
3	7	2	6	4	1	3
4	4	6	4	5	3	6
5	1	3	2	4	6	4
6	6	4	6	3	3	4
7	5	3	6	3	3	4
8	7	3	7	4	1	4
9	2	4	3	3	6	3
10	3	5	3	6	4	6
11	1	3	2	3	5	3
12	5	4	5	4	2	4
13	2	2	1	5	4	4
14	4	6	4	6	4	7
15	6	5	4	2	1	4
16	3	5	4	6	4	7
17	4	4	7	2	2	5
18	3	7	2	6	4	3
19	4	6	3	7	2	7
20	2	3	2	4	7	2

采用欧氏距离平方作为距离测度，选用离差平方和聚类方法（Ward 法），结果见表 10-9 和图 10-7。

表 10-9　　聚类的结果

类别号	样本号
1	1，3，6，7，8，12，15，17
2	2，5，9，11，13，20
3	4，10，14，16，18，19

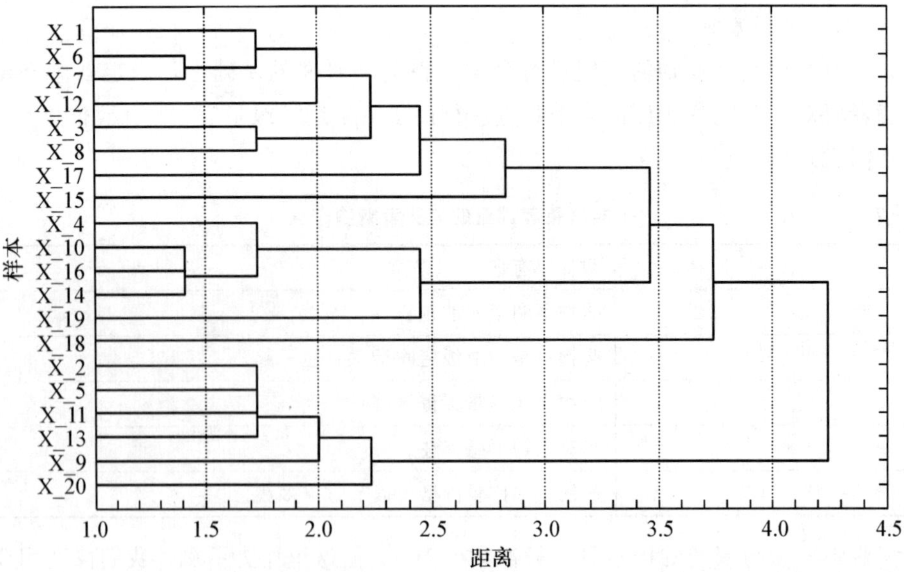

图 10-7　聚类图

比较各类别的消费者对 6 个态度变量的评价（见图 10－8）：

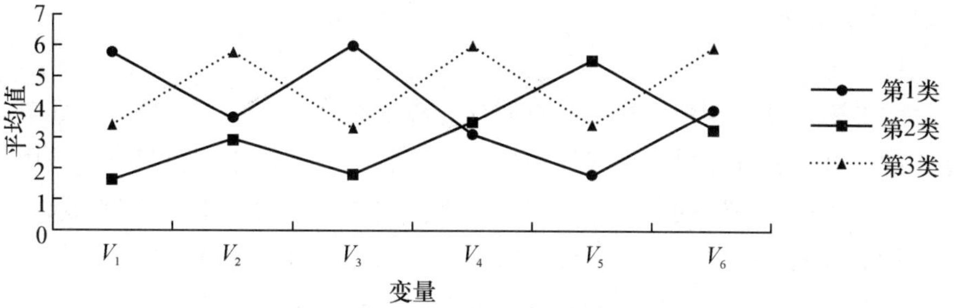

图 10－8　各类样本均值

第 1 类消费者对于 V_1 和 V_3 的评价相对较高，而对 V_5 评价较低，因此可以称其为"热情的购物者"。

第 2 类消费者正好与第 1 类相反，对于 V_1 和 V_3 的评价相对较低，而对 V_5 评价较高，因此可以称其为"冷淡的购物者"。

第 3 类消费者对于 V_2，V_4 和 V_6 的评价相对较高，因此可以称其为"经济型购物者"。

值得指出的是，将聚类分析与其他方法联合起来使用往往效果更好，比如，聚类分析常常与因子分析一起综合运用，可有效地解决多变量的统计分析问题。

10.3.2　判别分析

判别分析（discriminant analysis）是判别样本所属类型的一种多元统计方法，在生产、科研与日常生活中经常用到。例如，在天气预报中根据气温、气压、温度等气象因子来预报明天的天气是晴天、阴天还是下雨。医生可以根据体温、血压以及各项检验指标来判断病人的病情。经济研究者根据经济、政治、科技、军事、人口、资源等多种指标来判断国家的竞争力。在市场调查研究中，市场调研人员可以根据调查数据，判断产品是畅销、销售一般还是滞销。

1．判别分析在市场调查中的应用

例如，分析某品牌的购买者与非购买者之间有什么差别；从人口统计和生活方式看，对某新产品有较高购买可能性的客户与有较低购买可能性的客户之间的区别；从人口统计和生活方式看，经常光顾某快餐厅的顾客与经常光顾竞争对手快餐厅的顾客之间有何区别；已经选购不同品牌商品的顾客在使用、感知和态度上有何不同；等等。

2．判别分析的原理

判别分析就是在已知研究对象分为若干类型（组别）并已经取得各种类型的一批已知样品的观测数据基础上，根据某些准则建立起尽可能把属于不同类型的数据区分开来的判别函数，然后用它们来判别未知类型的样品应该属于哪一类。

根据判别的组数，判别分析可以分为两组判别分析和多组判别分析；根据判别函数的形式，判别分析可以分为线性判别和非线性判别；根据判别时处理变量的方法不同，判别分析可以分为逐步判别、序贯判别等；根据判别准则的不同，判别分析有距离判别、

Fisher 判别、Bayes 判别等。

3．判别分析的基本步骤

（1）问题的界定。

首先要明确研究目标、判别变量与自变量。判别变量必须是分层变量，如果因变量是定距或定比的，可以通过分层转换成分类变量。然后，把样本分为两部分，其中一部分称为分析样本，用于估计判别函数；另一部分称为验证样本，用于检验判别函数的有效性。如果样本容量足够大，可以把样本平分为两部分。先由一部分作分析样本，另一部分作验证样本；然后互换角色，再分析一次。这种方法称为双重交互确认。此外，我们还可以重复多次进行判别分析，当然每一次样本的划分都不相同。这样经过多次实验，可以验证判别分析的有效性。

分析样本和验证样本的分布与总样本的分布应该是一致的。例如总样本中含有70%的忠实消费者和30%的非忠实消费者，则分析样本中与验证样本中也都应该有70%的忠实消费者和30%的非忠实消费者。

（2）估计。

一旦分析样本准备完毕，我们就可以估计判别函数系数。根据判别准则的不同，判别方法有多种，下面我们仅介绍常用的距离判别、Fisher 判别和 Bayes 判别的基本思想。

1）距离判别。首先根据已知分类的数据，分别计算各类的重心，即分组均值。判别准则是对于任何观测值，若它与第 i 类的重心距离最近，就认为它来自第 i 类。

2）Fisher 判别。其思想是投影，将 k 组 p 维数据投影到某个方向，使它们的投影组与组之间尽可能分开。它借助方差分析的思想来构造判别函数 $y=c_1x_1+c_2x_2+\cdots+c_px_p$，其中判别系数确定的准则是使组间区别最大，组内离差最小。

3）Bayes 判别。假定对研究对象已有一定的认识，已知各总体的先验分布，判别准则是新样本属于该总体的条件概率最大，有时也使用把新样本归于该总体错判的损失最小。

（3）显著性检验。

如果估计的判别函数是不显著的，也就是各组的判别函数的均值差异不显著，那么其结论是没有意义的。

（4）对判别系数进行解释。

（5）有效性检验。

如前所述，数据被随机分为分析样本和验证样本两部分，利用分析样本估计判别系数后，通过验证样本回代的准确率来判断其有效性。

注意，参与构造判别函数的样本个数不宜太少，否则会影响判别函数的有效性。自变量的选择直接影响判别分析的成败，因此选择自变量时一定要慎重筛选出对分类特别重要的变量。此外，构造判别函数的指标不宜太多，否则使用不方便，而且会影响预报的稳定性。

4．判别分析、回归分析和方差分析

判别分析、回归分析和方差分析这三种方法都涉及一个因变量与多个自变量之间的关系（例如，研究购买人寿保险的数量与年龄和收入的关系），但是不同方法中变量的性质是不同的。在回归分析和方差分析中，因变量是定距或定比的（例如购买人寿保险的总额），而在判别分析中，它是定类或定序的（例如购买人寿保险的数量是高、中还是低）。在方差分析中，自变量是定类或定序的（如收入被分为高、中和低），而在回归分析与判别分析中，自变量是定距或定比的（如年份与收入额）。两组判别分析（判别分析的因变量只分为两类）与多元回归关系比较密切。多元回归的因变量是 0－1 变量时，其偏回归系数与判别方程系数是成比例的。

10.3.3 因子分析

因子分析（factor analysis）的目的是使数据简单化，它是将具有错综复杂关系的变量综合为数量较少的几个因子，以再现原始变量与因子之间的相互关系，同时根据不同因子，对变量进行分类。这些因子是不可观测的潜在变量，而原先的变量是可观测的显在变量。因子分析最早用于解决心理学与教育学方面的问题，后来广泛应用于社会学、经济学、考古学、生物学、医学、体育学和地质学等领域。

1. 因子分析在市场调查中的应用

(1) 消费者使用习惯和态度研究。

对消费者对产品态度的探查往往需要使用因子分析探查影响消费者产品态度的基本因子，在此基础上利用各因子进行聚类分析对消费者群进行细分，从而达到市场细分的目的。例如，根据因子分析，不同购买者对汽车的经济、便利、功效、舒适与豪华程度的要求不同，从而把汽车购买者分为追求经济型、追求便利型、追求功效型、追求舒适型和追求豪华型等。

(2) 产品研究。

在产品研究中，经常涉及品牌形象和产品属性，因子分析在品牌形象和特性研究中作用重大。例如顾客是如何评价银行的呢？对 15 个有关银行特性的变量的因子分析结果表明，传统服务（包括贷款利率、社会声望等）、方便性（包括服务速度、ATM 机的位置等）、可见度（包括亲友推荐、社会活动的参与度等）以及能力（包括雇员能力、辅助服务可得性等）是评价银行时所使用的四个评价因子。

(3) 广告研究。

在广告研究中，因子分析可帮助认识目标市场接触媒体的习惯。

(4) 价格研究。

在价格研究中，因子分析可用于寻找价格敏感型消费者的特征。例如，这些消费者可能属于办事有条理、注重经济、以家庭为中心的人。

(5) 满意度研究。

满意度研究中同样可能需要使用因子分析对顾客态度进行探查，以寻求影响顾客满意度评价的基础因子。

2. 因子分析的类别及原理

因子分析可以分为 R 型因子分析和 Q 型因子分析。R 型因子分析是研究指标（变量）

之间的相互关系，通过对变量的相关系数矩阵内部结构的研究，找出控制着所有变量的几个主因子。Q 型因子分析是研究样品之间的相互关系，通过对样品的相似系数矩阵内部结构的研究，找出控制着所有样品的几个主因子。其主要思想是一致的，都是将观测变量（样本单位）分类，把相关性较高的变量（样本单位）分在同一类，不同类的变量（样本单位）之间的相关性较低。这样，每一类的变量（样本单位）就代表一个因子，以反映问题的一个方面，或者说一个维度。用数学模型表示如下：

$$x_i = a_{i1}F_1 + a_{i2}F_2 + a_{i3}F_3 + \cdots + a_{im}F_m + a_i\varepsilon_i, \quad i = 1,2,\cdots,p$$

从形式上看，上述模型与回归模型比较相近，但参数的意义与自变量的性质都不一样。式中的参数 α_{i1}，α_{i2}，…，α_{im} 称为因子载荷系数，其意义就是第 i 个观测变量与第 j 个公共因子的相关系数，即 x_i 依赖 F_j 的比重。自变量 F_1，F_2，…，F_m 称为公共因子或潜因子，是不可观测的潜在变量。而且 F_1，F_2，…，F_m 之间是不相关的。通过以上模型，以因子 F 代替原变量 X，由于 $m<p$，从而可以简化变量。

3. 因子分析的基本步骤

（1）问题的界定。

首先要明确研究目标，必须在前期研究、理论与研究者判断的基础之上，选择参加因子分析的变量，而且这些变量必须是定距或定比变量。要保证一定的样本容量，一般观测值至少应是变量个数的 4～5 倍以上。

（2）建立相关系数矩阵，检查变量之间的相关性。

如果变量之间的相关系数都很小，可能不适于进行因子分析。我们期望变量间强相关，这样它们也会与相同的因子强相关。

（3）选择因子分析的方法。

抽取因子的方法较多，主要有主成分法、主因子法、最大似然法、未加权的最小二乘法、一般的加权最小二乘法、印象因子分析法、α 因子分析法、最小残差法、典型极大似然法等。据研究，在样本含量很大，变量数也较大（大于 30），并且所有变量都没有低共同度的情况下（大于等于 0.4），不同方法的结果都大致相同。如果样本含量超过 1 500，则极大似然法给出的因子载荷估计最精确。

（4）确定因子个数。

可以根据以往的经验、变量共同度、方差贡献度以及显著性检验等方法来确定。因子分析的主要目的是用少数几个公共因子来阐释数据的基本结构。这既要求因子的数目减少，同时又要求保留的因子能够尽可能多地保留原来变量的信息，因此因子数目的选取也就比较讲究。

变量 x_i 的共同度即为因子载荷矩阵中第 i 行元素的平方和。用 h_i^2 表示：

$$h_i^2 = \sum_{j=1}^{m} a_{ij}^2, \quad i = 1,2,\cdots,p$$

共同度表明全部公共因子对变量 x_i 的总方差所做的贡献，即全部因子反映原始变量信息的百分比。h_i^2 越接近 1，说明该变量的几乎全部原始信息都被所选取的公共因子说明了，即保留原来的信息越多。对共同度与提取的因子个数作散点图，有助于选择因子个数。

公共因子的方差贡献 S_j 表示因子 F_j 对各变量所提供的方差贡献之总和，是衡量公共因子相对重要性的指标。

$$S_j = \sum_{i=1}^{p} a_{ij}^2, \quad j = 1, 2, \cdots, m$$

不同的问题对因子方差贡献的要求可能不同，但一般都要求所提取的公共因子的方差贡献应在60%以上。

（5）因子载荷矩阵的旋转。

得到初始因子载荷矩阵后，尽管它也反映因子与观测变量之间的关系，但是由于它所形成的因子与很多变量相关，很难对因子做出解释。因此需要对因子载荷矩阵进行旋转，在不影响共同度和全部所能解释的方差比例的条件下，使某些变量在某个因子上的载荷较高，而在其他因子上的载荷则显著地低，从而易于解释每个因子所代表的实际意义。因子载荷矩阵旋转方法很多，最常用的是“方差最大正交旋转”（varimax procedure），即通过正交变换，使得各个因子负荷的方差达到最大，同时保持因子之间的不相关性。

（6）因子的解释。

通过在因子上载荷较大的变量，对其进行解释。

（7）计算因子得分。

因子分析的数学模型是将变量（样品）表示为公共因子的线性组合，由于公共因子能充分反映原始变量的相关关系，用公共因子代替原变量时，有时更有利于描述研究对象的特征，因此经常需要反过来将公共因子表示为观测变量（样品）的线性组合，即把因子表示为：

$$F_j = b_{j1}x_1 + b_{j2}x_2 + \cdots + b_{jp}x_p, \quad j = 1, 2, \cdots, m$$

这样就可以计算公共因子得分，从而可以在公共因子的空间中，按照各个变量（样品）的因子得分值标出其对应的位置，借助因子得分对变量（样品）进行解释。估计因子得分的方法很多，如加权最小二乘法、回归法等，其中常用的是回归法。

因子得分值可以用来代替原来的变量用于后续的统计分析。由于消除了相关性，为后续的统计分析方法的应用提供了较大便利。

10.3.4 对应分析

对应分析（correspondence analysis）是把 R 型因子分析与 Q 型因子分析结合起来，对变量与样品一起进行分类的一种多元统计方法。通过对应分析，可以把变量与样品同时反映到相同坐标轴的一张图形上，这样便于对变量和样品一起进行分类、作图和解释。如果将其中的样品也用变量代替，对应分析可以用于分析二维变量间的内在关系。例如，在市场研究中，我们经常使用交互列联分析，但如果列联表的行与列较多，即使通过检验证明变量间存在密切关系，也很难从表中分析它们之间的内在联系。使用对应分析可以反映行列变量之间的内在联系，变量划分的类别越多，这种方法的优势就越明显。而且，还可以通过多维散点图直观表现这些内在关系。

该统计研究技术在市场细分、产品定位、品牌形象以及满意度研究等领域的运用越来越广泛。例如在市场细分中，把品牌与消费者的年龄、职业和受教育程度进行交叉列联分析可以分析不同消费者对不同品牌的偏好；而在此基础上使用对应分析可以直观反映消费者背景（受教育程度、年龄、职业等）与各品牌之间，以及品牌与品牌之间、不同消费者之间的关系（见表10-10和图10-9）。

表10-10　品牌与消费者年龄、职业和受教育程度的交叉列联表

消费者属性	品牌				
	A	B	C	D	E
20～29岁	75	30	9	5	7
30～39岁	76	42	12	9	7
40～50岁	59	46	5	9	3
高中	119	68	11	14	11
大专	54	24	8	8	4
本科及以上	37	26	7	1	2
专业技术人员	46	25	6	2	2
机关事业单位干部	15	9	2	1	1
机关事业单位职员	12	8	2	3	4
企业管理人员	25	15	5	4	5
企业普通员工	55	30	5	6	1
私营业主	32	20	3	5	1
其他	25	11	3	2	4

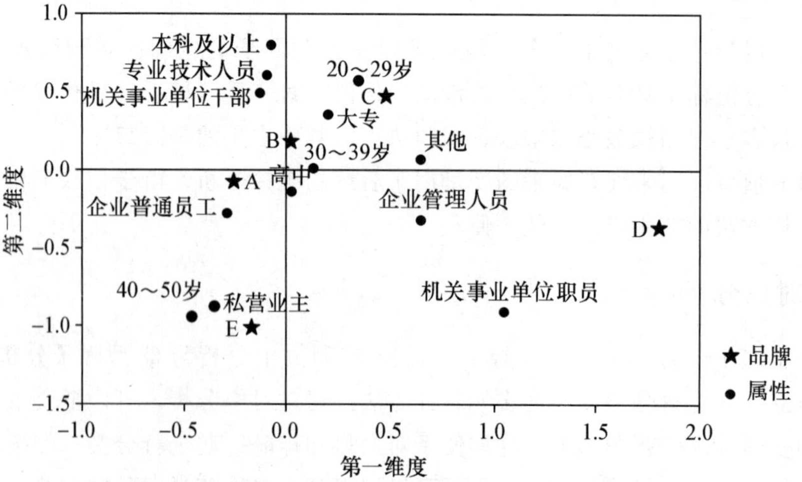

图10-9　品牌与消费者年龄、职业和受教育程度的对应分析示意图

从图10-9可以明显看出：品牌A，B，C与品牌D，E距离较远，说明品牌A，B，

C与品牌D，E之间有较大差异；机关事业单位职员与企业管理人员的品牌偏好有一定特殊性；20～29岁消费者更偏向品牌C；年龄在30～39岁、学历为高中的企业普通员工更偏向品牌A，B；40～50岁的私营业主偏向品牌E。

10.3.5 结合分析

结合分析（conjoint analysis）也是一种多元统计方法，在欧美广泛应用于市场调查。它假设消费者对产品或服务的偏好是基于多个因素的结合来判断的。因此这种偏好可以分解为对多个属性的偏好。结合分析方法可用于：确定消费者决策过程中各属性的相对重要性；估计在某一属性上处于不同水平的品牌的市场份额；确定最受欢迎的品牌的构成（即产品效用评价最高的属性）；将对属性水平的偏好相似的消费者归类，进行市场细分；等等。此外，结合分析的另一个优点是可以将研究结果做成市场模拟模型，并能很好地应用于未来。随着新竞争者的进入，新产品的问世，价格战的爆发及厂商广告策略的变动，市场也会随之发生变动。传统的研究方法是每当市场发生重大变动，就需要进行调查，来分析人们对这种变动的感受及它将如何影响人们的购买行为。使用结合分析，将改变的条件输入模拟模型，就可以得出人们对这些变动做出何种反应的预测。

进行结合分析的主要步骤为：

（1）界定问题。

研究者必须明确各属性与属性的水平。经验、管理直觉和定性研究是确定产品/服务主要属性所必不可少的。确定属性和属性水平非常关键，如果不能通过使用属性水平很好地定义产品属性，那么产品就不能被准确地模拟。属性过多会加重受访者负担，降低模型预测的精度；属性太少，会严重降低模型的预测能力，因为模型中丢失了一些关键信息。除了属性名单外，还必须考虑每个属性的水平等级。属性水平应该包含市场上现有的所有同类产品或者是不远的将来在市场上存在的产品。研究人员同样要在过多选择和过少选择中找到平衡点。

（2）构建属性组合。

主要有两种方法：两两比较法和全轮廓法。两两比较法也称双因素评价法，即受访者每次都评价两种属性，直到评价完所有的配对属性。对于每一对属性，受访者要评价两种属性各个水平的所有组合（排成矩阵形式，如表10-11所示）。全轮廓法又称多因素评价法，即对所有属性的各个水平的组合进行评价（每种组合做成单独的卡片，如表10-12所示）。如果组合太多不可能实施，可以采取部分因子设计方法来减少组合数目，使其达到一定的可接受范围，同时又保持属性之间的正交性。

表10-11　双因素评价法

		价格		
		1 000元	2 000元	3 000元
颜色	黑			
	白			
	棕			

表 10－12　多因素评价法

某种音响	
价格	2 000 元
产地	国产
颜色	黑
遥控装置	有

（3）确定数据的格式。

结合分析的数据可以是定序的也可以是定距的。可以要求受访者对各组合属性的产品进行排序，也可以让他们打分。

（4）选择估计结合分析模型的方法。

结合分析模型的一般形式为：

$$U(X)=\sum_{i=1}^{m}\sum_{j=1}^{k_i}a_{ij}x_{ij}$$

式中，$U(X)$ 为某种组合的效用；a_{ij} 为与第 i 种属性的第 j 个水平相关的效用（$i=1, 2, \cdots, m$；$j=1, 2, \cdots, k_i$）；k_i 为第 i 种属性的水平个数；m 为属性个数；

$$x_{ij}=\begin{cases}1,\text{给出第 } i \text{ 种属性的第 } j \text{ 个水平}\\0,\text{其他}\end{cases}$$

估计结合分析模型的方法较多，最简单且普遍使用的是虚拟变量回归方法。其他还有 MONANOVA，LINMAP 和 LOGIT 模型等。此外还要确定是对受访者个体进行分析，还是对总和水平进行分析。

（5）对结论进行解释。

（6）评估结合分析的有效性与准确性。

例如，对所估计的模型的拟合优度进行评价；再次收集数据进行分析，比较两次分析的结果；把样本分离，然后对子样本分别进行结合分析，把结果与原先的总和分析的结果相比较等。

10.4　调查结果的展示

市场调查结果的展示主要是通过市场调查报告来完成的。撰写调查报告是市场调查活动的最后一步。市场调查报告是市场调查活动的最终成果。与市场调查原始资料相比，市场调查报告不仅在形式上更便于阅读，而且在内容上更加深入，是原始调查数据中的规律性的体现。一份好的调查报告，能对企业的市场活动提供有效的导向作用，同时对各部门管理者了解市场、分析问题、制定决策等都起到积极的作用。

调查报告是用书面形式表达的语言，如果调查报告写得拙劣，那么即使设计并实施了很好的调查方案，得到了很好的原始数据，也会最终由于报告的问题使得整个调查工作黯然失色，甚至功亏一篑，前功尽弃。

10.4.1 市场调查报告的类型

市场调查报告形式多样，通常可分为书面报告（written reports）和口头报告（oral reports）两种。书面报告又可分为综合报告、专题报告、研究性报告和说明性报告等几种不同的类型。

1. 综合报告

综合报告是提供给用户的最基本的报告。这种类型的报告目的在于反映整个调查活动的全貌，详细地给出调查的基本结果和主要发现。因此，除了需要将统计处理数据的基本结果整理成大量的表格、图形外，报告主要包括以下几个部分。

（1）调查概况。

包括：调查目的和调查方针；调查内容和问卷设计；抽样方案和调查实施；数据的统计处理。

（2）样本结构。

包括：调查点的分布；调查对象的基本情况；样本结构；样本分布与总体分布的比较。

（3）基本结果。

这部分主要针对问卷中的内容，逐项给出调查结果，一般配合给出大量的统计图表以及简要说明。

（4）对不同层次调查对象的分析。

这部分是调查报告的重点，要针对调查对象的人口状况，即针对不同性别、不同年龄、不同文化程度、不同职业和不同收入等各种层次的调查对象，给出统计分析的主要结果。

（5）主要项目间的关联性分析。

这部分主要针对理论假设，对主要调查项目（变量）间的关联性、相关性做出判断，即这些项目间是相关的，还是独立的；如果是相关的，又是一种怎样的联系。

（6）主要发现。

这部分实际上是调查的小结，要说明通过调查及数据分析所得到的主要发现和几点结论性的意见，以供有关决策部门参考。

2. 专题报告

与综合报告不同，专题报告是针对某个问题或其侧面撰写的。例如，针对农村消费者问题、老年消费者问题，都可以分别写出专题调查报告。又如，在北京市女性化妆品市场调查中，可以围绕不同层次的女性用于购买化妆品的月平均消费额为主要内容，完成一个专题报告。

3. 研究性报告

研究性报告实际上也可以看成是某种类型的专题报告，但是学术性较强，需要进行更深入的分析研究，并要求从中提炼出观点、结论或理论性的东西。

4. 说明性报告

说明性报告也叫技术报告，即对调查中的许多技术性问题进行说明。例如，抽样方法、调查方法、抽样误差的计算、样本的加权处理以及数据的处理方法，等等。主要通过说明调查方法的科学性来肯定调查结果的客观性与可靠性。

10.4.2 市场调查报告的基本格式

调查报告的格式不是固定不变的，其具体结构、格式和风格、体例因调查项目的需要、调查者以及调查性质的不同而不同。但是，大多数正规的市场调查报告都有一个基本的格式，即包括开头部分、主体部分和附录部分等，每个部分又包括若干具体内容。以下所列的是一套可供参考的格式，准备报告时可根据具体情况，在此基础上增减。

1. 开头部分

开头部分一般包括封面、标题、信件、目录和摘要。具体来说：

(1) 封面（包括标题）。

(2) 信件。

1) 致项目委托人的信（可省略）。

2) 项目委托人的授权信。

(3) 目录。

1) 报告目录。

2) 统计表目录

3) 统计图目录。

4) 附件目录。

5) 展示品目录。

(4) 摘要。

1) 主要发现。

2) 结论。

3) 建议。

2. 主体部分（报告正文）

主体部分一般包括引言、调查方案设计、调查实施、数据分析、调查结果、局限性及必要的说明、结论和建议等几个部分。具体来说：

(1) 引言（问题的定义）。

1) 问题的背景。

2) 问题的表述（要达到的目标）。

3) 处理问题的基本途径。

(2) 调查方案设计。

1) 方案设计的类型。

2) 所需的信息。

3) 二手数据的收集。

4）原始数据的收集。

5）量表技术。

6）问卷设计及测试。

7）抽样技术。

（3）调查实施。

（4）数据分析。

1）数据分析方法。

2）数据分析方案。

（5）调查结果。

1）基本结果。

2）分组结果。

3）关联性分析结果。

（6）局限性及必要的说明。

（7）结论和建议。

3．附件部分

附件部分一般包括调查问卷、图、表、有关计算的细节或技术说明、参考文献等几个部分。

10.4.3 撰写市场调查报告的技巧

在市场调查报告中，所占篇幅最多的一般是调查结果部分。下面按照市场调查报告正规格式的顺序，分别对除调查实施外的每一部分的内容做简要说明。

1．封面

包括调查报告的标题，执行调查项目的研究人员或机构（名称、地址、电话），提交报告的人员或机构（名称、地址、电话），报告的提交日期等。

报告的标题一般要将被调查单位、调查内容明确具体地表示出来，如“北京市居民商品房需求情况调查”。还可采用正、副标题形式，一般正标题说明调查的主题，副标题则具体表明调查的单位和问题，如“××牌产品为什么滞销——对××牌产品销售情况的调查分析”。

2．信件

（1）致项目委托人的信。

正式的报告一般应有一封给用户的信，简要地总结受委托项目执行的全过程（不包括调查结果）。信中还应建议需要用户方所做的进一步行动，例如对调查中的发现制定相应的措施，对某些问题要做进一步的研究探讨等。

（2）项目委托人的授权信。

这封信是在项目开始之前用户给调查者（机构）的授权信。信中规定了项目的范围以及合同中的一些项目。很多时候只需在“致项目委托人的信”中提一下这封授权信就可以了；有时将授权信的复印件附在报告中是必要的。

3. 目录

目录应列出报告各部分或分部分的标题及其对应的页码。在多数报告中，目录部分只需包含大标题和小标题就可以了。目录的详细程度取决于报告的长度。若图表较多，报告目录之后还应有图表目录、附件目录和展示品目录等。

4. 摘要

摘要是调查报告中最重要的部分，是整个报告的精华。一般来说，高层领导或高层管理人员因为工作繁忙，往往只有时间读摘要部分，然后根据摘要，从正文中寻找需要进一步阅读的内容。因此，摘要应以较小的篇幅（一般不要超过三页）对调查报告中最重要的内容进行高度概括。

摘要是按照市场调查项目的顺序将问题展开，并阐述对调查的原始资料进行的选择、评价、得出的结论、提出的建议等。一般包括五方面内容。

(1) 调查目的。

简要说明调查的由来和委托调查的原因。

(2) 问题的描述。

简要介绍调查对象和调查内容，包括调查时间、地点、对象、范围、调查要点及所要解答的问题等。

(3) 处理问题的途径、所采用的方案设计。

介绍调查研究的方法有助于使人确信调查结果的可靠性，因此这部分应对所用方法进行简短叙述，并说明选用方法的原因。例如，是用抽样调查法还是用典型调查法；是用实地调查法还是文案调查法；等等。

(4) 主要发现。

(5) 结论和建议。

摘要的每一部分都要有一个小标题或关键词（短语），每段内容应当简洁精练，一般不要超过四句话。摘要应当能够使读者兴奋，引起他们的兴趣和好奇心去进一步阅读报告的其余部分。

写好摘要并不容易，但遵循以下四大原则会有帮助。

(1) 简洁清晰。摘要应是简短的，最多不超过三页 A4 纸；由于篇幅短小，表述应该简洁清晰。

(2) 概括全面。摘要必须概括出报告的完整内容。

(3) 重点突出。摘要应该告知读者所研究的核心问题，探索问题所采用的主要方法，以及对主要结果和结论的简要陈述。

(4) 客观准确。摘要是对报告内容的一份准确的简介，务必客观；摘要与研究报告所强调的重点应该保持一致。

5. 引言

引言即调查问题的定义。这部分给出调查问题的背景，并简要阐述调查项目；说明与决策制定者以及与行业专家讨论的要点、对二手资料的分析、所做的定性研究，以及所考虑的各种因素；对管理决策问题和实际调查问题做出清楚的描述。此外，还应说明处理问题的基本途径，讨论最后所采用的处理问题的途径以及达到这一结果的过程，并描述指导这一研究的理论基础、模型，研究的问题、理论假设以及影响方案设计的因素。

如果是更为偏重研究型的报告，还可以增加一个“文献综述”部分。文献综述的目的是向读者展示本研究主题已有的研究成果，有助于研究者进行研究设计，包括直接获得研究问题，提出研究的具体假说，明确研究方法以及数据收集技巧等。

6. 调查方案设计

这部分详细描述执行调查的具体方案，包括所采用方案的类型、所需的信息、收集的二手资料和原始资料、量表技术、问卷设计和测试、抽样技术等。这部分要用易于理解的方式来描述，要使用非技术性的语言。技术的细节说明可以用技术报告的形式放在最后的附件之中。这部分应该对所采用方法的可靠性和合理性做出详细的评估。

7. 数据分析

这部分描述数据分析的方案，说明所采用的方案及技术是正确的。分析的技术应当用简单的非技术性语言来描述。

8. 调查结果

这部分用来提出调查的发现，包括基本结果、分组结果和关联性分析结果等几方面。它是报告正文中最长的部分，一般要由几个章节构成。不但要逐题给出总的结果，还要按市场细分或所关心的人口特征（如年龄、性别、收入、职业等）给出分类的结果，以及项目间的相关关系结果。

这部分内容要紧紧围绕调查问题和所需的信息，按照调查目标的逻辑顺序来安排。说明应简单扼要，细节可用图表作为辅助，过于详细的图表可放入附录部分。

撰写调查结果时有两个要点。一是牢记这部分的主要目的是呈现研究发现的事实。也就是说，要明确区分研究结果和研究结论。在这个部分，目的是呈现结果，也即主要的研究发现，而将研究结论（也即基于发现事实所形成的判断）放在后续篇章。二是应该有一个清晰的逻辑结构来呈现研究结果。可以返回研究目的，以其指引呈现研究结果的顺序；或者按照研究的主题顺序报告研究结果；也可以根据重要程度递减的顺序呈现研究结果。

9. 局限性及一些必要的解释说明

应认识到，由于时间、预算以及其他组织上的种种限制，任何市场调查都会存在局限性，而且，所采用的研究方案也是有局限性的，各种方案都可能与某些类型的误差相联系，有些误差有可能是比较严重的。在这部分，应持公开坦诚的态度，指出调查存在何种局限性，资料收集过程存在什么问题，并简要讨论这些问题对结果的可能影响，目的是使报告的阅读者和使用者能够对调查结果做出自己的评估。

这部分的撰写应当细心谨慎，并且注意保持观点上的平衡。一方面，调查者应当把握住的是，管理决策人员不会过分依赖调查结果，不会将结果用于其他目的（例如将结果推广到其他总体）；另一方面，又要注意不要影响他们对调查的信任感或贬低调查的重要性。

10. 结论和建议

结论和建议是撰写综合分析报告的主要目的，包括对引言和正文部分所提出的主要内容的总结。仅将统计的结果总结出来是不够的，调查者应当按照定义的问题来解释统计结果，并从中提炼出一些结论性的东西。然后根据调查统计结果和结论，向决策制定者提出如何利用已被证明为有效的措施以及解决某一具体问题可供选择的方案和建议。结论和建议与正文部分的论述要紧密对应，不能提出无证据的结论，也不要进行没有结论性意见的论证。

有时候并不要求市场调查者提建议，因为市场调查者所做的项目只涉及一个领域，对较大范围的情况并不了解。如果要提建议，也应该是合理的、实用的、可行的，并且是可以直接用于管理决策制定的。

11. 附件

附件是指调查报告正文包含不了或没有提及，但与正文有关，必须附加说明的部分，它是对正文报告的补充或更详尽的说明。附件中包括所有技术性较强和细节性的材料，供那些关心调查技术方面内容的主管人员或专家阅读。通常有问卷、抽样方案、一些统计分析和计算的细节、一些技术问题的讨论、数据汇总表、原始资料、背景材料、必要的工作技术报告以及参考文献等。

要撰写好市场调查报告，必须了解市场调查报告的特点、撰写应遵循的原则，掌握整个调查报告的撰写步骤、调查报告的主要形式和一定的技巧，使市场调查报告在实际调查工作或理论研究中发挥应有的作用。

判断调查报告质量好坏的基本标准是该报告是否能与报告的阅读者顺利地沟通。为了达到顺利沟通的目的，在准备报告的过程中，必须始终考虑到阅读者对调查的技术方法是否理解，所关心的重点是什么，以及是否有足够的时间阅读报告等。总之，报告的写作者要时时考虑到客户的需要。

10.4.4 市场调查的口头报告

1. 口头报告的重要性及特点

在很多情况下，需要将市场调查报告的结果向管理层或委托者作口头报告。口头报告可以帮助管理部门或委托方理解书面调查报告的内容并接纳书面报告；同时，可以针对委托人提出的问题及时做出解答。口头报告对于迅速掌握和理解报告内容具有重要作用。

与书面报告相比，口头报告具有以下几个特点：

(1) 口头报告能用较短的时间说明所需研究的问题。

(2) 口头报告生动、具有感染力，容易给对方留下深刻印象。

(3) 口头报告能与听者直接交流，便于增进双方的沟通。

(4) 口头报告具有一定的灵活性，可根据具体情况对报告内容、时间做出必要的调整。

2. 口头报告成功的基本要素

口头报告具有一系列的优点，但能否发挥效果还取决于许多因素，其中心内容可以归纳为3P，即取决于你是否进行了充分的准备（prepare），是否进行了充分的练习（practice），以及是否进行了成功的演讲（perform）。具体来说：

(1) 按照书面调查报告的格式准备好详细的演讲提纲。

采用口头报告方式并不意味着可以随心所欲、信口开河。它同样需要有一份经过精心准备的提纲,包括报告的基本架构和内容。当然,其内容和风格要与听众的情况相吻合。这就要首先了解听众:他们的专业技术水准怎样?他们理解该项目的困难是什么?兴趣是什么?能认识多少?等等。

(2) 进行充分的练习。

在演讲时,经常会出现紧张。为减少紧张,可以采取做深呼吸和穿着舒适合身服装等方法加以缓解,但更重要的是做充分的练习,真正掌握演讲资料是减少紧张的有效途径。演讲中最紧张的时刻常发生在报告开始时,为减少心理障碍,尤其要注意练习报告的开头部分。

(3) 使 PPT 的运用成为加分手段。

PPP 演示文稿的制作和使用有几个要点。一是保持简单,不要包含太多的信息,以免听众偏离你的主要论点,也不应过多地使用图表、动画等。记得:简单即美。二是了解听众,根据听众的兴趣和关注点组织演示内容。三是给予听众消化时间,务必建立停顿,例如可以插入相关的奇闻逸事(或者笑话)突出演示中的重要部分,给予听众消化细节的机会。

(4) 善于借助图表增加效果。

"一张图表胜过千言万语。"在作口头报告时,要善于采用图表来辅助和支持你的演讲。应注意的要点是:第一,要使制作的图表显得十分重要和有权威性;第二,绝对保证图表都是清晰易懂的;第三,图表要有选择性,不要太多,一张图表上也不要有太多的内容;第四,可用不同的颜色来加强图表的沟通效果,但颜色不要太多;第五,图表可借助黑板、幻灯、录像和计算机等加以表现,选择什么可根据听众多少和会场设施而定,但要保证能使室内离你最远的人看清。

(5) 作报告时要充满自信。

有些人常在演讲开始时和过程中对其所讲的话道歉,这实际上是不明智的,是不自信的表现。一方面,暗示了你没有做出足够的努力准备你的演讲;另一方面,无谓的道歉浪费了宝贵的时间。

(6) 要使听众"易听、易懂"。

由于听比讲更难集中注意力,故要求语言简洁明了、通俗易懂,要有趣味性和说服力。如果你有一个十分复杂的问题需要说明,可先做一简要、概括的介绍,并运用声音、眼神和手势等变化来加深听众的印象。

(7) 要与听众保持目光接触。

演讲时要尽量看着听众,不要低头看讲稿或看别处,与听众保持目光接触,有助于判断他们对报告方式的喜欢或厌烦状况和对内容的理解程度。

(8) 回答问题时机的把握。

在报告过程中最好不要回答问题(有关演讲清晰性问题除外),以免出现讲话思路被打断、使听众偏离报告主题或造成时间不够等现象。在报告开始前可告知听众,你会在报告后回答问题并进行个别交流,注意不要忘记这一承诺。

（9）在规定的时间内结束报告。

口头报告通常有一定的时间限制，在有限的时间内讲完报告是最基本的要求。滔滔不绝的演讲不仅浪费听众时间，也影响报告的效果。

（10）口头报告结束后，还要请客户或有关人士仔细阅读书面报告。

10.4.5 市场调查报告中的制图技术

俗语说："一图值千字。"调查的结果，尤其是重要的结果可以用图形更充分有效地表达。统计分析有助于我们识别重要发现，图形则是将这些发现展示给客户的最好方法。几乎所有的电子图表软件都有强大的图形处理能力，使用户能轻松制作出花样繁多的图形。

在使用图表时，应记住，图表只是为了说明主题，并不能代替主题，更不是报告的装饰。在制作和设计图表时要注意以下几点：

（1）统计图表的使用目的是把统计资料简洁地表达出来，图表的内容应简明扼要，避免烦琐。

（2）图表的主题必须明白易懂，一目了然。

（3）每张图表都要有号码和标题，标题要简明扼要。

（4）要准确标明图表中有关栏目的名称和单位，尽量避免使用附加的图标说明，应将图标的意义及所表示的数量标记在对应的位置上。

（5）颜色和纹理的选择要有逻辑性，重要的部分应该用更突出的颜色、更粗的线条和更大的符号等来表示。

（6）度量单位的选择要适当，图形表现均衡，使所有的差异都是可视的和可解释的。

有时过于强调将图形放在事情发生的度量范围之内，就像是放大的照片那样，实际上是不恰当的，因为可能会导致误解。

（7）要注明资料来源，以便查对。

小　结

围绕不同的调查目的，针对不同计量尺度的市场调查数据，适用的统计分析方法是不同的。根据研究目的的不同，统计分析可分为描述统计分析和推论统计分析。前者着重于对数量水平或其他特征的描述，但不具有推断性质；后者主要用于通过对样本的研究推断总体，其结果不仅可用于描述数量关系，还可以推断总体，进行预测。

本章介绍的描述统计分析方法主要包括：描述集中趋势的平均数、中位数和众数；描述离散程度的方差和标准差、四分位差、变异系数、全距；描述单变量频数分布的频数表；描述两个或两个以上变量的联合分布的交叉列联表；以及研究变量间关系的相关分析和回归分析等。本章结合实际案例介绍了市场调查中常用的聚类分析、判别分析、主成分分析、因子分析、结合分析和对应分析等多元统计分析方法。

撰写调查报告是市场调查活动的最后一步，本章讨论了市场调查报告的主要内容、基本格式、撰写技巧以及制图技术等。

思考题

10.1　市场调查中常见的数据类型有哪些？举例简述其区别。

10.2　比较平均数、中位数和众数的异同。

10.3　某班学生共20人，其中男女生各10人，其统计学考试成绩见下表：

女生	87	81	96	93	85	12	100	45	50	81
男生	76	66	60	71	78	86	71	64	92	66

（1）将该班考试成绩数据分组，分为优、良、中、及格和不及格，编制频数分布表。

（2）编制学生性别和考试成绩等级的交叉列联表。

（3）综合运用所学统计方法，定量分析该班统计学考试成绩情况。

10.4　给定时期内价格和需求量的观察数据如下表所示：

价格 x（元）	10	6	8	9	12	11	9	10	12	7
需求量 y（吨）	60	72	70	56	55	57	57	53	54	70

（1）分析价格和需求量之前的相关关系。

（2）尝试建立 y 对 x 的线性回归模型，对模型进行估计和检验。

10.5　结合聚类分析、判别分析和因子分析的原理，分析这三种方法在市场调研中的应用。

10.6　调查报告的基本格式是怎样的？调查报告的摘要一般包括哪些内容？

10.7　市场调查口头报告的成功需具备哪些基本要素？

第11章 定性研究

11.1 概　　述

11.1.1 定性研究的定义

定性研究是指通过半结构化的讨论收集消费者的反馈，更深入地观察、理解和分析行为背后的原因和驱动力，进而提炼出对行业、市场、群体或个体的洞察。定性研究在社会科学和商业调查等多个领域都有应用，本章将以商业领域为主，了解定性研究如何帮助企业挖掘消费者的需求，进一步对品牌或产品进行更新迭代。

11.1.2 定性研究的特点和优劣势

表11-1比较了定性研究和定量研究的几个方面。

表11-1　　定性研究和定性研究的对比

	定性研究	定量研究
问题类型	探索性，难以量化，比如感知、动机、态度或者行为等“为什么”的问题	有限的探测性，易于量化，比如品牌使用、行为习惯等“是什么”的问题
样本设计	样本量较小 较严格的抽样配额 典型性	样本量较大 概率抽样 普适性
执行人员要求	使用半结构化的问题 并非简单的一问一答模式 需要充分理解受访者的心情和心理活动	使用结构化的，预先设定好选项的问题

续前表

	定性研究	定量研究
研究类型	解读、深度理解 提供假设、观点	描述性、广度理解 提供论据和结论
分析类型	直觉的、印象的	精准的、确定的

定性研究的结果通常是由预先设定抽样配额的小样本所决定，其结果更多是为企业提供消费者行为背后的驱动因素解读、行业或市场的趋势变化。

（1）问题类型：集中在探索性、难量化的消费者分析，如消费者行为背后的驱动因素解读，对行业/品牌/产品的态度，对品牌形象的感知以及形成路径等。尽管有行为等事实层级的信息收集，但相对定量研究解决“是什么”的问题，定性研究解决的是“为什么”的问题。

（2）样本设计：对于设定了严格抽样配额的小样本研究，样本构成一定程度上可以反映市场分布情况，但由于需要为研究目标服务，因此在样本设计中追求样本的典型性、代表性而非普适性。

（3）执行人员要求。主持人根据半结构化的讨论大纲与消费者沟通交流，访问过程强调与消费者的互动、基于回答的灵活调整，而非严格按照访问大纲上的问题一问一答。整体的研究执行过程是弹性的、逐步展开的，探索式的，对主持人的要求较高。

（4）研究类型。强调背后的分析、解读和深度理解与挖掘，为企业提供研究假设与观点，趋势和消费者需求洞察，有些时候可以将定量作为第二阶段的研究去验证定性的观点假设。通过大样本提供定性观点的论据。

（5）分析类型。研究结果的分析在很大程度上依赖于研究者的主观认识和专业视角的解读甚至直觉，是基于难以量化的、多层级的文本信息的提炼，不同于定量数据的精准，其分析解读相对确定。

11.2 应用领域

11.2.1 定性研究的适用领域

定性研究在商业调查中的适用领域包括但不限于如下方面：

（1）了解与倾听。定性研究可以使企业更充分地理解消费者的行为和态度，深入挖掘产品/服务使用行为背后的原因以及需求层级。随着市场研究的整体发展，越来越多的企业除了常规研究外，还会对目标用户群体的文化现象甚至社会现象进行研究，因此定性研究可以通过了解和倾听的方式更好地帮助企业实现基础性研究。

（2）决策路径还原。消费者决策过程一般比较复杂，难以量化，通过定性研究可以更好地还原整个过程，以及每个过程背后的原因和需求。

（3）品牌形象探索。对于了解一个品牌在消费者心目中的形象，定性研究是比较好的切入方式，也可以通过不同的技巧来实现品牌形象的描摹，如拟人法、派对狂欢等。

（4）产品或沟通内容创造。企业希望调查开发新产品的可能性，或者在进行新一轮传播活动之前想要了解消费者的需求，并针对已有的产品或沟通概念请消费者给一些建议的时候，可以采用定性研究的方式。

11.2.2 对定性研究的常见理解误区

不同于大众对定量研究相对普遍的了解和认知，对于定性研究一般存在六大误解。

误解一：定性研究只能挖掘深度、凸显特质，定量研究只是解释广度、普遍情况，如“要研究当前市场的情况和变化趋势，我们需要做一个大样本的定量研究，定性研究无法解释市场趋势这种普适性研究”。

这是一种常见的对定性定量的二元对立误解，实际上，定性研究也可以总结普遍情况，如消费者行为习惯与态度研究；同时也适用于探索性、趋势性的研究，如对某一行业的趋势预判，以解释广度；帮助筛选、厘清后期定量研究的范畴，如概念、广告、包装、产品名测试等。

误解二：定性研究样本量太小，不具有代表性，所以结果并不准确、可信，如“要研究消费者的行为习惯，我们只能做定量抽样调查，才能反映出消费者的真实情况，定性研究能覆盖的样本量有限，结果不够可信”。

这也是一种常见误解，不同于定量大样本研究的对较广泛群体的描述性，定性研究的角色确实更多是深度理解和挖掘洞察。不过由于其样本的选取遵循了一定的抽样配额，能够在一定程度上反映市场的构成，具备典型性；同时在需求挖掘、驱动分析方面，定性研究能够提供比定量研究更“可信”和更有启发性的发现；大样本数据可以提供现象的事实化呈现，却难以提供现象背后的原因解释。

误解三：定性研究等于小组座谈会或深访。

小组座谈会和深访是最常用的两种定性研究方法，而实践中的定性研究方法多种多样，随着时代的变迁不断衍生出新的研究方法，如微信群讨论、网上互动社区、日记剪贴簿、民族志、工作坊、移动屏幕追踪等，具体内容将在下一节详细介绍。每个人日常生活中的观察、沟通、互动、分析，从一定意义上讲也是定性研究。

误解四：定性研究只适用于探索消费者复杂、内在的心理活动与感受，如“定性研究像心理学一样，就是主持人和受访者一样解读自己行为背后的心理驱动与细微的情绪感知”。

定性研究是在寻找理所当然的事实、现象之间的联系，进而提炼洞察。好的定性研究主持人应该令被观察者“做自己”，讲述和还原最真实、自然的行为、看法，而非一味进行自我“诊断”。

误解五：定性研究是一个技巧至上的工作，投射技巧非常重要，如，“每一场座谈会我们都需要设计丰富的游戏环节，才能获得更真实、生动的输出”。

创新的研究技巧的确可以让执行过程更有趣、输出更丰富，但投射只是定性研究中一种常用的技巧，这些技巧本身只是挖掘、收集消费者观点的一种直观手段，更重要的还是研究者对所收集到的信息的分析与解读。

误解六：定性研究的成败由主持人决定。

主持人尽管在定性研究中扮演了非常重要的角色，但在整个研究过程中，只占到30%左右的重要程度，还有20%来自研究项目的整体设计和招募的受访者的质量，这决定了研究者所能收集到的信息的丰富度和质量，余下的50%则来自对所收集信息的有效分析和深入解读。

11.3 研究方法设计

目前常用的定性研究方法包括焦点小组座谈会、深度访谈、民族志、工作坊、日记剪贴簿、网上互动社区和移动屏幕追踪七种，前四种方法的使用频率和应用范围相对更广，后三种方法常作为辅助方法使用。

11.3.1 焦点小组座谈会

1. 焦点小组座谈会的定义

焦点小组座谈会（focus group discussion），简称为小组座谈会。标准的小组座谈会是指符合一定条件的6～8名受访者，在2小时左右的讨论时间里，按主持人依照预设的讨论流程（即半结构化的讨论大纲）所引导的话题，发表自己的看法并交换意见。

根据研究目的的不同，参会人数和讨论时长可以灵活调整，如时长在2.5～3小时之间的超长小组座谈会，4人组的小型座谈会，成对的小组座谈会（如两对夫妻，即4个人对房产这个话题进行讨论），3人的三角形座谈会和二次召集小型座谈会等。

讨论通常在设置了单面镜的特定场地进行（见图11-1），观察方（一般为企业市场部或品牌/产品相关人员）坐在单面镜后方，实时观察主持人与受访者（即符合条件的消费者）的讨论过程，受访者不会被观察方的存在所干扰，可以给出更真实自然的反馈。

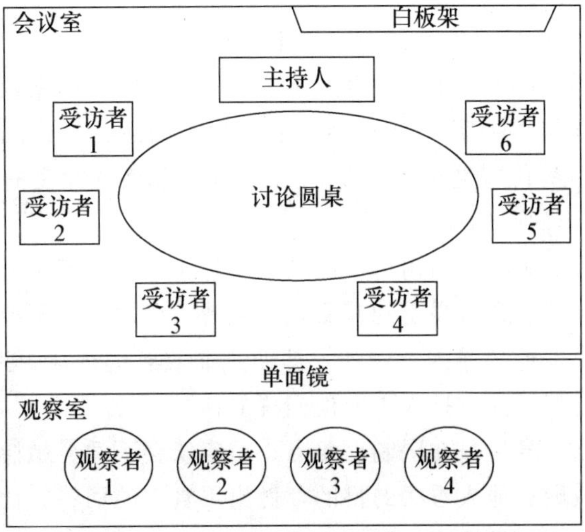

图11-1 焦点小组座谈会执行场地示意图

2. 焦点小组座谈会适用的研究领域类型

焦点小组座谈会广泛用于商业调查中各类适用于定性调查的领域。其中包括对消费者的洞察研究，收集消费者语言，对产品/品牌的创意提供发展和改进启发，收集消费者对测试对象的反馈等；同时也可以为后期定量研究的大样本验证提供素材，如输出定性研究的分析假设以及问卷的具体选项内容等。

3. 焦点小组座谈会的优缺点

(1) 优点。

- 执行速度快。由于同一时间内访问了多位受访者，因此数据收集的过程相对较短。
- 促进讨论的协同效应。在小组座谈会中常常会有一种“滚雪球”效应，即一个人的评论会引起参加者的连锁反应。适应了群体讨论后，受访者会感到比较舒服和有“安全感”，更愿意表达观点和感情；随着小组中对所谈论问题的兴奋水平的增加，受访者的表达意愿会进一步增强。
- 多元化和易于对比或概括性信息。通常在一组座谈会中会根据招募要求，按配额招募几类典型的消费者，因此不同类型的消费者贡献出的信息更加丰富，可以清晰地看到不同类型消费者之间的共同点和不同点；同时，与一对一的访问相比，受访者之间的互动更能激发新的思考和想法。
- 更生动和直观。客户可以在单面镜后观察消费者，直接接触到消费者的想法和观点，快速获得第一手消费者信息。实际工作中，客户方能够直接接触到消费者的机会并不多，而焦点小组座谈会提供了这个机会，让一些只专注于生产和设计的人也参与观察焦点小组座谈会，从而直接得到消费者的想法，更直观地了解消费者的需求，获得最迫切需要的信息。

(2) 缺点。

- 信息可能不准确。由于处于6～8人的共同讨论环境中，受访者在众人面前可能有“表演”的成分，其提供的信息有可能夸大或不准确。
- 讨论过程可能会有偏差。如果一组讨论内有“主导型/意见领袖型”的受访者，则其他受访者会容易受到其“威慑”，无法轻易表达自己的意见，或沉默甚至故意顺从主导型受访者的意见。在一些特殊情况下，受访者之间会有意见冲突的情况。这些现象都能“淹没”某位受访者提出的有远见的想法。
- 容易受到主持人的影响。组内讨论的结果质量十分依赖于主持人的整体控制和追问挖掘方式，受访者的观点非常容易受到其影响。主持人必须注意不要带有偏见，其个人风格可能是导致研究结果偏差的原因。例如，即便是非故意的进攻逼迫式或诱导式的风格，也可能令受访者说些他们认为主持人想要他们说的话。
- 讨论话题和受访者身份存在限制。焦点小组座谈会不适合敏感性问题的讨论，受访者可能出于保护自己或顾忌他人看法的目的，做出不真实的回答。比如对于特殊身份人士的研究就不适合应用焦点小组座谈会这一方法。
- 分析难度大。半结构化的讨论流程，多人回答的无结构性，使得收集到的信息是凌乱的，后期的编码、分析和解释都很困难。

11.3.2 深度访谈

1. 深度访谈的定义

深度访谈（in-depth interview），是指以主持人与受访者直接的，通常是一对一的形式进行深入访问的研究方法。根据访问形式的不同，深度访谈可以分为面对面直接访问、电话访问等形式。访问时长一般在 1～2 小时，根据研究目的可以灵活增减访问时间。

与焦点小组座谈会类似，深度访谈也是一种半结构化的访问，但更强调对单个样本/受访者的深度讨论与理解，可以更好地理解消费者的行为和态度与个人背景之间的关系，个案性更强。

2. 深度访谈适用的研究领域

深度访谈主要用于获取对问题的深层理解和结构或过程的还原等。通常是用于访问难以通过常规调研方式接触到的受访者，比如高档产品或新兴领域产品的使用者；或者涉及某一专业领域的内容，如研究中某一渠道或领域的专家；也可能涉及隐私话题，如敏感身份者。另外，由于一对一的访问能够细致深入地理解个人的观点和想法、回忆过程和步骤，也特别适用于研究诸如购买决策过程、使用过程的还原等方面。

3. 深度访谈的优缺点

（1）优点。

- 更易收集到真实信息。从受访者的层面，相比焦点小组座谈会，深度访谈消除了群体压力，每个受访者都更可能提供真实的信息，而不必只提供最容易被群体所接受的说法。一对一的交流使得受访者感到自己是关注焦点，个人的感受与想法是重要的，是被人真正期望了解的，从而更愿意表达自己的想法。
- 洞察更深入或具启发性。从研究者的层面，在单个受访者上所花费的时间比较长，能够不断鼓励他们吐露新的信息，从而更深入地探查受访者，揭示隐藏在表面陈述下的感受和动机。一对一的沟通也更容易激发偶然的思路和发散的思维方式，这通常能对主要问题提供补充性甚至启发式的重要洞察。近距离的接触也使得研究者对非语言的反馈更加敏感，通过观察和综合分析获取更深入的洞察。

（2）缺点。

- 成本高。深度访谈法通常比焦点小组座谈会的成本高。单位时间内只能访问一位受访者，执行和分析的时间都会更长，导致时间和经济成本增加。同时由于重视对单个样本的挖掘，对受访者的条件要求更高，招募难度普遍高于小组座谈会，也带来招募成本和时间的增加。
- 缺乏“碰撞”。相对于焦点小组座谈会中多位受访者之间的互动，深度访谈缺乏“碰撞出新想法”的机制，更多基于一位受访者的单一信息进行讨论。

表 11-2 是焦点小组座谈会和深度访谈的对比。

表 11-2　　焦点小组座谈会和深度访谈的对比

	焦点小组座谈会	深度访谈
讨论环境	受访者处于放松、无压力的环境	消除小组带来的压力 更和谐和令人信任的气氛，更容易启发受访者
讨论过程	观点交流，更多"火花"和创意 更丰富的信息，获取更多的词汇 获取消费者的相似性和不同	强调深度 细致理解过程和想法，如购买决策过程、使用过程等 更好地理解消费者的行为和态度与个人的背景之间的关系
可能出现的问题	主导型受访者，互相打架或跟从的现象，小组带来的压力，等等 不适合敏感性问题的讨论	信息单一
成本	节省成本和时间	成本较高 招募的难度高于焦点小组座谈会 执行和分析的时间更长

11.3.3　民族志

1．民族志的定义

民族志学可追溯到人类学家在 20 世纪初对于小型乡村社会（甚至是偏远地区）的研究。当时人类学家长期深入研究这些乡村社会的生活，记录下了他们的社会制度以及信仰体系。

如今在商业调查领域，民族志指的是在自然状态下的消费者行为研究，包括观察消费者的行为和物理环境，是一种沉浸式的研究方法。研究者不仅作为会提问的"访问者"，更直接观察、近距离地接触他们正在研究的人群，作为"参与其中的观察者"，民族志研究者还能利用他们与被研究者的密切关系来获得对文化和行为更为丰富与深入的理解。

在商业调查中，民族志的执行形式丰富多样，常见的形式包括家访、陪同购物、消费场景还原体验等。

民族志学，从本质而言，是一个特定的方法或多个方法的集合。在大多数情形下，民族志学者公开或秘密地深入现场工作（譬如，参与目标人群的日常生活），观察事件的发生过程，聆听目标人群的谈话，向目标人群提问，以收集任何能阐明研究重点的信息/数据。

2．民族志适用的研究领域

在定性商业调查中，民族志调研尤其适用于生活形态和价值观研究这类需要沉浸、深度理解的研究类型，也常用于产品使用和需求研究、购买行为研究、接触点探索/媒介消费以及创意产生和探索研究。

3．民族志的优缺点

（1）优点。

- 信息真实准确。相比焦点小组座谈会和深度访谈，民族志更基于"实验室"环境——

依赖于主持人的提问，受访者回忆作答；民族志的受访者的行为相对偏差更小，更即时和真实，因而可以更为准确地描述和还原他们的行为。民族志调研人员除了在不干扰受访者的情况下进行观察，还会在观察后或观察间隙积极地采访或与受访者讨论，在真实场景下，基于所观察到的内容，进一步沟通了解受访者的行为动因，因而能为调研人员提供更为丰富、即时的洞察基础。

• 研究者亲历。作为现场观察者，研究者自己的感受，譬如反应、情感、想法，也同时是研究获取的重要数据，只有研究者亲身经历这些过程后，相关的行为或态度才能被他们更好地理解。

• 发现隐性信息。在观察的过程中，研究者会发现一些隐藏的线索，是一问一答所难以收集的信息。这些隐藏线索被经验丰富的研究者所利用、加工、进一步发酵，不仅可以成为提问的基础，还可以进一步创造出新的启发性分析思路和内容。

• 数据丰富生动。采用拍照、录音以及录像等不同的记录手段，能为将来的分析报告提供更为丰富生动的呈现形式。

（2）缺点。

• 成本非常高。需要研究者投入大量的时间精力，单个样本的执行时间通常要占用半天甚至数天；同时民族志选取的样本需要更具典型性，代表某一类型的目标群体，通常是意见领袖型消费者，招募难度和成本是几种研究方法中相对最高的。

• 信息缺乏结构性。由于“观察”是这种方法的重要手段，访问只是其有效补充，因此对大量观察到的非结构性的信息，后期整理、分析的难度都很大。

• 主观性强。研究结果主要来自研究者的观察和记录，因此对研究者对所研究领域的熟悉程度、对人类学和社会学的理解程度以及对所观察的对象的敏感程度等各方面要求均较高。

11.3.4 工作坊

1．工作坊的定义

工作坊是一种极具灵感迸发性、创造性和启发性的研究形式。在商业调查中的工作坊，通常邀请数位意见领袖型消费者，与主持人一起在轻松的氛围下进行持续数小时的、不被打扰的头脑风暴。

为了保证讨论过程中受访者处于轻松且被鼓励的状态，工作坊场地通常选取咖啡馆或开放式的会议室等空间，具体参与讨论的人数根据具体需求一般在6～20人之间，同时允许多人作为“观察员”旁听。如果参与讨论的人数在10人以上，通常会在工作坊内部再进行细分。

2．工作坊适用的研究领域

面对消费者的工作坊适用于需要创造、创意输入相关的内容，譬如，包装设计、沟通/广告创意发展。同时，它还适合需要进行方向性探索的研究，譬如，品牌世界/调性解码、品牌/产品定位方向、品牌/产品命名方向等。

3．工作坊的优缺点

（1）优点。

工作坊的互动性强，不仅参与者之间有热烈的讨论，客户也可以坐在参会者旁边，共同参与讨论。

由于工作坊自由互动的性质，在这期间产生的想法和思想碰撞，对创意征集和方向性探索的研究贡献度非常高。

（2）缺点。

因为是创意类的研究，所以使用的刺激物较多，整体讨论流程复杂，时间也比较长，因而对参与者和主持人的要求较高，参与者需要时刻保持头脑活跃的状态，主持人要有很强的掌控力。如果参与者不是意见领袖型受访者，会直接影响工作坊的输出结果，出现贡献的创意和想法价值有限的情况。

11.3.5 其他辅助研究方法

焦点小组座谈会、深度访谈是最常用的定性研究方法，民族志和工作坊是相对更有启发性和创造性的方法补充。这些方法既可以独立完成研究目标，也可以在同一项研究中相互补充。以下将简要介绍几种通常作为辅助手段的研究方法，包括日记剪贴簿、网上互动社区和移动屏幕追踪，这些方法是在传统研究方法的基础上发展和演变而来的，部分方法还有效地借助了互联网的相关工具和特点，使得整体研究更完善和适应研究目标。

1．日记剪贴簿

日记剪贴簿（research diary）是定性研究中经常使用的一种辅助研究方法，常用于了解消费者的生活方式和态度、记录实际产品或品牌的选择、使用行为和习惯、媒体接触点和内容等方面。

日记剪贴簿作为焦点小组座谈会或民族志的前置补充，为后期的讨论或访问提供基础素材，一般不单独作为一种研究方法用于独立执行完成一项研究。消费者通过文字记录、图片补充等方式，填写研究者事先设计好的日记模板，形象、深入、多角度地展现自身的生活状态、产品使用等情况，还原一段周期内最真实、细节化的行为和场景。适应互联网兴起的趋势，目前的日记剪贴簿较少采用纸质方式，而是用电子版或在线方式，因此又称为数字化日志。

（1）优点。

受访者通过记录文字和补充图片的方式，能够更即时和细节地还原选择过程、使用行为和评价，通过图文并茂的方式进行展示，为研究者提供更为详细和有效的信息。

这些信息为研究者提供了具体、生动、真实的素材，为后期的焦点小组座谈会和研讨会做预热，并为座谈会和研讨会中的刺激物提供了丰富而实用的素材。因此可以成为之后深入了解受访者、进行进一步研究的坚实基础。

另外，有些受访者在焦点小组座谈会或深度访谈的环境下，受限于环境压力或语言表达能力，对一些态度和价值观的总结往往不到位，而通过日记这种形式，可以令其有思考、整理和总结的空间，也消除了其在他人面前表达的压力，可以获得更真实、丰富、有价值的结果。

(2) 缺点。

不同于几种常见研究方法中主持人的引导，受访者需要相对独立完成日记的填写，因此有可能会因为不了解题目设置的目的或意义，而不能给出高质量的答案甚至无法填写，这就需要日记的设计充分考虑受访者的情况进行更浅显、友好的设计，同时需要研究者在收到日记后花费时间和精力进行追问和补充填答。

2. 网上互动社区

网上互动社区是指受访者以参与网络论坛的形式，在指定的时间段内，以文字、图片、视频以及投票等多种方式进行在线讨论，主持人可随时与受访者进行互动提问。不同于其他研究方法的“一次性”，网上社区一般会持续数天，比如单独的研究主题一半会维持 2～7 天网上社区互动，有些企业对特定人群会建立一个长期活跃的社区，定期进行不同主题的讨论。

近年来，随着微信的普遍使用，出现了一种从网上互动社区改良而来的更轻量级的研究方法——微信群讨论，即邀请目标用户加入微信群，以群内问答和朋友圈评论的方式进行的一种定性访谈方法。群内讨论人数一般在 4～20 人。

(1) 优点。

首先，网上互动社区不受空间和地域的限制，只需要有一台电脑和网络即可进行，手机 App 也可以，这使受访者参与讨论更加便捷。由于网络不受地域限制，覆盖范围更广，可以同时接触到不同城市的受访者。

其次，时间成本和运作成本低。相比焦点小组座谈会和深入访谈需要提前预定固定的时间段，网上互动社区是 24 小时论坛，可供受访者全天候随时讨论，也无需差旅和场地租借等费用，不需要主持人全程在线。

最后，网上互动社区可以使受访者更自由开放地进行交流，网络的特性使受访者在手机或电脑屏幕前更能畅所欲言。

(2) 缺点。

与日记剪贴簿面对的问题类似，网上互动社区的问题设置和形式需要设计得非常具体和细节化，否则会出现受访者不知道如何作答或出现胡乱填答的情况。

相比焦点小组座谈会，网上互动社区受到文字表达的限制，对话题的讨论难以特别深入。虽然有和受访者一对一交流的时间，但无法看到受访者的表情以及说话时的语气，很难判断受访者文字背后的深意。

网上互动社区在实际执行的过程中会出现很多技术问题，譬如，早期无法注册和登录，中途也可能会出现受访者登录不了系统的情况，以及视频或图片因为文件太大出现上传慢甚至无法上传的情况等。这些问题都需要有经验的研究者提前进行预警和控制。

3. 移动屏幕追踪

移动屏幕追踪是一种新型的研究方法，主要是通过模拟用户日常生活场景，以最自然的状态还原用户在移动端的行为习惯，常用于手机客户端的可用性测试、客户端交互测试、用户浏览路径分析以及功能使用测试等方面。这种方法可以看作民族志的互联网化调整。移动屏幕追踪一般会先设定场景，受访者在设定场景下进行数十分钟移动端的自由浏览和使用，研究者进行观察和记录，结束自由使用/浏览后，主持人结合半结构化的讨论大纲和观察表有针对性地提出问题，与受访者讨论沟通。现场执行方式具体见图 11-2。

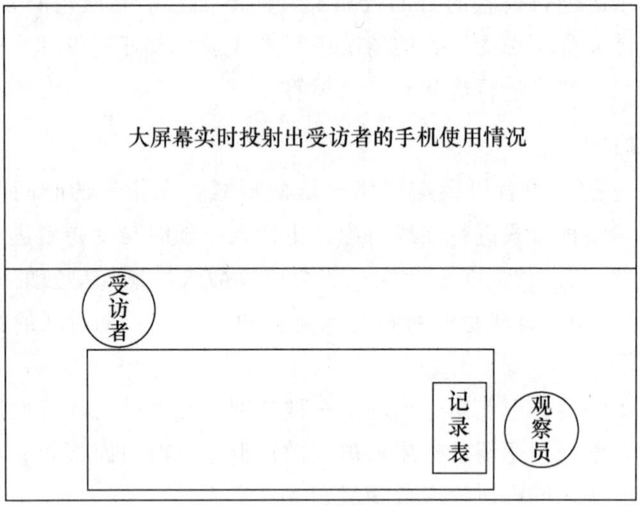

图 11-2　移动屏幕追踪执行场地示意图

（1）优点。

移动屏幕追踪方法能够尽量真实模拟受访者的日常使用场景，还原他们的真实状态。

这种方法允许受访者使用自己的移动设备进行浏览，同时在其背后的大屏幕进行投影，展示受访者移动端的具体行为，这样有助于研究者进行直接的观察，并避免距离受访者过近造成的干扰。

研究员观察和详细记录后，再进行面对面的深度访谈，不仅可以对过程中观察到的要点进行补充追问，还可以邀请受访者共同回视自由浏览的过程，发现一些受访者本人都未必意识到的行为要素。

（2）缺点。

由于受到设备和场地的限制，单位时间内一套投影设备只能研究一位受访者，因此移动屏幕追踪的时间成本相对较高。

受访者在短时间的移动端使用路径可能非常复杂，涉及大量 App 间的跳转和多元操作，尽管可以进行视频记录和现场记录，但这些非结构化的视频资料和非访问的记录资料都会令后期的分析难度提高，如何从大量的行为数据中筛选出有效信息是这类方法的挑战之一。

11.4　研究执行

定性研究的执行大致可以分为四大步骤，分别是受访者招募与甄别、讨论大纲设计、访谈执行和主持、撰写定性研究报告。其中受访者招募与甄别和讨论大纲设计在时间上可以略有重叠（见图 11－3）。

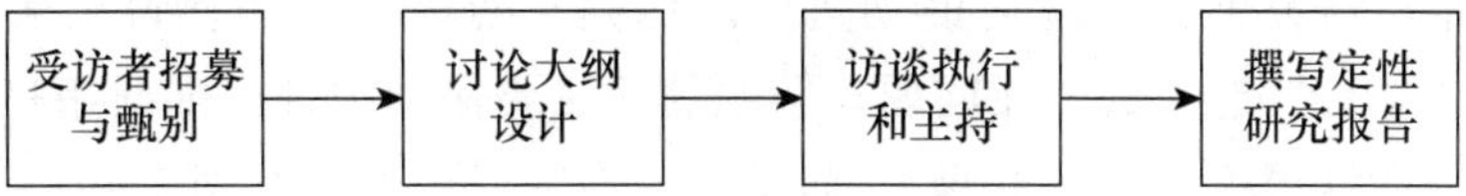

图 11－3　定性研究执行步骤

11.4.1　受访者招募与甄别

招募和甄别到高质量的、符合研究要求的受访者是完成定性研究最基础的条件。定性研究的受访者一般需要按配额条件提前招募，并在约定的时间和地点执行具体的定性访问。

确认研究启动后，研究者即需要开始进行定性受访者的招募与甄别。这个过程一般会涉及三份文档内容——受访者条件文档、甄别问卷和进度表。受访者条件文档把研究需要招募的受访者条件一一列举出来；甄别问卷则是根据受访者条件，把受访者条件以问题的形式展示出来，类似定量问卷中的问题设计，由题干和选项构成；进度表则将甄别问卷中每道题目受访者回答的答案录入，可以令研究者有效监控招募的进度和已经招募到的受访者是否符合条件。

一般来讲，通过甄别问卷测试的受访者均是合格受访者。如研究者对受访者质量有担心，可再次进行提前电话沟通，通过简单访问的方式来确认该受访者是否符合研究需求。在确认受访者合格后，需要把该受访者相关资料录入进度表，作为了解受访者背景使用，以备后续查看。

目前在商业调查领域，受访者的招募和甄别工作已经有专业的公司或同意公司的专业部门来操作和执行。研究公司或研究部门需要把受访者条件及甄别问卷、进度表文件发至专业代理公司/本公司运作部，进行条件讲解培训，待其返回进度表之后对招募资料进行审核即可。

11.4.2　讨论大纲设计

讨论大纲是在定性访问执行前，研究员设计的一份包含主要访问流程和具体访问内容的纲要文件。讨论大纲相当于定量研究中的问卷，只是定性研究中的讨论大纲是开放式的、半结构化的，没有预设答案；而定量研究中的调查问卷则是结构化的，除少量开放题外，大部分题目已有预设答案作为选项提供。

在招募受访者的过程中，研究者可以同步进行讨论大纲的设计。讨论大纲的设计需要覆盖研究相关的所有内容，并遵循以下一些基本原则：

（1）讨论大纲的每部分内容的先后顺序要有一定的逻辑，这样整个访问下来会比较自然顺畅、不跳跃，受访者也更容易被主持人的讨论所引领；如常见的逻辑之一，是从实际行为出发，到需求挖掘，再到讨论产品评价，如果研究中涉及预先准备的内容测试多放在后半部分进行。

（2）讨论大纲中具体问题之间要分层级，即一个大的问题下有一些小问题作为细化支撑，并对可能的讨论分值均进行一定的预设准备。

（3）由于定性研究中行为背后的动机和原因是重点之一，因此讨论大纲需要多追问“为什么”，少“是否”这类的二元问题；问题的问法要保持中性。如问用户对某个产品的评价，不能问“你觉得这个产品好吗？”而是问“你觉得这个产品怎么样？”具体问题的问法，在访谈执行部分会详细分析。

（4）对于有预设刺激物的问题，还是需要先启发用户自己想和回答，然后再出示刺激物请受访者进行讨论，以避免预设刺激物的干扰。

以下是针对某广告脚本的访问大纲片段示例：

- **广告整体喜好度**

—喜欢这个广告吗？你会怎么形容这个广告的氛围和带给你的感觉？

—具体喜欢哪里/不喜欢哪里？为什么？

—像是放给你们看的广告吗？

—投入状态

能吸引你看下去吗？会以怎样的状态看下去？什么吸引你的投入？

适合形容广告调性的关键词（正方向刺激）

看过后愿意跟家人朋友聊起吗？为什么？

- **主要信息传递**

—这个广告主要讲了什么？

这一点重要吗？为什么？

容易理解吗？

—（如果前面没有提到）片中有没有提到“多方位防治一体”“随时随地随需”？怎么体现的？

—有没有听到什么新的之前不知道的内容？具体有哪些？被打动了吗？为什么？

从上述大纲中我们可以看到，每部分问题都会设置层级，按不同层级逐级问下去。在需要重点挖掘的问题上，会追问“为什么”来了解受访者在相关态度上背后的原因。关于主要信息部分体现出先让受访者根据自己的理解来回答，然后再出示刺激物，即“片中有没有提到‘多方位防治一体’‘随时随地随需’？”

11.4.3 访谈执行和主持

访谈执行是定性研究中最核心的部分之一，访谈执行的过程在很大程度上决定了定性研究最终输出结果的质量。

除了上一节讲到的拥有一份设计完善的讨论大纲，访谈执行过程中主持人的访问技巧非常重要。

1．好的主持人应该做的

（1）中立客观。尽量使用开放式提问而不是封闭式提问；尽量少问有偏见的问题，如“你是不是因为……？”尽量保证受访者自发回应的时间和空间。

（2）充当催化剂。最大限度地允许受访者发言和互动，无形中推动受访者回到调研的主题和重点上来。

（3）倾听受访者观点。尽管这些观点可能与主持人的想法有很大分歧，但主持人要尽力理解这些观点及其背后的思想基础。尽量不打断受访者的讲述，尽量顺着消费者的思维方式挖掘（即使不遵照讨论大纲原本的顺序）。能够允许和接受不同受访者的不一致的观点，不要有判断、评估、强制性。

（4）时间把控。在规定时间内控制讨论的进程，确保所有关键问题都被讨论到，并且达到一定的深度。

（5）灵活调整。对于不同受访者采用不同的方式（如妈妈组、小孩组、年轻人组、专业人士组等）；着装、提问方式等有区别。

2．主持中常用的投射方法

投射是一种间接的、非结构化的提问方法，目的在于鼓励受访者间接地透露其对有关问题的动机、信念、态度和感觉。

（1）联想。第一联想，联想品类，联想画面（多用于品牌测试、概念测试、广告测试）。如："一提到××品牌，你的第一联想是什么呢？"

（2）拟人。人物临摹，如年龄、职业、穿着、性格、爱好以及和你的关系等（多用于品牌性格）。如："如果我们把××品牌模拟成一个人的话，是怎样的一个人呢？多大年纪？做什么工作？喜欢穿什么衣服？性格如何？有什么兴趣爱好？跟你是什么关系？"

（3）比喻。和受访者更熟知的领域进行类比。比如男性组问车，女性组问化妆品。

（4）剪贴画。网络剪贴、现场杂志剪贴（用于品牌、概念等测试）、已有图库剪贴（用于有选择性的话题，如想看某产品利益点是更倾向于轻松还是欢快）、受访者自己画（适用于创新性研究）。

（5）剥离法。"假如有一天××从你的生活里消失了"（多用于品牌/产品关系）之类的设定。

（6）阶梯法。通过层层追问挖掘深层原因（功能性与情感性）。反复地问"为什么"和"那又怎么样"。

（7）其他投射性练习。如星球家园、派对狂欢（多用于品牌测试）。例如："假设现在举办一个狂欢派对，你使用过的品牌都来参加这个派对，它们在这个派对里分别是什么角色呢？"

3．好的主持追问技巧

"你是说……"（表示你不太理解，让受访者多讲一些，更详细地描述）。

"多告诉我一些，我以前从来没听说过！"

"你最想获取什么？"

"跟你现在的方式有什么不同？"

"你从哪里感觉到的/你是怎么有这种想法的？"

"你会怎么跟别人讲这个产品好的地方？"

"你同意她的观点吗？"

“昨天我听人说……”（用一些想法刺激受访者进行讨论）。

11.4.4 撰写定性研究报告

撰写定性研究报告是整个定性研究的最后一步，往往也是关乎产出结果质量最重要、最具挑战性的一步。

整个报告撰写过程可以大致分为前后两部分，前一部分需要做好报告分析的准备工作，在此基础上后一部分按一定的分析方式来完成报告。过程中需要注意的原则也非常重要。

1．报告准备工作

报告准备工作主要是在正式撰写报告前，将相关素材以有序的方式进行组织分类。访谈现场需有研究者记录访谈内容的资料，并对现场展示资料和用户反馈进行拍照等方式的记录留存。访谈过程中还会有录音、录像等资料，通常会将录音资料制作成文字版的笔录，作为后期分析的资料。

第一步，研究小组进行内部数据融汇（data merge）。开始报告前需研究小组成员之间进行充分的讨论沟通。讨论沟通一般需要进行1～2轮，每一轮时间控制在1小时左右，基于研究目标进行报告结构和主要发现的相关讨论。在数据融汇这一步，尤其是第一轮的数据融汇，需要每位研究者将其对研究中个人观察、记录或体会到的印象深刻的内容充分表达出来，不是必要情况最好不要对其表达进行太过结构化的限制。这样做是为了充分挖掘每位研究者在研究执行过程中发现的可能要点和细节。

第二步，完成研究的初步内容加工分析（content analysis）。内容加工分析即把受访者原始资料进行有机整合的过程。这个过程需要对采集的受访者原话进行一定的筛选、梳理、简化加工，但又需要保持大概原貌。内容分析有两种主要方式：

（1）将每份笔录按照几个相对比较概括的主题在文档中调整好先后位置，并将不同笔录下相同主题的笔录进行汇总。在具体的研究执行中，研究者还会在文档页眉处标记清楚组别和城市等信息，并将整理好的内容打印出来，将相同主题的笔录装订在一起。好处是保留了笔录的详细程度，相对节省时间；问题是内容分类会比较粗略，对于其中具体的分析仍然需要详细阅读和提炼。这类方式多用于时间紧、研究样本较多的情况。

（2）设计好分析报告的模板，包含主要结构和每个版块下的主题。浏览每份笔录，将对应内容粘贴复制到报告模板下对应的版块和主题。过程中删除多余内容，并适当编辑。多数内容以“受访者原话”的形式出现，因此需要增加受访者原话所来自的具体样本说明；而且需要注意的是，不要因为不同的样本对应的“受访者原话”有相似性就只保留一条，重复数量的多少也是定性研究分析的信息来源之一。研究者的解读、分析和总结提炼，也可以在整理原始素材的同时按报告预设的分析结构记录下来。好处是相对接近分析报告的最终呈现方式，二次加工的成本等相对较低；问题是对研究者有一定的要求，需要细致和对分析要点的敏感性，也会花费较多的时间。

2．分析方式

报告分析主要有两种方式：一种是自下而上，比较适合刚入门的研究员；一种是自上而下，比较适合有一定经验的研究员。

（1）自下而上。经验不多或者没有头绪时，可以采用基于受访者原话进行提炼的方式。集中于某个主题，梳理该主题下每一条受访者原话；对于确定/不确定的要点均进行记录，形成初版报告，此时如果没有容易想到的图形表达，无须在表达上花时间，文字即可。完成一个主题或相对有联系的几个主题的初稿后，进行二次梳理提炼，并结合表达方式进行修改。

（2）自上而下。有思路或经过研究小组内讨论后，采用“基于报告结构进行细化”的方式更合适。着眼于某个部分，先确立这个部分下的分析框架；对于框架中的每个步骤或元素，找到对应的内容分析资料；根据这些内容，确定每个步骤或元素在进行观点提炼和阐述时的维度；在确定的维度框架下梳理报告细节内容，然后根据细节内容，调整框架。

3. 报告注意原则

定性报告虽然缺少类似定量报告的固定图表模板，但还是有些通用的原则。

（1）以终为始。在撰写定性报告的时候，要时刻回顾最开始的研究目标，从达成目标的角度去考虑报告撰写的结构和角度等。

（2）结构清晰。定性报告中每部分之间的结构需要保持清晰的逻辑关系，让读者以比较流畅、易理解的方式阅读报告。

（3）图形化呈现的方法。定性报告也可以尽量利用图形化的方式来表达，来代替大段复杂的文字。比较符合目前大的读图趋势，同时图形化表达更容易让人记住，令人印象深刻。

（4）还原现场。定性报告相比定量报告的优势之处在于可以更生动地还原受访者的意见和表达。因此定性报告中可以多利用受访者反馈的原始素材，如受访者原话等，作为研究分析的支持内容。

定性研究是指通过半结构化的讨论收集消费者的反馈，研究消费者的需求，进而提炼出对行业、市场、群体或个体消费者的洞察。定性研究相比定量研究具有以下特点：

（1）样本设计追求典型性和代表性；

（2）强调背后的分析、解读和深度理解与挖掘；

（3）访问过程强调与消费者的互动、基于回答的灵活调整；

（4）研究结果的分析在很大程度上依赖于研究人员的主观认识和来自个人专业视角的解读甚至直觉等。

小结

定性研究通过半结构化的讨论收集消费者的反馈，通过深入地观察、理解和分析行为背后的原因和驱动力，提炼出对行业、市场、群体或个体的洞察，进而帮助企业对消费者的需求进行挖掘，并进一步对品牌或产品进行更新迭代。

定性研究比较适用于：了解与倾听——理解消费者的行为和态度，深入挖掘产品/服务使用行为背后的原因以及需求层级；决策路径还原——还原整个过程，以及每个过程背后对应的原因和需求；品牌形象探索——通过不同的技巧来实现品牌形象的描摹；产品或沟通内容创造——了解消费者的需求，并对已有的产品或沟通概念请消费者给一些建议；其他众多挖掘消费者需求和行为选择表象下具体和深层次原因的研究类型。

定性研究常见方法包括焦点小组座谈会、深度访谈、民族志、工作坊等。此外，还有网上互动社区、日记剪贴簿等多种辅助方法。

定性研究执行一般包括四步，分别是受访者招募与甄别、访谈大纲设计、访谈执行、撰写定性研究报告。受访者招募与甄别中需要设计受访者条件、甄别问卷和进度表文件。访谈大纲设计要遵循逻辑性、层次性、追问原因、先自发再刺激等基本原则。访谈主持中注意保持中立客观、充当催化剂、倾听、时间把控、灵活调整等，并善用联想法、拟人法、比喻法等追问技巧，善于追问。撰写定性报告要先做好准备工作，然后采取自下而上或自上而下的方式完成报告。

思考题

11.1　某视频网站品牌想了解目前广告主在网络视频领域的广告投放情况，以及广告主选择网络视频平台的考虑因素，请问就定性研究来看适合采用怎样的具体研究方法来实现此研究目的呢？解释选择该方法的原因。不一定只用一种方法，可以多种方法组合。

11.2　某代驾品牌依托母品牌（母品牌主要业务是打车服务）进入代驾领域，并迅速在代驾领域内取得一定的份额。但在某次定量调研中发现用户对该代驾品牌在专业上的评价低于主要竞品（主要竞品是以代驾业务起家的公司）。因此该代驾品牌想通过定性小组座谈会的形式来挖掘如何提升自己在用户心目中的专业度。请就该研究目的制定受访者条件并进行组别设计，给出这样设计的原因。

11.3　某地图品牌想通过小组座谈会的方式了解用户地图使用行为习惯，对于地图产品的需求，以及自己和竞品在用户心目中的品牌形象，请就上述研究目标设计一份小组座谈会的讨论大纲，列出主要的结构框架，以及每部分结构框架下需要覆盖的问题。

11.4　在某焦点小组座谈会过程中，有1名受访者特别积极主动，总是抢先所有人回答问题。同时有2名受访者不是很主动，比较沉默。在这种情况下，作为焦点小组座谈会的主持人需要怎样进行针对性的调整呢？阐述针对不同受访者的调整方法，并解释原因。

市场调查方法与技术 ·第4版·

第 12 章

某护肤品牌广告创意测试案例

12.1 项目背景和相关研究

12.1.1 项目背景

作为老牌国产护肤品牌，该品牌在目标消费者群体中积累了良好的口碑，而随着市场上国内外大量新品牌的涌入，品牌面临着在消费者心目中“过时”“老化”的困境。同时，产品线单一及偏中低端的定位，使其流失了大量年轻的中高端用户。因此，品牌希望借由包装重新上市，推出品牌理念宣传以及产品宣传系列广告，向消费者沟通新的品牌理念。

12.1.2 相关研究起源和综述

广告脚本测试也称广告文案研究，是指对初步设计但尚未发布甚至尚未拍摄的广告进行消费者调研测试和评估。通常测试会涉及一至多个广告脚本。进行广告脚本测试的目的是让消费者评价广告脚本的内容或对多个广告脚本进行比较，挑选出广告效果可能最好的脚本进行投放。主要应用于广告投放前的效果测试。具体测试物的形式多为模拟呈现广告内容的故事版，可以是平面图片形式，也可以是模拟动画形式。

1. 故事版的起源

故事版是一系列图画的集合，按照动态影像，动画或互动媒体的播放顺序进行绘制。最早的故事版来自华特迪士尼公司，制作于20世纪30年代。

2. 广告故事版的定义

广告故事版是视频广告制作公司常用的工具。一般来说，广告公司在正式拍摄视频广告前，会将视频内容中的主体内容以图画的方式画出来，通过展示这些故事版向作为广告主的企业讲述将要拍摄的广告画面与内容。

3. 故事版测试的作用

视频广告的拍摄过程成本很高，拍摄完成后的媒体投放费用更是数额巨大。为减少不必要的成本花费，在脚本与素材准备好且即将开拍前，开展一项小型的故事版测试市场调查，可以进一步确认消费者对于未来的视频广告的态度，客观评价广告效果。因此，广告公司会请专业的市场调研公司开展市场调查，向消费者展示这些故事版并讲解广告视频的内容，从而评估视频广告的效果。而调查的形式多为定性研究或定性与定量研究相结合。

12.2 广告脚本测试项目设计

12.2.1 研究目标

本次广告脚本测试的内容包括两类广告：一为品牌广告测试；二为产品广告测试。本次广告脚本测试项目目标如下：品牌希望传达紧密跟随时下年轻人的诉求，塑造品牌时尚年轻态；进行品牌层次的升级，成为兼具质优价廉和充分竞争力的品牌。具体目标和希望本次研究解决的问题如下：

针对品牌：

- 消费者对品牌的整体喜好度如何？
- 广告和品牌的相关性，是否有效帮助品牌提升了档次？
- 品牌理念的沟通是否有效？
- 消费者对于产品新包装的喜好度如何？能否影响他们的购买意愿？
- 还需要做什么修改？

针对产品：

- 整体看来，哪个故事更能够打动消费者？
- 消费者对故事的整体喜好度如何？
- 看过广告后对产品的购买意愿是否有提升？
- 产品广告和品牌的关联度如何？是否符合新理念？能够帮助品牌达到提升档次的目的吗？
- 还需要做什么修改？

本研究中涉及的广告脚本样式见图 12－1。

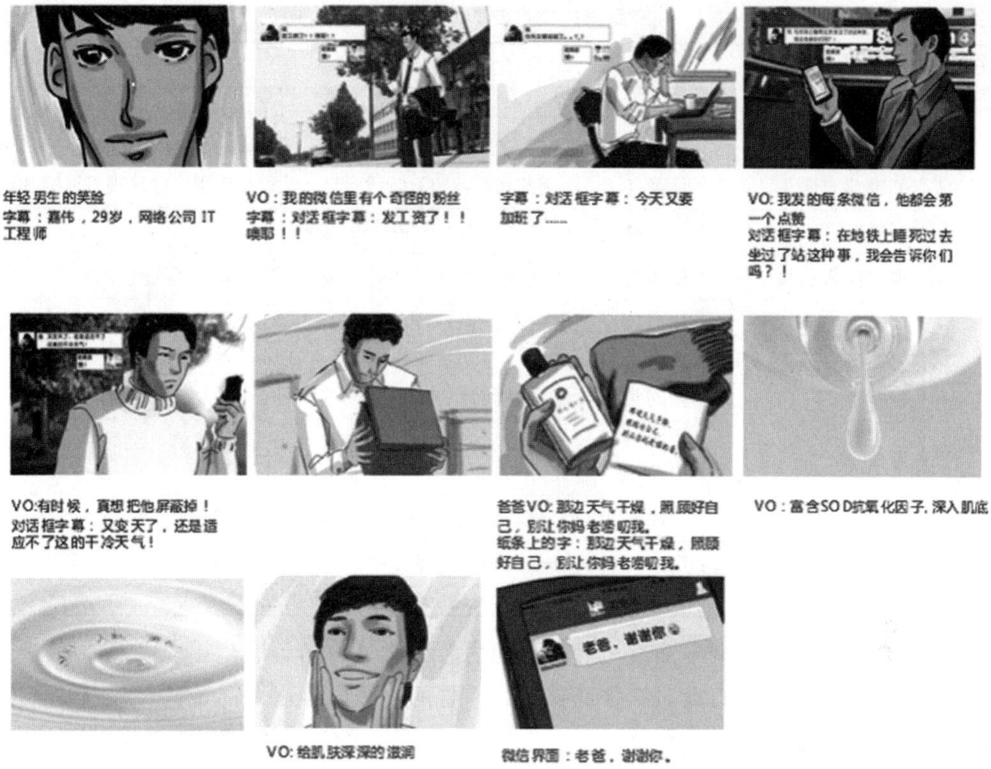

图 12-1　产品广告脚本测试内容

12.2.2　研究方法

本次研究采用焦点小组座谈会的形式测试广告脚本，收集消费者对于广告脚本的喜好度、对广告脚本内容的理解程度、对品牌的好感度以及广告脚本独特性等指标的评价。根据广告脚本测试目的，我们通常利用表 12-1 品牌沟通类指标以及表 12-2 产品推广类指标去衡量。

表 12-1　　品牌沟通类广告脚本测试指标

品牌沟通类广告衡量维度		注释
执行	理解度	整体上用户是否明白广告的"故事"，了解到的核心信息是不是广告想传达的
	相关度	讲述的"故事"是否与"我"有关，是不是"我"需要或适合"我"的品牌
	吸引力与独特度	和行业内广告相比，是否新颖、独特，容易留下记忆度
	观看投入程度	是否有持续观看的吸引力，观看过程是否认真专注
品牌	品牌连接度	广告传达出的品牌形象和以往塑造的形象是否具有一致性，能否明确知道或联想到是该品牌
	品牌吸引力	广告是否提高了用户对品牌的好感度

表 12-2　　产品推广类广告脚本测试指标

产品推广类广告衡量维度		注释
吸引力相关	理解度	整体上用户是否明白广告的“故事”，了解到的核心信息是不是广告想传达的
	关键节点吸引力	是否有印象深刻的画面，VO（画外音）、元素吸引用户驻足观看或继续观看
	喜爱度	整体喜爱程度，是否符合“我”的偏好
	观看投入程度	是否有使人持续观看的吸引力，受众观看过程是否认真专注
购买意愿相关	新讯息传达	从广告中了解到哪些以前不知道的信息，尤其是产品信息，如产品特征等
	独特性	和同类广告或产品相比，广告是否表达出产品的新颖、独特性
	可信度	广告讲述的产品特质是否真实可信，用户是否相信产品可以实现广告中所说的益处
	相关度	产品是否与“我”有关，是不是“我”需要或适合“我”的产品
	品牌关联度	广告是否具有母品牌的特色，如传达的风格调性和母品牌是否一致；能否明确知道或联想到是该品牌的产品

针对品牌沟通类广告脚本测试，最核心的内容为对品牌的关联度，以及品牌在整体广告中是否突出。通常，我们会对广告的执行、广告的整体内容以及品牌的体现（即整体风格调性和品牌的匹配程度）进行测试。

对于产品推广类的广告脚本测试，除了测试广告情节和内容的吸引力外，还需要着重测试新产品的购买意愿，即产品是否在目标受众中具有足够的吸引力，吸引购买转换。因此，测试中需要按照广告吸引力以及产品购买意愿两部分设计问题。

12.2.3　研究设计和执行

1. 受访者招募与甄别

在确认项目需求后，研究人员需要根据项目最终要达成的目标筛选合适的受访者。本项目在受访者条件设计的过程中，需要重点考虑使用护肤产品的人群特征、使用产品的差异以及受访者的表达能力（由于本次讨论的是广告脚本/产品概念，要求受访者反应灵敏、思路清晰）。

（1）具体执行城市选择。本次项目选定北京和上海两个一线城市作为执行地点，为了能获得在表达和认知上都更清晰的受访者，共设计 5 个焦点访谈小组，每组 6 人。虽然女性是护肤品的主要适用人群，但本产品作为平价护肤产品，也受到男性用户的广泛青睐。同时，基于销售数据，成熟女性，即 26 岁及以上的女性群体是该产品重点消费人群。因此，在设计受访者条件时，将受访者分为年轻女性组（19～25 岁）、成熟女性组（26～35 岁）以及男性组（19～29 岁）中端收入人群。

（2）品牌和产品设定。除了对人群本身的条件设定，在项目设计中还需要考虑日常产品和品牌的消费和使用，以测试他们对广告本身反馈、品牌好感度以及产品购买意愿的差异。基于产品功能，设计规定受访者应为在过去一年每周规律使用滋润型和保湿型产品的消费者。具体的分组条件如表 12-3 所示。

表 12-3　焦点小组分组设计

组别	品牌组		竞品组		G1：男性组
	G2：年轻女性组	G5：成熟女性组	G4：年轻女性组	G3：成熟女性组	
城市	北京	上海	上海	北京	北京
年龄	19～25岁	26～35岁	19～25岁	26～35岁	19～29岁
其他参考条件	品牌使用：品牌资深用户 产品使用类型：包含滋润型和保湿型产品		品牌使用：竞品用户以及曾经使用品牌的用户但目前不再使用 产品使用类型：包含滋润型和保湿型产品		品牌使用：品牌用户、竞品用户以及曾经使用品牌的用户但目前不再使用 产品使用类型：包含滋润型和保湿型产品

2. 讨论大纲设计

项目执行之前，需要根据项目的目标设计一份包含主要访谈流程和具体访谈纲要文件。通常焦点小组的执行时间为2小时，包括热身部分、测试部分以及总结部分。本广告脚本测试项目的讨论大纲需要根据品牌广告和产品广告测试的指标进行设计，时间安排和测试内容纲要如表12-4所示。

表 12-4　广告测试焦点小组讨论大纲示例

讨论框架	讨论内容	时间分配
A. 热身介绍	● 介绍调研目的 ● 受访者自我介绍 ● 护肤相关问题（如现在使用产品）	10分钟
B. 品牌广告脚本测试	● 测试品牌脚本，测试整体反馈，对情节和品牌相关内容反馈	20分钟
C. 产品广告脚本测试	● 测试两支产品脚本，测试整体反馈，对情节、产品信息、品牌相关内容进行反馈	70分钟
D. 总结以及其他测试内容	● 三支广告整体的关联性和评价 ● 广告口号以及包装设计测试	20分钟
总计时间		120分钟

针对品牌部分的问题，按照广告脚本测试的维度，从整体评价逐步递进到对情节内容的细节，以及对品牌相关好感度的问题。

总体评价：

- 喜欢哪里？不喜欢哪里？
- 有什么印象深刻的场景/画面/广告词吗？为什么对它们印象深刻？

广告脚本主要信息/品牌理念传递：

- 核心的主题是什么？（观察真实的关爱是否有体现）怎样表达出来？
- 这个广告和其他护肤品的广告感觉一样吗？有什么不同？
- 对产品特点/品牌特点有怎样的直接或间接表达？是怎样表达的？哪一个画面/情节对这一点表达得最好？哪一个画面/情节与这一点距离较远？

品牌信息/品牌理念传递：

- 记得品牌吗？哪里出现了品牌？如何表达的？
- 和原来对品牌的认知差别大吗？有什么新的内容/感受传达出来？是怎样传达的？（广告中是否体现“更现代/时尚”/“档次提升”的感觉？）
- 产品理念（中间那一段）你觉得如何？可信吗？哪里特别喜欢或不喜欢？

观看时的投入感：

- 怎样形容这个广告的氛围和带给你的感觉？能吸引你看下去吗？以怎样的状态看下去的？什么吸引你投入（画外音、画面或故事情节）？

广告创意和执行：

- 这个故事的手法和表现方式怎样？
  —场景切换的方式怎样？带给你什么感觉？
  —这些场景之间的关联怎样？是如何串起来的？
- 开头的几段故事哪一个你最喜欢或最打动你？为什么？最打动你的人物呢？
- 情节的设置是否适合这个品牌？哪些画面是有品牌特色的？其他护肤品牌的广告也可以这样做吗？

针对产品的问题，会将重点放在是否能够理解产品传达的信息，以及和自己的相关度上，以进一步地询问是否有对该产品的购买意愿，以及对品牌的反馈，具体产品相关问题设计如下：

产品信息传达：

- 产品传达了怎样的信息？从功能和情感两方面各自的主题如何？互相结合的如何？
  —功能上——（观察“深深的滋润”“真正持久的水润/久久水润”是否提及）这样的说法对你来说有吸引力吗？
  —情感上——（观察“关爱”是否被充分有效传达）传达了怎样的情感主题？如何形容？从哪里感觉到的？对你有触动吗？
- 感觉对皮肤有什么好处？怎么感觉到的？哪些故事情节/画面/人物等有助于产品特点和作用的表达？

广告创意执行：

- 这个故事的手法和表现方式如何？哪些画面/情节记忆最深刻？
- 容易明白吗？情节连贯/合理吗？
  —怎么理解产品在故事中的角色——如作为礼物，如大熊的角色等。
- 情节和场景有吸引力吗？跟你们的生活近不近？
- 里面的角色/人物是否适合这个产品/品牌？有什么特点？
  —由男性作为故事的主角有什么感觉？跟故事里的产品搭配吗？（注意观察男性组和女性组、品牌消费者和非用户的区别。）

购买意向：

- 产品吸引你尝试和购买吗？为什么？适合你吗？除了你，还有谁会使用？如果购买，是自己用，还是给家人用？
- 这个产品的档次如何？从哪里感觉到的？感觉价格是多少/与哪个产品差不多？

- 和市场上其他滋润型/保湿型产品相比，特别吗？与你目前用的产品或熟悉的滋润型/保湿型产品的区别如何？打算怎么用？
- 愿意跟别人聊起这个产品吗？愿意分享吗？跟谁分享？

品牌形象：

- 记得这个品牌吗？哪里出现了这个品牌？如何表达的？这支广告与品牌配合吗？为什么？
- 从广告中感受到品牌真诚关爱的理念了吗？
- 总体上品牌和产品两支广告你感觉是一个系列的广告吗？传达的品牌形象有不同吗？

3．访谈执行和主持的注意事项

首先，在热身环节需要让受访者进入状态，以便让他们在后续的讨论中能带着“护肤品”的话题继续讨论，不会走偏。本项目针对护肤品的中端用户，需要特别同受访者强调不要因为面子和虚荣等问题，避免受访者和大家分享不符合个人平常使用的产品，如讲述自己使用高端护肤品的体验等。

其次，在访谈过程中需要保持循序渐进的访谈节奏，不做有指向性的误导，让受访者能够注意按照自己的第一印象评价广告测试的内容，而不是在开始阶段只对某一位受访者过度询问和挖掘，影响其他受访者的表达。尤其在测试多支广告时，需要提醒受访者不要在开始评价的时候就进行对比，而需要就目前讨论的广告评价。

再次，注意倾听和刺激。主持人不对故事做其他解释，提醒受访者，不要太介意某个字眼、词语，而是集中在故事情节及整体场景上。受访者可能会在访谈时对于表达和理解有困难，可以选择将故事版面中的内容拆解读出，以让受访者在理解上不遗漏任何细节。同时，注意尽量不打断受访者的表达，按照大纲的逻辑深入挖掘，能够允许和接受不同受访者的不一致观点，不要有判断、评估、强制。

另外，在访谈过程中重视记录。通常主持人会利用白板以及便利贴进行记录，记录过程中往往不会以长句的形式呈现，而是提取受访者讨论过程中提及的关键词。而辅助主持人的研究员可以利用 Excel 或 word 文档按照讨论大纲的框架记录现场输出，从而能在焦点小组结束后，对关键点进行梳理，做小组的总结。对于主持人记录的讨论输出，需要及时拍照，用于在后续的追问过程中提醒受访者注意关键信息。具体见图 12－2 和表 12－5。

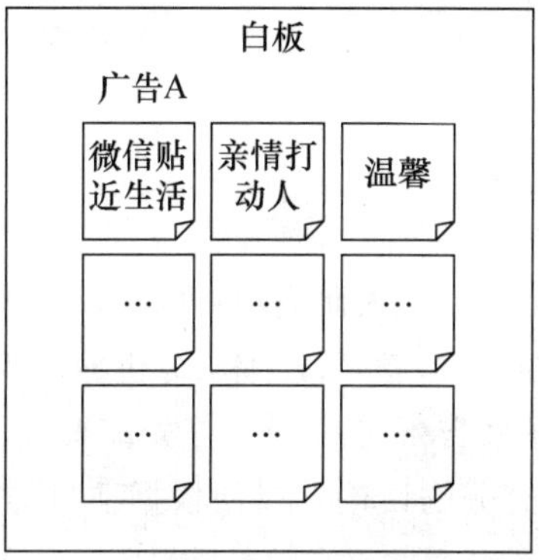

图 12－2 主持过程中用便利贴记录的示例

表 12-5　辅助研究员笔记

整体评价	S6：不喜欢，体现了关爱，没有体现护肤品的需要，前面的情节比较无聊，没有体现出因为工作劳累对皮肤的影响 S5：点赞太重复了 S2：傻傻的感觉，男士拍护肤品广告，有点女性化 S6：男士拍的都是男士专用的 S1：前面演了那么多，到最后完全没想到是护肤品的广告，前面的铺垫有点太长了，虽然说发朋友圈像设置悬疑 S3：主角应该换成女生，画面还是挺温馨的
重要信息	情感 “暖”“关爱”“亲情”“不管你在哪里，都有人关心着你”“关爱看的见” 功能 “滋润”“健康”“营养” “深深地滋润”？ —适合秋冬季，营养成分多，秋冬会考虑，可能质地很厚 —特别拎出来说的话可能会打动 —描述上可以更特别一些

同时，在广告脚本测试执行过程中，为了能够配合座谈会中定性内容的输出，通常也会增加问卷形式进行辅助测试，见图 12-3。一方面在后期分析中能够作为补充数据，另一方面在焦点小组座谈会进行时，能作为受访者看完广告后内容评价时的参考物。

Q6　请问这个广告让您对里面的品牌产生什么印象？

1. 对我的吸引力比以前大了很多	1
2. 对我的吸引力比以前大了一点	2
3. 这个广告没有改变我对××的印象	3
4. 对我的吸引力比以前少了一点	4
5. 对我的吸引力比以前少了很多	5

图 12-3　对品牌的好感度

12.3　项目产出分析

12.3.1　报告准备

结束焦点小组座谈会的执行后，进入研究项目的最后一个环节：报告撰写。落笔撰写报告之前，需要整理来自受访者的输出，然后梳理出分析的框架和维度，再进行分析和总结。

按照第 11 章中讲到的定性报告撰写流程，首先需要在项目组内部进行数据融合，项目组成员需要对项目输出进行充分的讨论，以便根据项目的目标进行，梳理出报告的框架以及对结论的假设。

针对本次项目，在进行内部数据融合的时候，需要始终围绕项目的研究目的，用以终为始的思路考虑项目的输出。回顾本项目的研究目的——通过测试品牌和产品两类广告测试，达到将品牌新的理念传达给目标受众，以及品牌年轻态的目的——因此在做内部数据融合的时候，需要按照产品广告、品牌广告两个大的板块进行分析，同时需要回归研究设计中不同人群的差异。具体的分析框架如下：

产品广告脚本评价：

- 组别差异：不同年龄/地区受访者对于产品广告的评价差异。
- 广告指标评价：按照产品广告分析维度中涉及的指标进行评分和解读。
- 广告具体情节的剖析：对每一帧画面进行解读。

品牌广告脚本评价：

- 整体内容评价：对整体风格调性、执行以及关键信息传达的评价。
- 广告指标评价：按照品牌广告分析维度中涉及的指标进行评分和解读。
- 广告具体情节的剖析：对每一帧画面进行解读。
- 品牌理念传达分析：哪个传播概念对于受访者更有吸引力？
- 品牌新包装分析：受访者对于新包装的喜好度，以及对于产品的购买意愿。

其次，根据内部数据融合输出的框架思路，完成笔录内容分析。尽管现场会拍摄照片和记笔记，但是仍然可能会遗漏细节。一份完整和有效呈现的内容加工分析能够使报告撰写效率最大化，以帮助研究人员在进行分析的过程中不遗漏具体的内容。

根据内部数据融合中的几个板块内容，浏览几个城市的笔录，将焦点小组座谈会中的内容对应相对话题整合到报告文件中。这样的好处是接近报告的最终呈现方式，降低二次加工成本。

对笔录的整理切忌大段文字照搬，需要对重点内容进行总结；有代表性的受访者原话可以作为报告中的辅助说明内容。同时，在整理内容加工分析时，需要补充焦点小组中记录的图片，并对图片中的内容加以解释说明，很多细节从单独的照片中很难清晰解读。

12.3.2 分析维度和要点

按照第 11 章的分析，在分析的过程中有两种分析方式：一为自上而下；二为自下而上。如果分析时采用的是自下而上的方式，则需要借助前期的内容加工分析，对受访者对广告具体的评价进行提炼，如受访者对广告中“秒赞”的情节印象深刻（“广告贴合我们的生活，我们一直刷朋友圈，周边有秒赞的人存在”），从内容加工分析中按照广告测试的维度，梳理出受访者的观点，再总结成为报告内容。同样以“秒赞”举例，可以将其作为对喜爱度的佐证，观点即为“情节设定和自己的生活状态能产生共鸣”。作为研究员需要对受访者的想法进行总结和融合，但是切忌描述时的主观和偏激，如只根据个别受访者的看法下定论。

而如果以自上而下的方式分析时，则需要基于前期报告的假设以及预设的框架，在搭建好的框架上补充内容。如分析产品广告在新信息上的体现，还原到受访者原话中即为对产品功效的评价部分。在焦点小组座谈会中受访者相比定量问卷有限，不能依靠定量的方式用直观的数字评判结果，需要更加注意听取“大多数人”的意见，即最终针对产品的部分，多数人对产品中出现的药材有记忆，但是对功效的印象不深刻。示例见

表 12-6。

表 12-6　产品类广告测试结果示例

产品类广告测试指标		具体打分	指标评价
执行	理解力	★★★	讲故事的方式吸引人看下去，情节简单连贯、易懂
	关键节点吸引力	★★★	微信点赞设置情节悬疑 父亲角色设置是亮点——小惊喜，贴合情节
	喜爱度	★★★	情节设定和自己的生活状态有共鸣
	观看投入程度	★☆	亲情互动类广告被认为比较多，但在护肤品中相对独特 情节铺垫过长，部分场景——如发工资，与产品无关
购买意愿相关	新讯息传达	★	人参、黄芪留下深刻印象，用户因而认为是产品“升级版”；成分则未被记住 产品优势没有清晰地传达出来，“深深的滋润”反响较平，不够特别，打动力一般 对新包装掀盖设计印象深刻
	独特性	★☆	亲情互动类广告被认为比较多，但在护肤品中相对独特
	可信度	★★	成分中的人参、黄芪给人留下深刻印象，带来温和、滋养、“升级版”的认知
	相关度	★★★	用户接受和喜欢主角为男性，非用户则相对抗拒，认为产品是给男性使用的
	品牌相关度	★★	亲情牌符合品牌一贯风格，品牌联结度高 微信和角色带来一点年轻、时尚的感觉，但整体上品牌形象变化不大

12.4　结论与总结

12.4.1　项目主要结论

结论与总结部分是整个报告的精华，也是读者在时间有限的情况下优先关注的部分。对于本广告脚本测试项目的结论与总结，需要从广告整体评价、品牌理念沟通、广告情节设置以及产品信息传达几个部分陈述以回答研究目标中的问题。

- 整体上看，品牌和产品两者体现了关爱的品牌理念、现代和年轻的风格，获得比较好的反馈，同时一定程度上达成品牌形象升级的目的。
- 品牌想表达的“关爱”通过亲情和友情的情节能够充分体现，对于真诚，是可以通过关爱传达的，强调“真诚关爱”会有些刻意，真实则可以强化表达。
- 产品广告在情节上稍显拖沓，建议在重点情节上着墨，省略故事铺垫的部分。
- 产品信息需要更多细节描述，尤其是对新的沟通点，如对于保湿产品，多数受访者能够记住“长效保湿”“锁水”的功效，而对广告中想强调的“补水”认知不明确。

12.4.2 启发思考

总结该广告脚本测试项目，需要在执行以及报告撰写中注意如下内容：

首先，在受访者条件设置上需要考虑产品的属性以及人群的特质，如果是广告脚本测试项目，需要特别注意对受访者表达能力的考察。

其次，在项目执行过程中，注意不做误导性的解读和引导，让受访者自由地表达对广告的反馈，如果遇到冷场的情况，可以用其他受访者的原话作为刺激物，鼓励受访者发言。但是需要主持人在主持的过程中把控现场，不让受访者的偏激言论影响整体的输出。

最后，在分析的过程中，注意既要提炼重点，也要不遗漏有价值的细节。对于论点的把控不能太消极，需要考虑受访者整体的反馈，而不放大个别的观点。同时注意引用受访者的原话作为观点的注解，让观点更有落脚点。

思考题

12.1 请组织一个4～6人的小组，找到一个日常看到的视频类广告，可以是品牌沟通类广告或产品推广类广告，按照本章案例提供的方式进行小组讨论。

12.2 请对所讨论的视频类广告，根据其属于品牌沟通类广告还是产品推广类广告，分别对应本章的表12-1和表12-2进行主要维度的评价分析。

第13章 某互联网金融理财品牌用户细分案例

13.1 综　述

市场细分（market segmentation）是市场营销学中非常重要的概念，它产生于企业以消费者为中心的现代市场营销观念。任何一个市场中都存在众多的消费者以及各种各样的消费需求。市场细分就是通过市场调研，依据消费者的需要和欲望、购买行为和购买习惯的差异，把某一产品的市场最终划分为需求各异的若干消费者群的市场分类过程。[①] 每个消费者群就是一个细分市场，每个细分市场都是具有类似需求倾向的消费者构成的群体。

市场细分在相当长的时期里更多受到传统行业的青睐，如食品行业、药品行业、日化行业等，这类企业相对比较熟悉市场细分（segmentation）这一理论，以及后续的目标市场选择（targeting）和市场定位（positioning），合称为STP。随着互联网行业的迅速崛起、竞争的加剧以及网民的人口红利不再是互联网品牌和产品能够依赖的重心，越来越多的互联网企业不再以“打全网”作为目标用户的定位，逐渐开始意识到和重视市场细分。

对于互联网企业所面对的市场细分，至少可以起到如下重要作用：

（1）了解现有用户的类型，确定核心目标用户。

（2）深入描摹核心目标用户的特征，有针对性地定制设计营销、运营、销售决策。

（3）理解和划分潜在市场，判断和准确找到新用户发展的机会。

（4）制定综合策略，合理配置和组合资源和策略。

一个好的用户细分有助于互联网企业在激烈竞争、快速变化的情况下，更精准地把握

① Smith Wendell R. Product Differentiation and Market Segmentation as Alternative Marketing Strategies. *Journal of Marketing*, 1956, 21（7）: 3-8.

目标人群，实施稳定和有针对性的产品和沟通策略，并以此建立竞争优势，提高商业效率，从而创造更大的效益。

13.2 项目背景和研究目标

13.2.1 项目背景

互联网企业进行市场细分主要有两种情况：

一是对品牌现有用户进行细分，确定核心人群。在“打全网”的野蛮生长时代过后，互联网企业逐渐意识到需要划分不同需求类型的用户群体，针对不同用户群体进行深耕，以更好地运营和维护现有用户的活跃度和忠诚度，提高满意度、减少流失的可能性；并持续沟通品牌理念从而树立稳定清晰的品牌形象。

二是对非品牌用户，即潜在用户进行细分，寻找高潜能人群，扩大市场占有率。市场随时在变化当中，尤其是发展中品类的市场还远未成型，企业为提高市场占有率，着重对高潜能目标人群进行投入，以期实现新用户的快速增长。

此案例即属于前者，某互联网理财品牌为深耕市场，细分现有用户所需。这家互联网理财品牌，在本领域内已经占有一定的市场份额，但随着市场逐渐定型，用户群体逐渐成熟，发展红利期已过，市场份额自然提升增长的速度放缓，因此，该品牌亟须对用户进行细分，进一步深耕市场，逐步建立起差异化竞争优势。该品牌希望通过本次调研了解用户市场，为品牌后续宣传运营与产品更新提供参考方向，推动品牌继续发展，逐步提高市场占有率。

13.2.2 项目研究目标

某互联网金融理财品牌希望通过本次用户细分项目达成如下目标：

（1）了解现有用户群体，确定目标人群。

（2）针对目标人群制定未来可落地执行的沟通策略与运营策略。

希望通过本次项目具体解决的问题如下：

了解现有用户群体，确定目标人群：

- 他们（现有消费人群）是一群什么样的人？
- 他们（现有消费人群）喜欢什么样的互联网金融理财产品？
- 对于目前的新产品，他们（现有消费人群）的购买意愿如何？
- 他们（目标消费人群）是谁？

沟通策略与运营策略：

- 他们（目标消费人群）理财的目的是什么？
- 应该怎样与他们（目标消费人群）沟通？
- 什么样的产品或活动可以更多吸引到他们（目标消费人群）？

13.3　用户细分项目设计

整个用户细分项目设计需要覆盖定量问卷设计、样本执行与收集、建立用户细分模型、用户细分模型结果分析等四个阶段。

13.3.1　定量问卷设计

在确认项目目标与客户需求后，研究人员需要根据项目最终要达成的目标设计定量问卷，确保通过问卷收集到的信息能够解决研究目标提出的相关问题。在编写定量问卷前期，研究人员会事先制定好问卷结构，建立问卷框架，确定问题与问题间具有一定的逻辑性，避免重要信息的遗漏。

问卷结构一般分为如下几个部分：

（1）甄别。顾名思义，即对参与问卷填写的受访者进行筛选，符合要求的才可继续填写问卷。这部分一般会设置通用型问题如性别、年龄、城市等，以及其他与所研究项目相关的条件要求。如本项目要求受访者需有理财行为等。

（2）研究背景相关。主要依据项目背景设定，如本项目设置了投资能力、消费态度等与“财”相关的问题。

（3）品牌/产品相关。即与项目所研究的产品或品牌所处领域相关，如本项目设置了理财年限、理财金额等有关具体理财行为的问题。

（4）背景资料。即更多有关个人信息的问题，作为甄别部分的补充，更加完善受访者的个人信息，如教育程度等。

图 13－1 为本项目问卷结构：

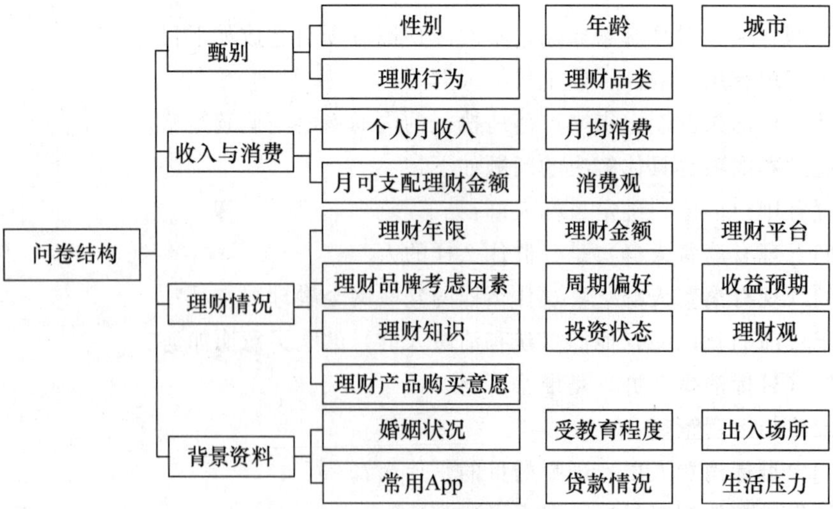

图 13－1　问卷结构示例

根据问卷结构，本项目在定量问卷的设计过程中，需要覆盖以下封闭题，并提前预设问题选项。

A. 甄别部分

- A1. 请问您的性别是什么？
- A2. 请问您的年龄是多少？
- A3. 请问您居住的城市是哪里？
- A4. 请问以下哪一句描述符合您过去一年内的理财/消费习惯？
- A5. 请问过去一年内，您曾投资过以下哪些类别的金融/理财产品？

B. 收入与消费情况

- B1. 请问您的个人税前月收入是多少？
- B2. 请问您平均每月的消费支出是多少？
- B3. 请问您平均每月可支配的理财金额是多少？
- B4. 请问在以下有关消费观念的描述语句中，哪个描述与您最相符，请用1～5分进行打分，1分代表完全不相符，5分代表非常相符。

C. 理财情况

- C1. 请问您投资理财多久了？
- C2. 请问您现有的投资理财总金额大概是多少？
- C3. 请问您在过去一年内投资过以下哪个互联网金融/理财品牌？
- C4. 请问您在投资新的理财品牌时会考虑以下哪些因素？
- C5. 请问对互联网金融/理财产品，您更偏好的投资周期是多长？
- C6. 请问您对互联网金融/理财产品的收益预期是多少？
- C7. 请问以下有关理财知识的描述哪个与您最相符？
- C8. 请问以下有关理财投资状态的描述哪个与您最相符？
- C9. 在以下有关理财的目的/需求描述语句中，请就您目前的个人理财情况对下列语句的需要程度进行1～5分的打分，1分代表完全不需要，5分代表非常需要。
- C10. 请问您对以下理财产品的购买意愿是怎样的，请用1～5分进行打分，1分代表完全不愿意购买，5分代表非常愿意购买。

Z. 背景资料

- Z1. 请问您的婚姻状态如何？
- Z2. 请问您的最高受教育程度是什么？
- Z3. 请问在过去6个月内您出入过以下哪些场所？
- Z4. 请问您最常使用的App有哪些？
- Z5. 请问您目前有以下哪种贷款？
- Z6. 请问您目前的整体生活压力如何？请用1～10分打分，1分表示完全没压力，10分表示压力非常大。
- Z7. 请问您的生活压力主要来自以下哪些方面？请分别选出压力的前三位。

13.3.2 样本执行与收集

本项目采用在线调查的方法，即受访者在自愿的前提下，在通过甄别条件要求后，独立完成网络问卷。

为保证收集样本的代表性，项目执行前通过设置样本配额来进行配额抽样。配额设置主要参考中国互联网络信息中心（CNNIC）发布的中国网民分布报告或品牌内部现有用户群体分布情况。配额指标一般是性别、年龄、城市线级等人口统计学指标。如本项目在设置配额时主要参考的是品牌内现有用户的分布情况，表 13－1 为本项目的配额表。

表 13－1　配额表示例

配额变量		占比
性别	男	50%
	女	50%
年龄（岁）	18～24	25%
	25～29	25%
	30～34	25%
	35～45	25%
城市线级*	一线	35%
	二线	35%
	三线及以下	30%
合计		100%

* 一线城市为北京、上海、广州和深圳，二线城市为省会城市和计划单列市，三线城市为地级市，三线城市以下则为县级市等。

本项目通过某第三方样本公司的会员样本进行在线收集问卷。图 13－2 为本项目的问卷节选示例，表 13－2 为最终样本收集情况。

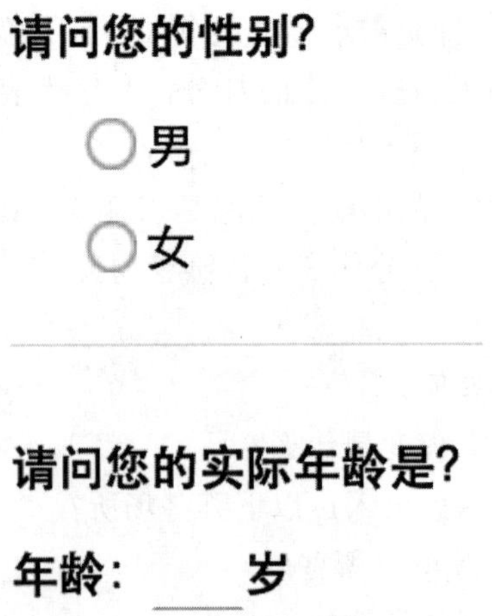

图 13－2　问卷节选示例

成功收回问卷 1 056 份，删除数据不完整样本后实际成功样本 1 000 个，满足项目配额设置要求。

表 13-2　　实际完成样本统计表

配额变量		样本量
性别	男	500
	女	500
年龄（岁）	18～24	250
	25～29	250
	30～34	250
	35～45	250
城市线级	一线	350
	二线	350
	三线及以下	300
合计		1 000

13.3.3 建立用户细分模型

指标按性质可分成软性指标（心理学指标等）、硬性指标（人口学指标等）。

建立用户细分模型常用方法有软性指标细分、硬性指标细分、软性＋硬性指标细分等。本项目以软性指标细分与硬性指标细分两种用户细分方案分别进行用户细分模型方面的探索。

1. 软性指标细分

（1）软性指标确认。

软性指标一般是指心理学指标等，典型的是问卷中的态度打分题。考虑到本项目的研究背景主要与理财相关，因此，选用与“钱”相关的态度/需求题即B4题“消费观”以及C9题“理财观”的各语句描述，共25条语句作为软性指标。

表 13-3　　软性指标态度/需求语句

题目	选项	分值
消费观	生活品质大于天，为了物质享受我愿意乖乖交出我的钱包。	1 2 3 4 5
	我是剁手“小公主”，我喜欢买买买，我会关注美妆/时尚博主，买化妆品，买衣服，买鞋，买包。	1 2 3 4 5
	我对数码3C电子产品感兴趣，我喜欢跟上科技发展的潮流。	1 2 3 4 5
	只要东西能用就不需要换新的。	1 2 3 4 5
	我喜欢购买新奇的小玩意和用品。	1 2 3 4 5
	我非常看重商品的品质，愿意攒钱购买一个高品质商品而不是用几个普通商品替代。	1 2 3 4 5
	我容易受到外界刺激或广告诱导而管不住自己的手。	1 2 3 4 5
	我会在家庭消费、收入和生活质量之间寻求平衡。	1 2 3 4 5
	在消费前，我会货比三家，看重性价比，选择最实用且适合自己的。	1 2 3 4 5
	我买东西比较随性，千金难买心头好。	1 2 3 4 5
	预支/超前消费对我来说比较常见。	1 2 3 4 5
	钱就是用来花的，花了才有价值。	1 2 3 4 5

续前表

题目	选项	分值
理财观	有更多消费的资本，让我可以更好地买买买。	1 2 3 4 5
	避免出现生活中的小窘迫，如信用卡还款困难。	1 2 3 4 5
	准备一些应急资金，发生意外时也可以灵活应对，如生病。	1 2 3 4 5
	为自己未来的大额消费项目（如结婚、买房、买车）提前筹集资金。	1 2 3 4 5
	为家庭的未来做准备，未雨绸缪，如为下一代存储教育资金，为父母准备养老、医疗基金。	1 2 3 4 5
	帮助我更早地实现财务/自我的独立。	1 2 3 4 5
	创收，增加额外收入。	1 2 3 4 5
	让零散资金不闲置，能获得额外的小收益。	1 2 3 4 5
	提升日常生活品质。	1 2 3 4 5
	抵御通货膨胀，让资产不贬值。	1 2 3 4 5
	实现资产增值。	1 2 3 4 5
	理财收益可以作为自己的奖励，一次旅行、一顿大餐等。	1 2 3 4 5
	帮助我实现人生/生活心愿清单，如买到第一个名牌包等。	1 2 3 4 5

（2）建立用户细分模型。

利用 k-means 聚类方法对所有语句进行聚类，分别尝试将用户聚为 4～7 类，以寻找最佳方法。好的用户细分一般有如下几大特征：各人群的规模大小分布均衡，各人群之间有一定的特征差异，细分出的人群对最终的用户细分结果分析有实际指导意义。

本项目分别尝试将用户分成 4 类、6 类、7 类，通过建立人群的消费观 CA 图，对各人群进行数据解读，观察分出的人群规模大小分布是否均衡、特征是否明显等，最终采用分成 6 类的方案。消费观 CA 图与人群数据解读结果见图 13－3。

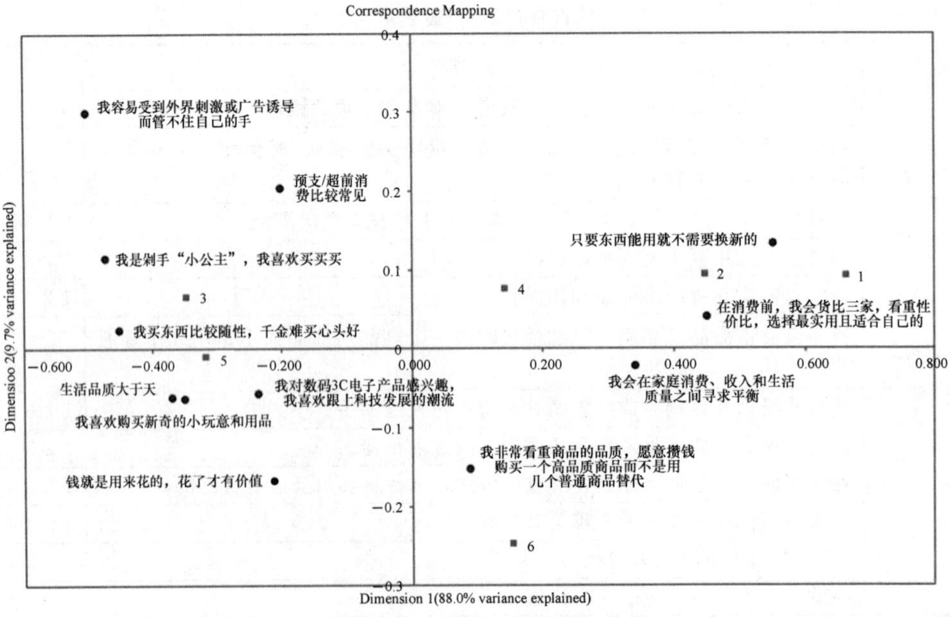

图 13－3　消费观 CA 图

表 13-4 为软性指标细分人群结果。

表 13-4　软性指标细分人群结果

类型	规模	人群特点节选
1	18%	● 男女比例较为均衡，年龄主要集中在 18～24 岁，主要集中在三线及以下城市 ● 投资年限在 1 年及以内的占比最多，投资金额在 1 万元以下的占比最多，过去一年投资过的品类以银行活期/定期为主，随后是互联网理财产品 ● 谨慎消费，“只要东西能用就不需要换新的” ● 理财需求以“创收，闲钱不闲”为主
2	15%	● 男性相对较多，年龄主要集中在 35～39 岁，主要集中在二线城市 ● 投资年限在 3～5 年的占比最多，投资金额在 3 万～10 万元的占比最多，过去一年投资过的品类以银行理财产品为主，随后是互联网理财产品 ● 讲究性价比，“在消费前，我会货比三家，看重性价比，选择最实用且适合自己的” ● 理财需求以“闲钱不闲，实现资产增值”为主
3	17%	● 女性相对较多，年龄主要集中在 18～29 岁，主要集中在一二线城市 ● 投资年限在 1～3 年的占比最多，投资金额在 1 万～3 万元的占比最多，过去一年投资的品类以互联网理财产品为主 ● 冲动消费者，易受广告影响，经常预知/超前消费，喜欢买买买 ● 理财需求以“有更多消费资本，更好的买买买”为主
4	14%	● 男女比例较为均衡，年龄主要集中在 25～35 岁，主要集中在一线城市 ● 投资年限在 2～3 年的占比最多，投资金额在 3 万～10 万元的占比最多，过去一年投资过的品类以银行活期为主，随后是互联网理财产品 ● 讲究品质，“我会在家庭消费、收入和生活质量中寻求平衡” ● 理财需求以“为家庭未来做准备，准备应急金”为主
5	20%	● 女性比例较高，年龄主要集中在 25～29 岁，主要集中在一线城市 ● 投资年限在 2～3 年的占比最高，投资金额在 10 万～20 万元的占比最多，过去一年投资过的品类以银行理财和互联网理财为主 ● 追求生活品质，“我愿意为物质享受乖乖交出钱包”，且认为“钱就是用来花的，花了才有价值” ● 理财需求以“抵御通货膨胀，提升日常生活品质”为主
6	16%	● 男女比例较为均衡，年龄主要集中在 35～45 岁，主要集中在一线城市 ● 投资年限在 5～10 年的占比最多，投资金额在 20 万～30 万元的占比最多，过去一年投资过的品类以银行理财产品为主，随后是互联网理财产品 ● 消费时较为关注商品品质，“我愿意攒钱购买高品质商品，而不是用普通商品替代” ● 理财需求以“闲钱不闲，实现资产增值，为家庭未来做准备”为主

2．硬性指标细分

（1）硬性指标确认。

硬性指标一般是指人口学指标等，有具体的数据要求或定额，典型的是性别、年龄、收入、婚姻状况等。关于硬性指标的选取需要注意以下几方面的事项：

● 选取的指标应与品牌所处领域相关，如本项目为金融理财品牌关于现有用户的用户细分项目，因此这里选择了有关理财能力的“月可支配理财金额”作为分类指标之一。

● 选取的分类指标低相关性，如已选取“月可支配理财金额”作为分类指标，则不应再选取有关理财能力的“理财总金额”作为分类指标，本项目选择“理财投入度”作为另一个分类指标。

综上所述，这里选用题C7“理财投入度”的各语句描述与B3“月可支配理财金额”的各语句描述作为分类指标，分别见表13-5和表13-6。

表13-5　硬性指标1

题目	选项
C7. 理财投入度	我理财知识比较少，平时也没有想了解有关理财知识的意愿，很少看有关理财的资料
	我有一定的理财知识，平时也没有想更多了解有关理财这方面的意愿，很少会看有关理财的资料
	我理财知识较少，但平时会注意有关理财这方面的学习，经常会查看有关理财方面的资料
	我有一定的理财知识，平时也会注意有关理财这方面的学习，经常会查看有关理财方面的资料
	我的理财知识非常丰富，平时很少查看有关理财方面的资料
	我的理财知识非常丰富，平时经常查看有关理财方面的资料

表13-6　硬性指标2

题目	选项
B3. 月可支配理财金额	1 000元及以下
	1 001～2 000元
	2 001～3 000元
	3 001～4 000元
	4 001～5 000元
	5 001～6 000元
	6 000元以上

（2）建立用户细分模型。

确定分类指标后，分别将两个指标变量根据数据分布，生成新的分段变量，将新生成的两个分段变量交叉结合，细分出不同人群。

需要注意的是，在生成分段变量时，分段的数量不应过多也不应过少，过多或过少均不利于人群描摹时的结果输出，一般生成三段即可。本项目根据项目需要将两个分类指标分别生成三段变量指标，将新生成的两个指标变量交叉形成九宫格，共细分出九类人群，图13-4即为硬性指标细分人群的结果图。

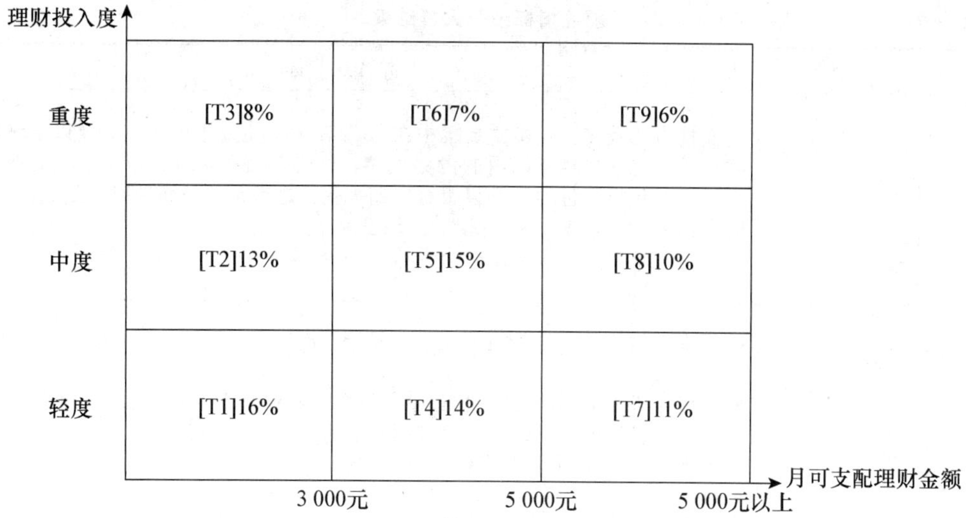

图 13－4　硬性指标用户细分二维图 1

九类人群对于一个用户细分项目而言仍是属于数量比较多的，且细分出的部分人群较为相近，整体各部分的差异不够明显。因此，可将表现相近的人群最后合并成 4～6 类人群。

合并人群时需要注意以下事项：

- 仅相邻位置的人群可合并。
- 有相似表现的人群可合并，相似表现包括除基本的信息相近外的部分，主要是与项目主要的研究目标相关的题目，如本项目合并人群时主要看理财行为和态度相关题目的表现。
- 合并出的六群人的规模大小之间不能有太大差异，应尽量均衡。
- 合并出的六群人需要互相之间有一定的特征差异。

本项目将表现相近的人群 3、6、9 进行合并，人群 7 和 8 进行合并，并对合并后的六类人群进行分析，部分分析结果如图 13－5 和表 13－7 所示。

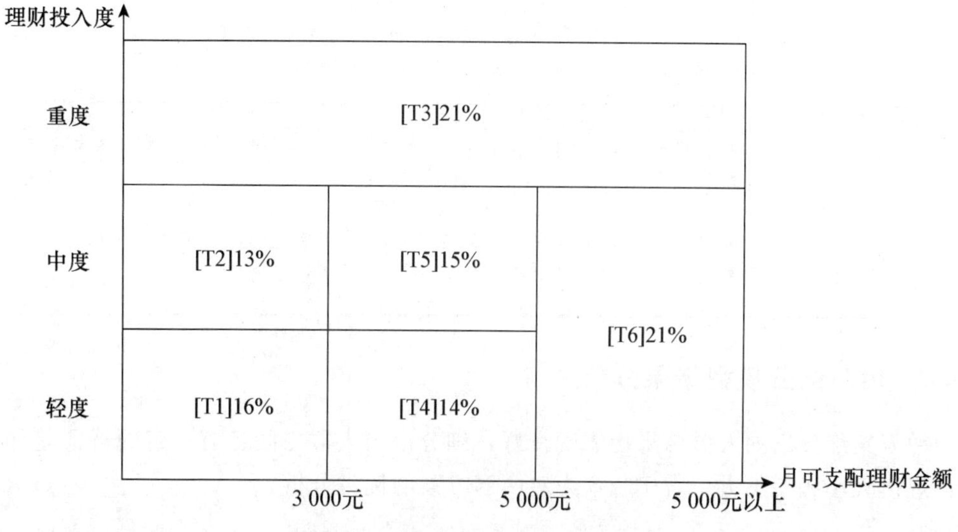

图 13－5　硬性指标用户细分二维图 2

表 13-7　　硬性指标细分人群结果

类型	规模	人群特点节选
1	16%	● 女性占比较多，年龄主要集中在18～24岁，主要集中在三线及以下城市 ● 投资年限在1年及以内的占比最多，投资金额在1万元以下的占比最多，过去一年投资过的品类以银行定期为主，之后是互联网理财产品 ● 在消费观上表现平平，无明显特征 ● 理财需求以“闲钱不闲”为主
2	13%	● 男女比例均衡，年龄主要集中在25～34岁，主要集中在二线、三线及以下城市 ● 投资年限在2～3年的占比最多，投资金额在1万～3万元的占比最多，过去一年投资的品类以互联网理财产品为主 ● 消费时容易受到外界刺激和广告诱导 ● 理财需求以“闲钱不闲，实现资产增值”为主
3	21%	● 男性相对较多，年龄主要集中在35～45岁，主要集中在一线城市 ● 投资年限在3～5年的占比最多，投资金额在10万～20万元的占比最多，过去一年投资的品类以股票和互联网理财产品为主 ● 追求高品质物品，消费时愿为高品质物品攒钱而不是随意将就 ● 理财需求以“闲钱不闲和抵御通货膨胀”为主
4	14%	● 男女比例较为均衡，年龄主要集中在18～24岁，主要集中在一线、二线城市 ● 投资年限在1～2年的占比最多，投资金额在3万～10万元的占比最多，过去一年投资过的品类以银行定期和互联网理财产品为主 ● 对数码科技产品不感兴趣，较看重性价比 ● 理财需求以“准备应急金，应对突发事项和避免生活窘迫”为主
5	15%	● 男女比例较为均衡，年龄主要集中在25～34岁，主要集中在一线城市 ● 投资年限在2～3年的占比最多，投资金额在10万～20万元的占比最多，过去一年投资的品类以互联网理财为主 ● 认为“东西没有坏就不用换新的”，消费时偏谨慎 ● 理财需求以“为家庭未来做准备，未雨绸缪”为主
6	21%	● 女性较多，年龄主要集中在25～34岁，主要集中在一线、二线城市 ● 投资年限在3～5年的占比最多，投资金额在20万～30万元的占比最多，过去一年投资的品类以互联网理财产品和银行理财产品为主 ● 消费随性，追求品质，认为“钱就是用来花的，花了才有价值” ● 理财需求以“理财收益作为奖励，实现心愿清单”为主

13.3.4　用户细分模型结果分析

两种方案细分出的人群结果均表现良好，细分出的人群之间各有一定的特征差异，且各人群规模大小相差不大。表13-8为对两套方案的优劣分析。

表 13－8　　软性、硬性指标细分人群优劣势对比表

细分人群方法	优势	劣势
软性指标细分	从价值驱动出发将人群进行分类，沟通策略会更为精准	细分出的人群可能在具体的实际行为表现上区隔度一般，且由于态度语句偏虚，因此对于细分出的人群，难以落地，即无从找起，可操作性较弱
硬性指标细分	细分出的人群在产品使用行为上的区隔度明显，在定位、寻找相应的用户时直接、快捷，易被运营触达，可操作性较强	细分出的人群可能在有关价值观的表现上区隔度一般

综合考虑，因为本项目的目标是需要产出可落地执行的沟通策略和运营策略，因此在和客户共同商讨之后，决定本项目最终选用可操作性较强的硬性指标的划分方式建立用户细分模型。

13.4　人群描摹与结果应用

建立用户细分模型后，需要对细分出的人群进行描摹，并分析具体数据，确认目标人群，给出相应的结论建议，解决研究目标所提出的相关问题。

13.4.1　人群描摹

确定硬性指标建立的用户细分模型后，需要对细分出的人群进行描摹。图 13－6 为本项目的细分人群描摹示例。

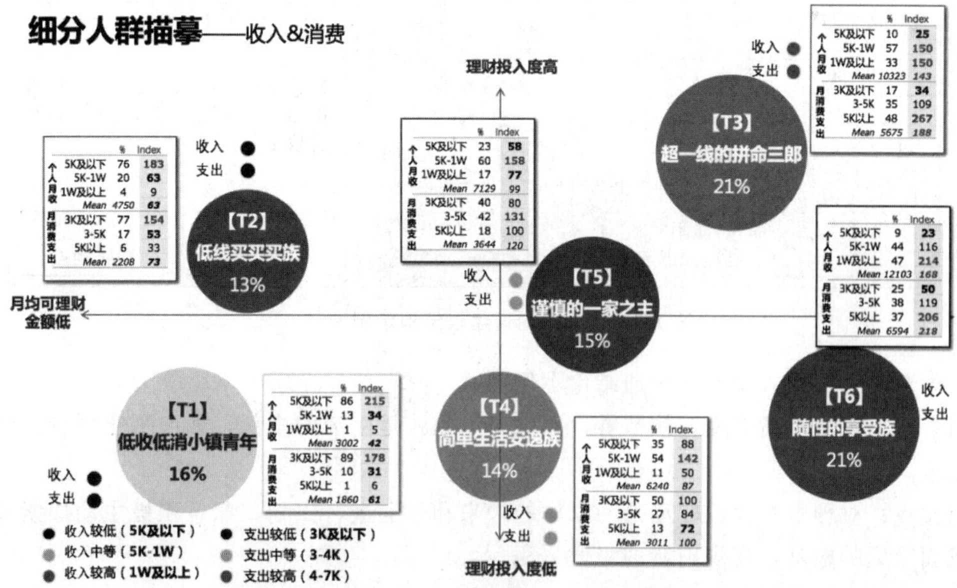

图 13－6　细分人群描摹示例

说明：图中收入或支出金额中 K 代表千元，W 代表万元。

13.4.2 目标人群确认

确定目标人群，一般是通过设定的人群价值维度对各人群进行评定，最终选出综合表现最优的确认为目标人群。判定目标人群选取的人群价值维度需要注意以下几个方面：

- 人群大小。
- 人群的品类价值，在此项目中对应的是有关投资能力的维度，可支配理财能力。
- 人群对客户品牌的使用/倾向性，以及其他客户关心的维度等。

本项目选用可支配理财能力、理财风险类型的占比、人群大小等三个维度作为判定目标人群的人群价值维度，根据判定结果以及和客户的共同商讨情况，最终将人群 5 确定为目标人群，人群 6 确定为次目标人群。

13.4.3 结论与建议

结论与建议部分是整个用户细分报告的精华，也是客户优先关注的部分。对本用户细分研究项目的结论，一般需要从沟通侧、产品侧以及运营侧几个部分陈述以回答研究目标中的问题，图 13-7 为本项目的沟通建议结构示例图。

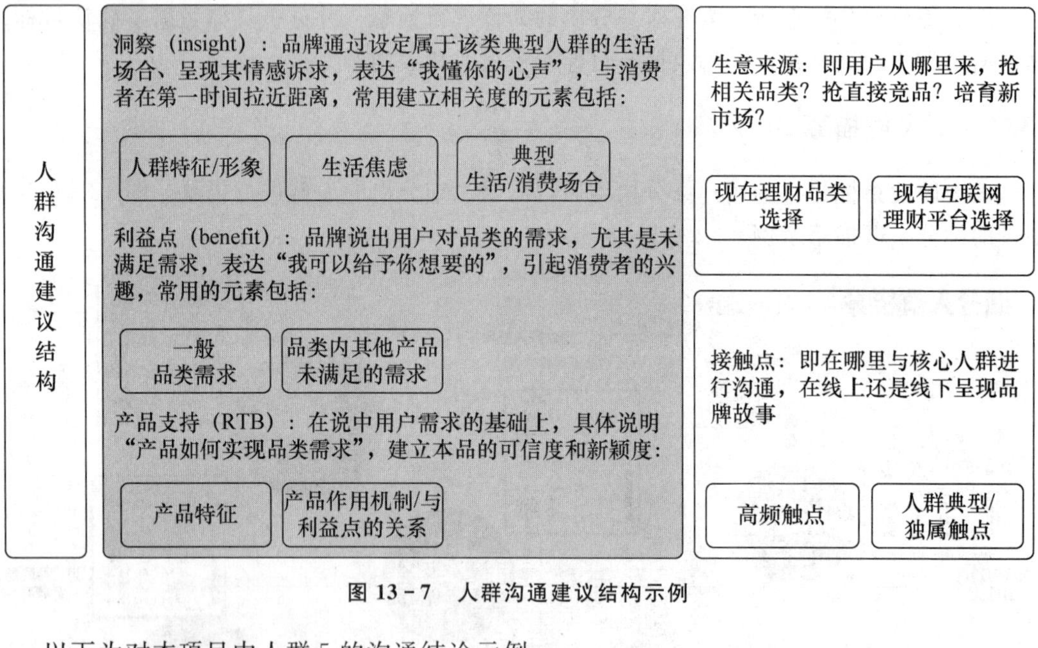

图 13-7 人群沟通建议结构示例

以下为对本项目中人群 5 的沟通结论示例：

- 洞察：一线城市高强度，快节奏，家庭与工作就是生活的全部，如何平衡两者始终是重中之重。
- 利益点：对理财最大的驱动是为家庭的未来和长远进行谋划，愿意积极主动探索和学习来巩固家庭的根基，实现财富的稳健累积。
- 产品支撑点：强调产品兼备高收益性和背后的安全支撑，比如在银行存款稳定可靠；强调资金提取的灵活性，保证收益的同时不失提现的即时性。

13.4.4 启发思考

总结该用户细分项目，需要在执行以及报告撰写中注意如下内容：

首先，在问卷设计上需要考虑覆盖后续细分人群时可能会用到的变量指标。

其次，在用户细分过程中，建模方案有很多种，我们无法确定哪个才是最佳的用户细分方案。因此，一般是根据项目需要做 1～2 次的探索，综合考虑细分出的人群表现情况确认最佳的细分方案。

最后，在确认目标人群的过程中，注意既要考虑该人群未来对品牌的可贡献力，也要考虑品牌对该人群的可转化可能性。如部分目标人群可能是各个品牌都想转化的高净值人群，然而转化难度较大，作为主要目标人群的可能性较小。

思考题

请在下列研究主题中任选其一，设计问卷，进行数据回收，并参考本章所列的软性指标细分和硬性指标细分分别进行细分，并尝试找到其中的核心群体，说明具体理由：

- 某特定选修课学生类型细分。
- 某 App（如视频类、新闻类）使用者细分。
- 某饮料/运动/护肤品牌用户细分。

第14章 某省通信公司客户满意度调查案例

14.1 确定项目目标

确定项目目标是项目的起点，也是项目成功与否的关键。项目目标一经确定就成为一个方向标，指引着项目发展的方向。以后的调查主题、调查对象、调查方式、问卷及量表、分析结果、主要发现和建议都要符合项目目标的要求。

14.1.1 项目背景

随着生产力的发展和市场竞争的加剧，买方市场成为常态，市场营销也由交易营销转变为关系营销，客户成为企业的重要资源，通过使客户满意进而变得忠诚成为现代企业的盈利模式。通信服务行业依赖客户在网期间持续消费产生的价值，留住客户对其而言意义更加重大。

2003年11月20日我国信息产业部颁布了《电信服务质量用户满意度指数测评方案（试行）》，该方案是在电信消费者满意度指数测评软课题研究成果的基础上，经过2年多的实践，不断完善改进而形成的。现在工信部每年都进行全国范围的电信客户满意度测评，某通信公司总部也每年进行客户满意度测评并将测评结果纳入省公司的考核指标。为了与总部保持一致，某省通信公司决定进行年度客户满意度调查。

14.1.2 确定目标的过程

客户满意度调查项目组在了解项目背景的基础上，通过对该省通信公司领导的深访、组织相关业务和职能部门主管人员座谈会、查阅过去的客户关系管理文件等定性研究，进一步明确本次客户满意度调查的目标。

由于各个领导的主管领域差异以及各部门职责差异，项目组收集到的项目需求五花八门，头绪繁杂。调查项目受时间、经费的约束，承载的调查内容要适度，经项目组与省通信公司充分沟通逐步形成共识，确定本次客户满意度调查的目标为三项。

（1）获得与总部口径一致的各市公司客户满意度测评结果，并纳入对市公司的考核指标。

（2）发现服务短板。

（3）检测今年总部列入重点服务提升的各渠道信息一致性落实情况。

14.2 方案设计

调查方案是调查活动的纲领性文件，调查方案在项目目标指引下设计，是实现项目目标的具体措施。一般需要在调查方案中写明调查目标、调查主题、调查对象、调查方式、抽样方法、模型选择、问卷及量表设计、质量控制、主要成果、报告形式、时间进度、项目团队、经费预算等内容。

14.2.1 调查主题

调查主题是对调查目标的细化，是调查过程中需要收集的主要信息。

本项目第一项项目目标是获得与总部口径一致的各市公司客户满意度测评结果，并纳入对市公司的考核指标。为了确立调查主题，首先要弄清楚总部的测评口径。总部分移动电话和固定电话两类业务分别测评客户满意度，考核要求各个业务达到预定值，并且不低于竞争对手。要实现第一项项目目标需要设立如下调查主题：

（1）各市移动电话业务客户满意度水平及与竞争对手比较结果。

（2）各市固定电话业务客户满意度水平及与竞争对手比较结果。

本项目第二项项目目标的实现，需要设立如下调查主题：

（1）各市移动电话业务服务短板。

（2）各市固定电话业务服务短板

本项目第三项项目目标的实现，需要设立的主题为网上营业厅、微信营业厅、短信营业厅、掌上营业厅、客服热线、实体营业厅的信息一致性。

14.2.2 调查对象

调查对象就是根据项目目标确定的调查总体。调查对象要与调查主题相对应，即调查对象要包含调查主题需要的信息。

1. 第一项项目目标的调查对象

对于第一项项目目标的各个调查主题是客户满意度。满意是客户在使用和接受产品或服务后与预期比较所产生的正面或负面的心理感受，属于主观范畴。满意度是对这种心理状态的测度结果，可见满意度的调查对象只能是人而不能是事或物，将投诉率、服务效率、移动网络质量等的评价结果作为满意度是不正确的。

第一项项目目标要求得到各市移动电话和固定电话客户满意度，调查对象就是各市该通信公司的移动电话用户和各市该通信公司的固定电话用户。

第一项项目目标还要求与竞争对手客户满意的对标。按照该公司战略的要求，以A公司移动电话业务为竞争对手，以B公司固定电话业务为竞争对手，所以增加两个调查对象，各市A公司移动电话用户和各市B公司固定电话用户。

2. 第二项项目目标的调查对象

各个业务的服务短板由各个业务的用户评价，所以采用第一项项目目标的四个调查对象正好能够满足要求，这样还有一个好处，就是同一个调查总体的各个调查主题可以在同一份问卷中完成，也就是说每个业务的客户满意度测评可以与该业务的短板确认调查在同一项调查中一起完成。

3. 第三项项目目标的调查对象

调查客服热线、实体营业厅、网上营业厅、微信营业厅、短信营业厅、掌上营业厅信息一致性可从两个方面进行：一是从客户侧调查，了解客户使用各个服务渠道中感知到的信息一致性评价；二是从供给侧调查，核查对比各个渠道信息了解信息一致性情况。前者的缺点是用户中更少有人在短期内同时使用全部服务渠道，并且客户关注的是通过服务渠道满足其服务需求，即使短期内同时使用了多个服务渠道也很少会发现渠道信息的不一致。所以从客户侧出发将服务渠道的使用者作为调查对象很难实现项目目标。后者可由受过培训的专门人员对各个服务渠道信息进行比对，针对性强，效率高。

所以第三项项目目标的调查对象是客服热线、实体营业厅、网上营业厅、微信营业厅、短信营业厅和掌上营业厅的信息。

14.2.3 调查方式

调查方式是采集数据的具体方式。

1. 第一项项目目标和第二项项目目标的调查方式

本项目第一项项目目标和第二项项目目标的调查对象都是各个业务的用户，调查主题都是客户的主观感受和服务体验，并且要能够推测总体，所以应该采用问卷调查。在问卷调查的五类方式中选择哪种最合适呢?

项目组认为面访难以实现概率抽样并且费用高、周期长，判定为不适用。

该省通信公司的一位领导主张采用互联网问卷调查，项目组认为互联网问卷调查难以取得概率样本，并且因满意度会纳入对各市分公司考核而可能出现市分公司组织专人填写问卷的作弊现象，所以互联网问卷调查也不适用。

该省通信公司又提出固定电话业务可以采用邮寄问卷调查以节省费用，项目组认为尽管固定电话业务有准确的用户名址，可以实现概率抽样和问卷寄送，但是如果回收率太低既破坏样本随机性又会导致单个有效样本费用过高，回收率高低是决定能否使用邮寄问卷调查方式的关键。恰好项目组上一年为另外一个省的通信公司通过邮寄问卷方式调查过固定电话用户的满意度，当时寄送的是一页A4纸包含16个问题的问卷，随信提供了印好回寄地址并由收方付费的回寄信封，还承诺凡寄回者将收到10元钱的面包券作为奖励，结果回收率仅有1.2%，按照单份邮寄问卷费用5元计算，每个有效样本的费用约为50元。可见对于固定电话业务的邮寄问卷调查并不能节省费用，可以推知移动电话业务也一样，并且这么低的回收率很可能出现系统性偏差，已经破坏了原来概率抽样的随机性。所以邮寄问卷调查对于移动电话业务和固定电话业务用户满意度调查不适合。另外，同属直递问卷调查的短信、微信、电子邮件问卷调查也各有缺点。短信问卷调查不能应用于固定电话业务，因为该通信公司并无固定电话用户的移动电话号码，无法推送短信。即使该通信公司有用户移动电话号码的移动电话业务也因短信问卷调查只适合非常简短的问卷而不得不放弃。微信问卷调查和电子邮件问卷调查也只能放弃。

留置问卷调查不能取得概率抽样样本，并且没有留置问卷的合适地点，也只能放弃了。

电话问卷调查相对来说是最优的方式。通信公司掌握着移动电话用户的移动电话号码、固定电话用户的固定电话号码，所以有完备的抽样框，可以进行概率抽样，并且可以通过拨打电话进行访问。最终确定本项目第一项项目目标和第二项项目目标的调查采用计算机辅助的电话问卷调查方式。

2. 第三项项目目标的调查方式

本项目第三项项目目标的调查对象是网上营业厅、微信营业厅、短信营业厅、掌上营业厅、客服热线和实体营业厅的信息。其中，网上营业厅、微信营业厅、短信营业厅和掌上营业厅等渠道的信息是文本形式，由客户自行查阅。客服热线和实体营业厅两个服务渠道提供的信息是通过服务人员告知客户的。所以对这些服务渠道的信息是否一致的核查可通过神秘客户调查来完成。

14.2.4 抽样框

抽样框最接近调查总体的已知信息库，是进行抽样的基础资料。

第一项项目目标和第二项项目目标的调查无法以该通信公司各市移动电话用户和固定电话用户作为抽样框，因为该通信公司的数据库是以业务为基础建立的，不是以人为基础建立的，客户管理数据系统不支持按照人提取数据，只支持按照电话号码等业务标志提取数据。这样做的缺点是有人使用多个电话号码，使得电话号码与用户不是一一对应的关系，抽样框与调查对象存在一定偏差，但是考虑到操作上的方便性及一人多号只是极少数，这种选择还是可以接受的。

各个公司的用户信息都是商业机密，该通信公司无法直接获得竞争对手客户资料。唯一得到竞争对手部分移动电话号码和固定电话号码的途径是竞争对手用户与该公司用户的过往通话记录。我们只能用过往记录的A公司移动电话号码作为竞争对手移动电话用户调查对象的抽样框，用过往记录的B公司固定电话号码作为竞争对手固定电话用户调查对象的抽样框。我们知道此抽样框与应有的研究对象存在差异，但是在成本、时间等各个因素综合考虑之后，我们认为使用这个不完备的抽样框已经是目前的最优选择，并且与该公司用户联系过的竞争对手用户和没有与该公司用户联系过的竞争对手用户在对竞争对手满意度上并不存在明显的系统性差异。

第三项项目目标是神秘客户调查，不需要抽样框。

14.2.5 抽样方法和样本量

完成第一项项目目标的各个抽样框较为完备，可以对四个调查对象分别采取简单随机抽样。在该公司的客户管理信息系统中进行简单随机抽样十分方便，并且用简单随机样本统计量推断总体参数时不需要做加权处理。

由于各个调查对象的数量都是10万量级以上，并且调查样本一定是大样本，所以对其采用简单随机抽样的样本量取决于设计精度和样本方差。经与该通信公司沟通，确定在95%的置信度下，10分制的客户满意度调查结果允许绝对误差为0.25分。查阅得往年满意度调查结果的样本方差为8。可以计算出各个调查对象所需的样本量为492个。

$$n=\frac{{z_{\alpha/2}}^2\sigma^2}{E^2}=\frac{(1.96)^2\times 8^2}{(0.25)^2}=491.7\approx 492$$

对服务渠道信息一致性的核查采用神秘客户调查，神秘客户调查属于小样本、定性的调查，这种调查不是追求样本对总体的代表性，而是希望通过典型或重点对象发现问题，所以一般不采用概率抽样，而是充分利用先验信息选择最容易出现不一致的内容作为核查内容。

14.2.6 模型选择

第一项项目目标是测评出各个对象的满意度。目前满意度测评有两种思路。一种是将测评业务分解为若干客户感知项，调查中请客户对分解出的各个感知项做满意度评价，事后统计分析时再将各分解出的感知项满意度综合计算出业务的满意度。另一种是直接由客户对某一位进行满意度评价，客户在内心已经完成对各个感知项的综合评定，各个客户的预期和感知存在差异，就使用这项业务的感知与预期比较后的心理状态也有所不同，这个心理状态的定量化就是满意度测评的结果。前一种思路很难找出与客户相同的由各个感知项满意度综合成为总的满意度的合适的方式，比如，用加权平均的方法会遇到难以找到合适权重、同一业务客户感知项不完全相同等困难。因此，通常满意度测评采用后一种思路。我们也采用了后一种思路。

在与该通信公司管理层沟通时得知，省公司将客户满意度纳入对市分公司考核指标以后，市分公司对于自己的客户满意度得分常常向省公司询问“哪些因素影响客户满意度的得分？各个因素影响程度大小如何？”市公司希望通过改进这些影响因素进而提升客户满意度。从客户满意度受到关注以来近30年的理论研究和测评实践看，美国客户满意度指数测评模型（ACSI）较好地反映了客户满意度及其影响因素的关系。在我国，信息产业部率先于2001年委托中国人民大学建立了中国电信服务客户满意度测评模型，简称TCSI模型。TCSI借鉴ACSI并结合我国消费特点和通信服务特征，将客户接受服务过程中的心理感受和行为特征用客户预期、品牌形象、感知质量、感知价值、感知公平、满意度、抱怨率、忠诚度等八个方面来描述。客户预期侧重于对客户自身状态的反映。品牌形象侧重于对客户心中该企业整体印象和社会形象的反映。感知质量侧重于对客户亲身感受到的质量水平的反映。感知价值侧重于对客户自我感受的性价比的反映。感知公平侧重于对客户亲身感受到的是否受到真诚和公正对待的反映。这五个方面都会影响到客户在接受服务过程中的心情，即影响客户是否满意。满意度是对客户接受服务心情是否愉快的量化反映。心理学、营销学以及企业实践经验都证明，客户在竞争的环境中接受服务感觉失望甚至愤怒，他们就会抱怨甚至投诉（抗议），进而转向竞争者，对这种状态，TCSI模型是用抱怨率和忠诚度两个指标来反映的，忠诚是客户对企业的信任，愿意推荐该企业的产品。

综上所述，满意度主要受到品牌形象、客户预期、感知质量、感知价值和感知公平这五个要素的影响，而满意度的直接结果形成了抱怨率和忠诚度。以满意度为核心指标，这八个变量之间的相互作用关系形成了一个完整的三维体系，如图14-1所示。

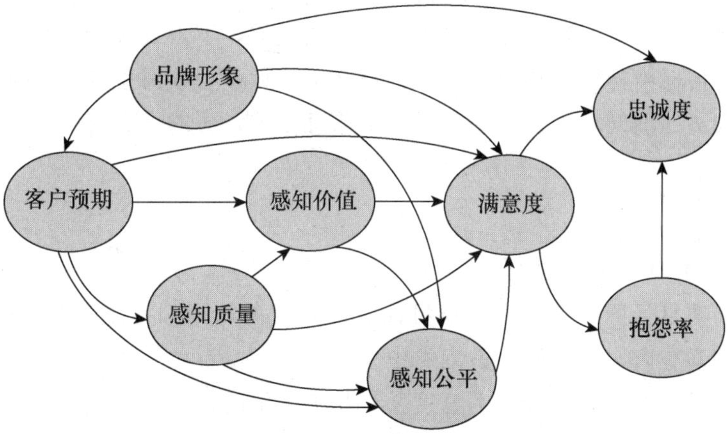

图14-1 中国电信服务客户满意度测评（TCSI）模型

TCSI模型采用结构方程模型，图14-1即为结构方程模型的结构图，图中的八个因素为潜变量，箭头表示潜变量间的影响关系，潜变量是不便于直接测评的变量，每个潜变量用相对应的观测变量测量，TCSI的潜变量和观测变量见表14-1。

表14-1 中国电信服务客户满意指数测评指标体系

类型	潜变量	观测变量	题号
影响满意度的因素	ξ（品牌形象）	x_1（企业形象） x_2（产品形象）	Q1 Q2
	η_1（客户预期）	y_1（可靠性预期） y_2（适应性预期）	Q3 Q5
	η_2（感知质量）	y_3（可靠性质量） y_4（适应性质量）	Q4 Q6
	η_3（感知价值）	y_5（相对于质量的价格） y_6（相对于竞争者的价格）	Q7 Q8
	η_4（感知公平）	y_7（受到尊重程度） y_8（受到公平对待程度）	Q10 Q11

续前表

类型	潜变量	观测变量	题号
满意度	η_5（满意度）	y_9（相对于预期水平的满意度） y_{10}（相对于理想水平的满意度） y_{11}（总体满意程度）	Q9 Q13 Q12
不同满意度水平的客户行为	η_6（抱怨率）	y_{12}（是否抱怨）	Q17
	η_7（忠诚度）	y_{13}（客户稳定程度） y_{14}（客户推荐意愿） y_{15}（客户信任程度）	Q14 Q15 Q16

中国电信服务客户满意度测评（TCSI）模型是我国首个采用结构方程模型建立的行业满意度测评体系，也是连续开展测评时间最长的行业满意度模型，从2001年至今已经进行了10多年测评，所以我们也采用此模型。

第二项项目目标可以通过制作改进方向判断图完成，不需要统计模型。

第三项项目目标由神秘客户对该通信公司文本信息进行核对检查，并通过对客服热线和实体营业厅人员的询问看其回答是否与文本信息一致，所以不需要统计模型。

14.2.7 问卷设计

1. 第一项项目目标的问卷

实现第一项项目目标和第二项项目目标的调查对象相同，可以将数据采集过程合并，即将两个目标的调查内容放在同一份问卷中完成。

第一项项目目标的调查内容是满意度及其相关因素的评价，有人提出采用如下量表。

Q1. 您对该公司移动电话业务的满意度如何?

1. 很不满意　　2. 不太满意　　3. 一般　　4. 较满意　　5. 很满意

项目组认为以上量表属于定性的顺序尺度，不能满足定量分析的要求。又有人提出将顺序量表改为如下量表。

Q1. 您对该公司移动电话业务的满意度如何? 请用5分制打分，1分为很不满意，5分为很满意，您可以按照你的感受打1～5中任意分数。

1　　2　　3　　4　　5

以上量表为定量的定距量表，虽然将定性变量变为定量变量，但是1～5的分辨度尚不高，到数据分析时使用结构方程模型效果可能不好，所以项目组决定采用10分制量表。

Q1. 您对该公司移动电话业务的满意度如何? 请用10分制打分，1分为很不满意，10分为很满意，您可以按照你的感受打1～10中任意分数。

1　　2　　3　　4　　5　　6　　7　　8　　9　　10

2. 第二项项目目标的问卷

第二项项目目标的调查内容是客户视角的服务改进方向，可以通过制作改进方向判断图完成。

制作改进方向判断图的步骤是：第一，通过调查获得顾客对各个预判的改进项目的评价，以及客户对该业务的总体满意度评价（本项目第一项项目目标已经获得）。第二，计算出各个预判改进项目与总体满意度的相关系数，以及对各个预判改进项目的评价均值。第三，在以预判的改进项目的评价均值作为纵坐标，以预判改进项目与总体满意度的相关系数作为横坐标的二维坐标图中标出各个预判改进项目。第四，将二维坐标图划分为四个区域，评价均值高相关系数也大的是优势区，评价均值低相关系数大的是改进区，评价均值高相关系数小的是维持区，评价均值低相关系数小的是观察区。

企业根据各个预判改进项目在改进方向判断图中的位置做出改进方向选择，列入调查的预判改进项目可以通过深度访谈、焦点小组座谈会、专家意见等方式确定，也可通过过去的调查数据获得。

根据该通信公司过去的经验和客户投诉问题汇总可以列出各个业务的预判改进项目。移动上网业务的预判改进项目包括网络质量、手机上网、手机邮箱、手机报、视频通话、实体营业厅、客服热线、网上营业厅、计费、缴费、高端客户经理、客户俱乐部、投诉处理等13个。制作移动电话业务改进方向判断图的调查问卷设计如下：

Q1. 您对网络质量如何评价？请用10分制打分，1分为很差，10分为很好。

1　2　3　4　5　6　7　8　9　10

Q2. 目前您使用手机上网吗？

1. 使用　　2. 未使用……未使用，跳到Q4

Q3. 您对手机上网如何评价？请用10分制打分，1分为很差，10分为很好。

1　2　3　4　5　6　7　8　9　10

Q4. 目前您使用手机邮箱吗？

1. 使用　　2. 未使用……未使用，跳到Q6

Q5. 您对手机邮箱如何评价？请用10分制打分，1分为很差，10分为很好。

1　2　3　4　5　6　7　8　9　10

Q6. 目前您使用手机报吗？

1. 使用　　2. 未使用……未使用，跳到Q8

Q7. 您对手机报如何评价？请用10分制打分，1分为很差，10分为很好。

1　2　3　4　5　6　7　8　9　10

Q8. 目前您使用视频通话吗？

1. 使用　　2. 未使用……未使用，跳到Q10

Q9. 您对视频通话如何评价？请用10分制打分，1分为很差，10分为很好。

1　2　3　4　5　6　7　8　9　10

Q10. 今年您去过该公司营业厅吗？

1. 去过　　2. 未去过……未去过，跳到Q12

Q11. 您对营业厅如何评价？请用10分制打分，1分为很差，10分为很好。

1　2　3　4　5　6　7　8　9　10

Q12. 今年您拨打过该企业客服热线吗？

1. 打过　　2. 未打过……未打过，跳到Q14

Q13. 您对客服热线如何评价？请用10分制打分，1分为很差，10分为很好。

1　2　3　4　5　6　7　8　9　10

Q14. 今年您上过该公司网上营业厅吗？

1. 上过　2. 未上过……未上过，跳到 Q16

Q15. 您对网上营业厅如何评价？请用 10 分制打分，1 分为很差，10 分为很好。

1　2　3　4　5　6　7　8　9　10

Q16. 您对计费准确性如何评价？请用 10 分制打分，1 分为很差，10 分为很好。

1　2　3　4　5　6　7　8　9　10

Q17. 今年您去缴过手机费吗？

1. 缴过　2. 未缴过……未缴过，跳到 Q19

Q18. 您对缴费服务如何评价？请用 10 分制打分，1 分为很差，10 分为很好。

1　2　3　4　5　6　7　8　9　10

Q19. 今年您接受过客户经理服务吗？

1. 接受过　2. 未接受过……未接受过，跳到 Q21

Q20. 您对客户经理如何评价？请用 10 分制打分，1 分为很差，10 分为很好。

1　2　3　4　5　6　7　8　9　10

Q21. 今年您参加过客户俱乐部活动吗？

1. 参加过　2. 未参加过……未参加过，跳到 Q23

Q22. 您对客户俱乐部如何评价？请用 10 分制打分，1 分为很差，10 分为很好。

1　2　3　4　5　6　7　8　9　10

Q23. 今年您向该企业投诉过吗？

1. 投诉过　2. 未投诉过……未投诉过，跳过 Q24

Q24. 您对投诉处理如何评价？请用 10 分制打分，1 分为很差，10 分为很好。

1　2　3　4　5　6　7　8　9　10

但是，对于预判改进项目较多或者顾客对预判改进项目接触率差异大的业务用这种方法制作改进方向判断图有如下缺陷：

（1）问卷问项多，影响评价准确性。

通常开展一次顾客调查都不会是仅仅为了制作改进方向判断图，一般会利用该调查机会实现多个主题的数据采集。每个主题都会有些问项，再加上预判改进项目较多，问卷问项必然很多，结果是调查时间太长，被访顾客分散注意力，采取应付态度，甚至中途拒访，调查数据准确性下降。

（2）问卷问项多，导致调查成本高。

调查项目的访问成本高低与问卷问项多少正相关，上例为了制作改进方向判断图就需要 24 个问题，预判改进项目越多成本越大。

（3）未考虑使用率差异，会误判改进方向。

不区分接触率不同的项目会导致改进方向判断失误。顾客在使用产品和接收服务过程中，关注的因素和接触项目存在差异，不同项目的使用率差异很大。使用率高的项目影响面大，使用率低的影响面小，按理说不同使用率应成为企业确定改进方向时考虑的因素，但是在企业改进方向判断图中却被忽视，被忽视的原因就是采用了各个项目与总体满意度的相关系数作横坐标，其实不同项目的相关系数是由不同的客户群计算的，项目之间不完全对等，画在一张图上就可能出现偏差。

针对改进方向判断图的缺陷，项目组提出了新的制作方案以期减少问项，缩短访问时间，节约成本，提高数据质量，体现项目客户使用率差异。新的制作方案如下：

（1）采用开放性问题采集数据。

改进后的调查问卷只有一个问项，并且各个企业通用，问题如下：

Q1. 作为该通信公司移动上网用户，您希望它在哪些方面有所改进？（开放题）

根据此问可以得到客户提出的各个改进项目名称，以及各个改进项目的客户提及占比。

（2）以项目的客户改进提及率作横坐标。

通过上面的开放问题可以获得客户提出的各个改进项目，并汇总出各个改进项目的提及人数和提及率，提及率反映了各个项目在客户中的影响广度，它与项目使用率正相关，提及率高的项目是客户改进呼声高的项目。可将改进项目客户提及率作为改进方向判断图的横坐标。

（3）以项目对总体满意度的拉动幅度作纵坐标。

影响面广的项目不一定是对满意度影响深的项目，比如，网络质量是每个顾客都会感知接触的项目，计费错误只有很少顾客会遇到，但是顾客对暂时无信号等网络质量的容忍度远比计费错误容忍度高，所以在确定企业改进方向时除了关注项目的影响广度，还要关注影响深度，可将影响深度作为企业改进方向判断图的纵坐标。

项目影响深度可用没有要求改进该项目客户群的总体满意度与提出改进该项目客户群的总体满意度的差值表示。

（4）改进后的改进方向判断图。

将改进项目影响广度作为横坐标，将总体满意度影响深度作为纵坐标，制作改进方向判断图，在图中越靠近原点的项目改进必要性越弱，反之越远离原点的项目改进必要性越强，原点出发的对角线反映改进方向。

实现第三项项目目标的调查方式是神秘客户而不是问卷调查，所以不需要调查问卷。

14.3 数据采集

14.3.1 试调查

试调查就是在正式调查之前进行的小规模试验性调查。

本项目只是对电话调查进行试调查，试调查的任务有三项。

（1）通过试调查数据进行问卷信度效度分析，确定问卷适用性。

（2）通过试调查数据计算客户满意度的样本方差，判断与过去是否有明显变化，进而确定样本量设计合理性。

(3) 通过调查对第三项项目目标开放题预设选项进行补充完善。

试调查完全按照正式调查的流程进行，试调查结果显示问卷信度效度满足要求，问卷可用。样本方差与过去相比没有明显变化，各个调查对象样本量 492 个，满足精度要求。开放题根据客户回答内容做了一些补充。

14.3.2 调查实施

1. 计算机辅助电话调查

实现第一项项目目标和第二项项目目标需要对四个调查对象实施四个独立的电话调查项目。各个电话调查项目的流程如下：

(1) 调查前准备。

首先将问卷调入 CATI 系统，然后将抽样得到的样本信息调入，调查时计算机程序会读取其中的电话号码并自动拨号接通，还要设置访员配额（为了减少访员误差，每个调查项目的每个市的客户调查都由多人完成）。最后进行访员培训，包括涉及的通信业务知识、访问技巧等。

(2) 调查中监管。

调查进行中必须保证调查质量，通过监听、现场巡视、即时访问、数据分析等多种手段进行质量监督。

(3) 调查后审核。

调查项目结束导出调查结果数据，通过分析判定是否存在不合格记录。审核合格后提交给数据分析部门。

2. 神秘客户调查

由经过培训的人员担任神秘客户，首先核对网上营业厅、微信营业厅、短信营业厅、掌上营业厅的文本信息，寻找不一致的内容。将正确文本信息作为蓝本，神秘客户拨打客服热线或到实体营业厅询问，检查回答是否与蓝本一致，记录不一致的数量作为扣分项。

14.4 数据分析与结论

数据分析首先要完成明示的项目目标，同时要最大限度地挖掘有价值的附加信息结果。

14.4.1 针对项目目标的分析

1. 第一项项目目标结果

通过数据分析获得该通信公司各市移动电话客户满意度和固定电话客户满意度，以及该通信公司各市移动电话客户满意度与 A 公司的差值和固定电话客户满意度与 B 公司的差值，为绩效考核提供依据，也可了解与竞争对手相比的优势如何。第一项项目目标结果展示图例见图 14-2。

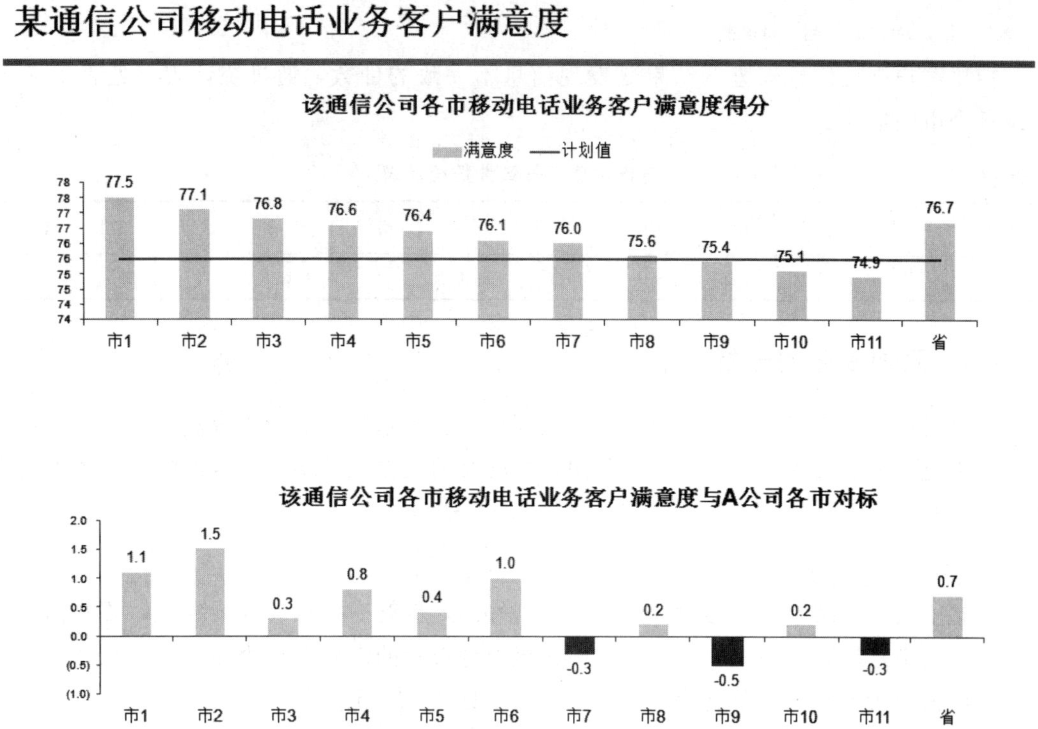

图 14-2 第一项项目目标结果展示图例

2. 第二项项目目标结果

第二项项目目标通过改进方向判断图可以直观反映各个改进项目的顺序。第二项项目目标结果展示图例见图 14-3。

某通信公司移动电话业务改进方向判断图

序号	改进项目	提及率%	总体满意度差值
1	网络质量	46.0	2.5
2	手机上网	35.0	2.2
3	手机邮箱	5.0	0.5
4	手机报	3.0	0.3
5	视频通话	6.0	0.4
6	实体营业厅	12.0	1.6
7	客服热线	13.0	1.4
8	网上营业厅	1.0	0.2
9	计费问题	3.0	4.3
10	缴费问题	2.0	1.1
11	客户经理	0.1	2.7
12	客户俱乐部	0.1	1.5
13	投诉处理	3.0	3.0

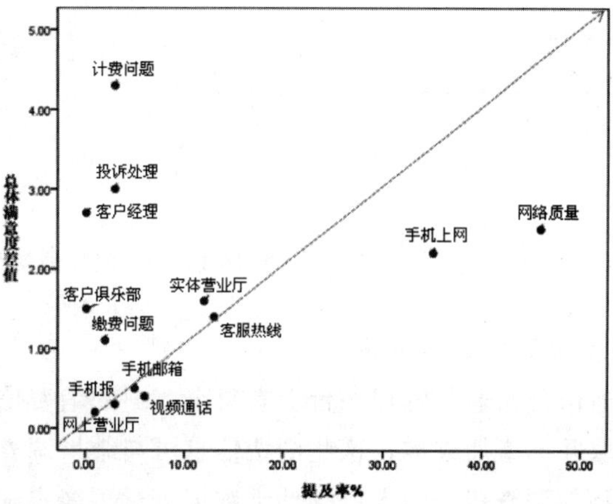

图 14-3 第二项项目目标结果展示图例

3. 第三项项目目标结果

神秘客户进行信息核查的结果是发现信息不一致的件数，通过统计表（见表 14-2）汇总各个市的情况。

表 14-2　　各市信息不一致件数统计表

地区	市 1	市 2	市 3	市 4	市 5	市 6	市 7	市 8	市 9	市 10	市 11
件数	2	1	4	0	3	3	5	6	4	5	7

14.4.2　附加信息的分析

项目目标必须实现，是数据分析的最低要求，在此基础上还要充分利用数据，尽量分析出有价值的附加结果。另外，还可利用过去已有的数据或结果，与这次的调查数据结合在一起分析。

1. 充分挖掘问卷中的信息

问卷中的分析结果有些是设计问卷时计划好的，也有一些没有在计划中，要根据数据特点临时确定。比如，根据本项目中结构方程模型得到的满意度各个相关因素总影响及其评价值成为分析这些因素改进缓急的基础，结果见图 14-4。

某通信公司移动电话业务影响满意度因素分析

满意度影响因素	影响力	评价值
品牌形象	0.42	72.6
消费者预期	0.17	80.5
感知质量	0.53	70.6
感知价值	0.26	71.9
感知公平	0.19	73.1

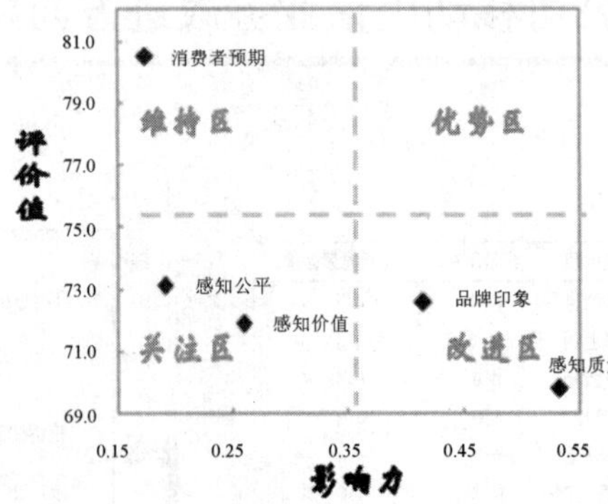

图 14-4　附加结果图例

2. 结合已有数据分析

该通信公司业务管理平台上有每个客户的消费信息，这些信息在提取客服电话号码时一并提取并不增加成本，这些消费信息可与结果调查数据一起分析。比如，我们利用客户消费金额与调查获得的人口统计学数据进行了客户画像，结果见图 14-5。

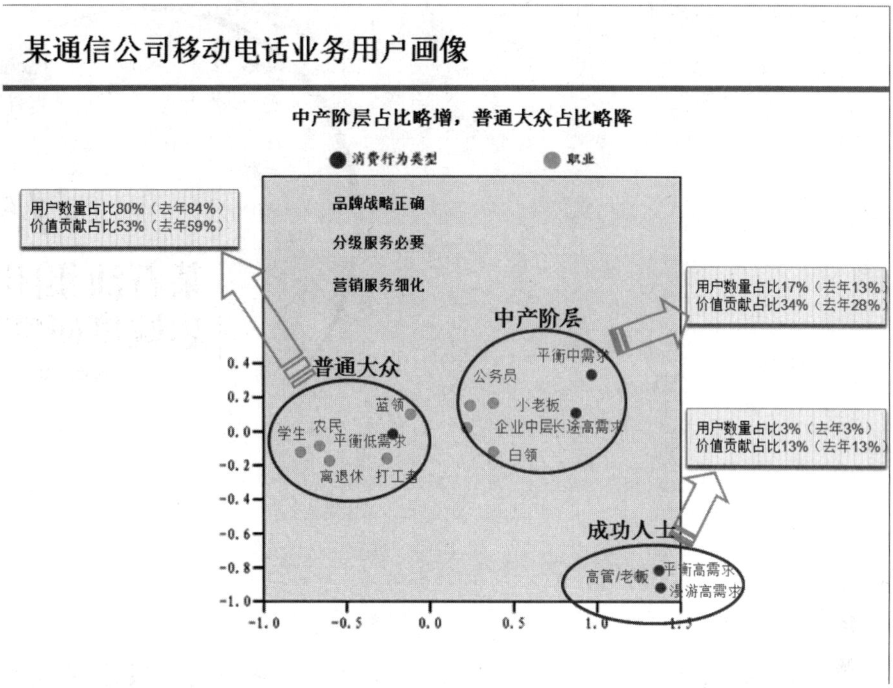

图 14－5　结合已有数据分析图例

思考题

14.1　请举例说明对产品或服务质量的理解。如何理解质量和满意度的区别和联系？

14.2　选择一个熟悉的品牌，对其产品或服务设计客户满意度测评方案。

市场调查方法与技术·第4版·

第15章 某石油集团客户忠诚度研究案例

15.1 项目背景

随着市场的开放与竞争的加剧，在经济一体化与服务制胜的大环境下，以顾客的忠诚满意为目标改进产品和服务质量已成为企业提高竞争力的必经之路。已有研究表明，维持一个老客户可以比开发一个新客户节约60%的成本，因此，通过提高服务质量和改善服务方式，增加现有客户的“黏性”是企业亟待解决的问题。如何利用“客户忠诚”吸引潜在的忠诚客户，扩大企业核心业务的“忠诚”市场，也是十分关键的问题。在这个大的背景下，A石油集团计划开展“客户忠诚计划”，决定进行一项客户忠诚度调查项目研究。

15.1.1 项目目标

本项目试图通过定义忠诚度和构建模型的方式来进行忠诚度研究，为“客户忠诚计划”的制定提供依据。项目具体目标分为以下三个方面：

第一，定义忠诚度，构建客户忠诚行为评价模型。

第二，对客户进行调查，根据调查数据进行忠诚客户“肖像”与“区隔”分析，进一步细化不同类型忠诚客户的行为与消费心理特征，为设计有针对性的“提升客户忠诚度”方案提供数据依据。

第三，探索使用潜变量分析模型与特征选择模型等现代统计技术，对环境、营销、心理等不同层面影响客户忠诚的因素进行分析，提炼影响忠诚行为的关键因素，力争在更大程度上提升客户的整体满意度。

15.1.2 项目研究对象

本项目的研究对象为某市在A石油集团加油站加油的客户。该项目是一个试验性研究，主要是建立忠诚度测度模型，验证忠诚度量化分析方法，因此选择某市为试验对象，对到 A 石油集团加油站加油的客户进行调查。加油站产品分汽油和柴油，加油的车辆有大车和小车的区分，本项目的研究对象为开小型机动车（7 座及以下）到加油站加汽油的客户。

15.1.3 研究路径

本项目研究路径如图 15－1 所示。

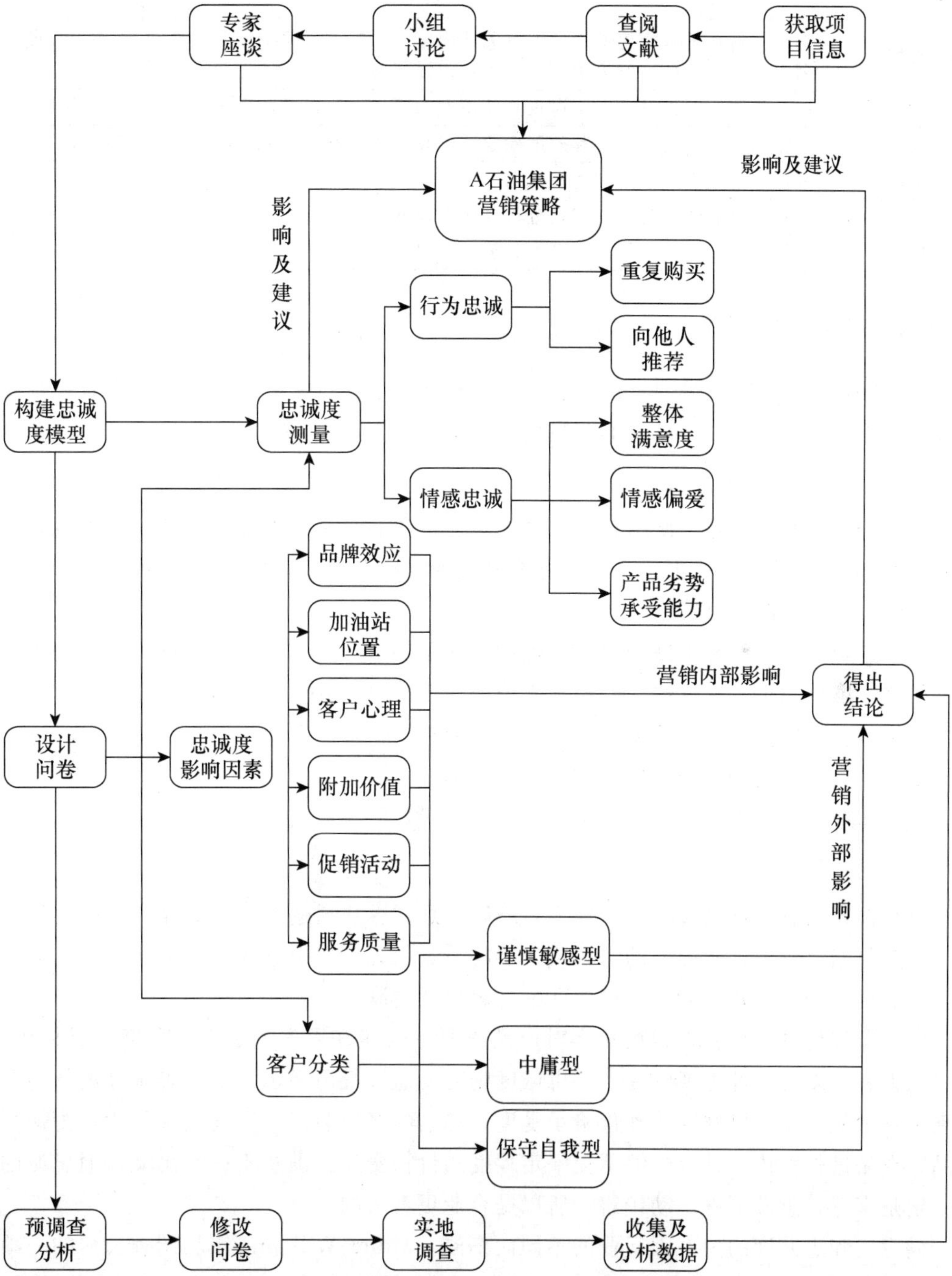

图 15－1　客户忠诚度研究路径图

在项目立项，获取项目有关信息后，课题组进行文献搜集，了解已有研究成果，经过课题组讨论和专家座谈，了解A石油集团营销策略，在此基础上构建忠诚度测量模型，依据模型要素设计问卷。问卷初稿设计后进行预调查，对问卷初稿进行修改完善，然后进行实地调查，对数据进行处理与分析，得到相关结论。具体内容如表15-1所示。

表15-1　　研究步骤与内容

研究步骤	具体内容
理论研究	查阅文献，了解与忠诚度研究有关的内容，如加油站客户忠诚度概念定义、忠诚度影响因素探究、客户分类研究方法等，做好前期准备
方案讨论	针对具体问题设计问卷，讨论具体模型和研究方法，邀请专家进行访谈
预调查	进行预调查，进行信度和效度检验，修改问卷中不合理的问题，得到最终版调查问卷
实地调查	进行实地调查，采集和整理数据
数据分析	针对收集的数据进行描述性分析并构建模型
撰写报告	进行研讨，寻找到最优模型和数据处理方法，撰写调研报告

15.1.4　研究文献综述

进行项目研究，首先需要对已有研究进行梳理。本项目文献梳理的核心内容包括两个部分：一是相关概念；二是已有的测量模型。

1. 产品忠诚和品牌忠诚

（1）产品忠诚。产品忠诚指客户忠诚的对象是产品，是以产品为中心。比如说，有人喜欢使用92号汽油，即使可以选择其他型号汽油，他们依旧选择92号汽油，此时就可以认为这些人对92号汽油忠诚。

（2）品牌忠诚。品牌忠诚指客户产生的对某种特定产品品牌或生产该种产品的特定公司的信赖、维护和希望重复购买的一种心理倾向。客户忠诚度就是对客户忠诚程度的定量扫描。例如，就加油而言，有些人喜欢A石油集团产品，有些人喜欢B石油集团产品，通常他们会选择自己钟爱的石油集团加油站加油。

显然本项目欲研究的是品牌忠诚。

2. 顾客满意和顾客忠诚

（1）顾客满意。根据科特勒的定义，顾客满意指客户通过对一个产品或服务的感知效果与其期望相比较后，所形成的愉悦或失望的感觉状态。如果感知效果低于期望值，客户就会不满意，如果感知效果与期望值匹配，客户就会满意。

（2）顾客忠诚。顾客忠诚指顾客对产品或服务的偏好程度，是满意程度的具体体现。也可以说满意度是一种主观感受，而忠诚度则需要通过行为展示。展示忠诚度的行为通常表现为：重复购买、口碑宣传和价格承受度。忠诚的客户会产生重复购买行为，为他喜爱的品牌产品进行宣传，并且能够承受一定程度的价格变动。满意不一定忠诚，但忠诚的前提一定是满意，忠诚可以拉动销售，所以是企业更看重的。

满意度和忠诚度的关系因行业的不同而不同。Miller-Williams市场调查公司的一项研究表明，不同行业顾客满意和顾客忠诚的关系有所不同。对于有些行业，随着顾客满意的提高，顾客忠诚也会相应提高，而有些行业则不然。顾客满意和忠诚的关系受到行业内竞争态势的影响很大，市场竞争越激烈，由满意度提高所带来的忠诚度提高会减弱。另外，产品和服务交易周期与价格特点对满意度和忠诚度之间的关系影响很大。垄断也会带来满意度和忠诚度关系的扭曲。随着市场化的程度提高，当部分客户体验过后，开始对垄断市场者的服务表示不满意。但是，客户还没有勇气抛弃这些市场领导者，竞争者还没有足够的竞争力让客户因为对市场领导者服务的不满而转移。当那些时尚者先一步享受更优质的服务时，大多数客户还处于行为忠诚、态度不一定忠诚的犹豫阶段。

分析客户忠诚度的模型有多个，下面三种模型是比较有代表性的。

第一，顾客忠诚度四层次模型。此模型将顾客忠诚度分为四个层次：

- 认知忠诚。指客户通过对产品外形及质量信息的了解，认为该产品优于其他产品，从而对该产品形成忠诚，这是忠诚度最低的层次。
- 情感忠诚。指客户通过使用某种产品，持续获得满意后，对该产品产生偏爱而形成的忠诚，即某品牌的个性与客户的生活方式、价值观念相吻合，客户对该品牌已产生感情，甚至引以为豪，进而表现出持续购买的愿望。
- 意向忠诚。指客户使用某种产品后，十分想再次购买该产品，有很强的重复购买冲动。但是，这种冲动还没有转化成购买行为。
- 行为忠诚。在意向忠诚的基础上，客户不但有重复购买某种产品的冲动，而且可能克服各种阻碍，将这种冲动变成购买行为，即客户在实际行动上能够持续购买某一品牌的产品。这种行为的产生可能源于客户对这种品牌内在的好感，也可能是购买冲动、促销活动、消费惯性、转换成本或者市场覆盖率高于竞争品牌等其他与情感无关的因素促成的。

模型从这四个层次出发，在每个层次设计不同测量变量，赋予不同层次变量不同权重，计算顾客忠诚度总得分。此方法的优势在于可以方便计算出客户在不同层次的得分，继而加权求和来计算忠诚度的高低；劣势是这四个层次的区分较为含糊，并且不同层次的权重如何确定缺乏标准，顾客忠诚度得分对于忠诚度的解释不清楚。

第二，服务业顾客忠诚度模型。针对服务业特点，有研究者提出服务业顾客忠诚度模型，模型要素如图 15－2 所示。

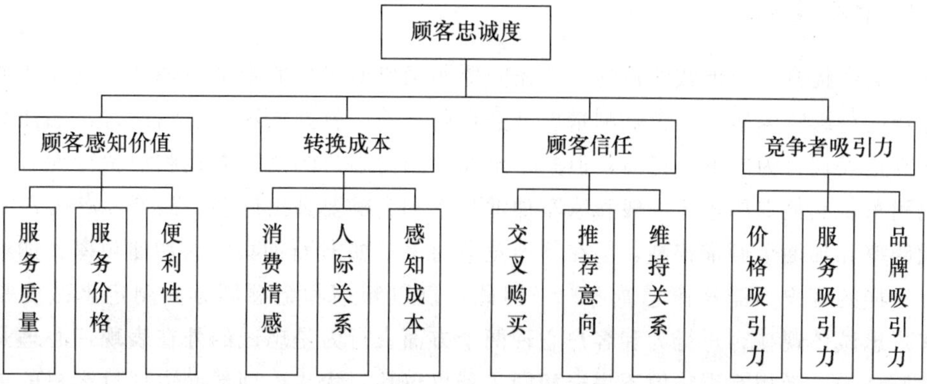

图 15－2　服务业顾客忠诚度模型

该模型是根据服务业的基本特征提出的。一级指标是顾客忠诚度，二级指标是顾客感知价值、转换成本、顾客信任和竞争者吸引力，三级指标是二级指标下面的可测量指标。此模型是一个多指标体系，需要对不同指标赋予不同的权重，最常见的方法是通过求解判断矩阵来确定权重的层次分析法。这种模型更适用于分析顾客忠诚度的影响因素作用，不太适用于测量加油站顾客忠诚度。

第三，态度行为忠诚度综合模型。梳理目前国内关于忠诚度的研究文献，现有研究对于忠诚度内涵的解释中，信任关系、情感偏爱、满意度、重复购买、向他人推荐、抗拒竞争者的产品这六个方面得到较多的认可。在测量指标体系上，图 15-3 是比较典型的代表。

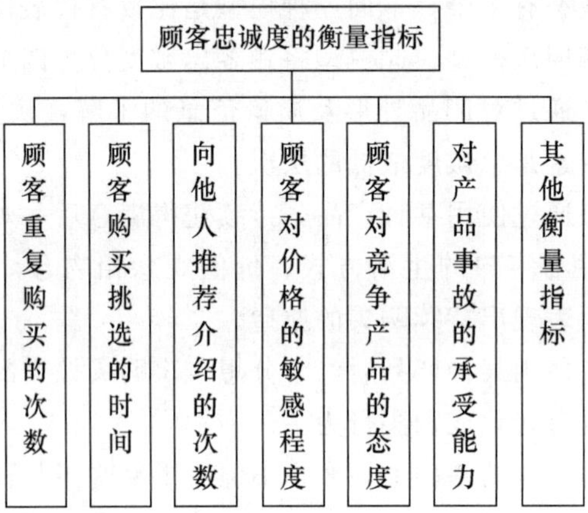

图 15-3　顾客忠诚度的测量指标体系

在图 15-3 的指标体系中，顾客重复购买的次数、向他人推荐介绍的次数、顾客对竞争产品的态度是许多研究文献都提及的，表明这几个指标是有代表性的。

15.2　忠诚度测量模型构建

15.2.1　模型要素

为了实现提升客户忠诚的目的，首先需要明确忠诚客户的定义与内涵，进而才能分析其行为特征与影响因素。行为是测量忠诚的重要方面，就去加油站加油而言，加油频率和加油金额是表现行为的重要指标，但并不全面。因为客户的消费方式和消费行为有许多不同，出租车、其他专用车比一般私家车加油频率和金额要高出许多。某个客户在 A 石油集团加油频率和加油金额都较高，但在其他竞争对手（如 B 石油集团）加油频率、加油金额更高，这样的客户不能称作忠诚客户。因此，仅以频率和金额等方面测定忠诚度是不够的。客户忠诚体现在客户行为和客户心理两个方面。行为是忠诚的外在表现，心理是忠诚的内在驱动。二者相互影响但不完全相同，若仅仅从行为或心理层面去评价客户的忠诚度有可能由于损失信息而带来偏差，应该综合考虑二者的内在有机联系构建综合评价体系，用以评价客户的忠诚程度。

根据现有研究和A石油集团规划处工作人员的相关建议，考虑到此次研究指标的区分度和可测量性，项目组最后确定从行为忠诚和情感忠诚两个方面共五个指标计算客户的忠诚度。行为忠诚由问卷题目重复购买和向他人推荐反映。情感忠诚由顾客对产品劣势承受能力、情感偏爱、整体满意度反映。构建的模型如图15－4所示，最上面的一级指标为顾客忠诚度，顾客忠诚度体现在二级指标行为忠诚和情感忠诚上。最终，模型通过问卷中的5道题目构建。

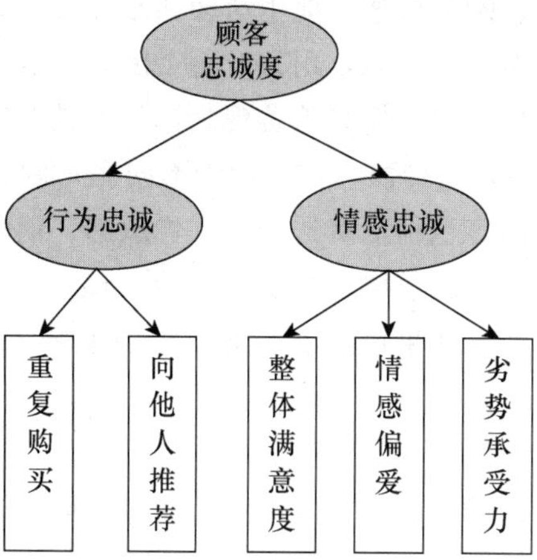

图15－4 顾客忠诚度测量模型

15.2.2 问卷结构

经过反复研讨，问卷的最终版分为四个部分：第一部分测量客户忠诚度，内容见表15－2，忠诚度的测度主要来自这部分数据；第二部分测量忠诚度影响因素；第三部分为客户日常习惯；第四部分为受访者个人信息。

表15－2　　顾客忠诚度测量模型指标

类别	内容	指标	题号	题目
态度	整体满意度	对品牌产品和服务的整体满意度	Q7－1	您对该加油站整体上是否满意？
	情感偏爱	对竞争产品的态度（逆）	Q7－3	您的朋友告诉您别的品牌更好时，您会放弃该品牌吗？
			Q10－4	您会因为其他加油站的促销活动改变在现有加油站的消费吗？
	劣势承受力	对产品劣势的承受能力	Q7－2	您会放弃某些便利条件（如距离近的加油站）选择该品牌的加油站吗？
行为	重复购买	重复购买频率	BQ2	请问过去一年您在A品牌加油站加油的次数占今年总加油次数比例大约是多少？
	向他人推荐	向他人推荐的行为倾向	Q7－4	您经常向身边的人推荐该品牌吗？

表15－2中除了重复购买指标以外，其余各指标在问卷中对应的题目皆采用10分制

李克特量表测量，1分表示非常不赞同题目描述，10分表示非常赞同题目描述。因为“重复购买”指标在问卷中的答案是一个比例数字，为了同其他指标的量纲保持统一，将此比例做如下转换：比例为0～10%得1分；10%～20%得2分；20%～30%得3分；30%～40%得4分；40%～50%得5分；50%～60%得6分；60%～70%得7分；70%～80%得8分；80%～90%得9分；90%～100%得10分。

第二部分测量忠诚度影响因素中，本项目将影响因素分为六个方面，分别是品牌效应、加油站位置、客户心理、附加价值、促销活动和服务质量。针对这六个方面，问卷设计了相应的问题，受访者根据问题打分，用于对每个因素影响程度的分析。

第三部分的问题反映客户消费习惯与消费观念，目的是对客户进行细分，区分不同类型的客户，结合A石油集团的“忠诚计划”，针对不同客户的特征，有目标地制定提升客户忠诚的发展策略。这部分内容包括消费选择、广告敏感、消费计划和消费冲动。

第四部分是受访者的基本信息，包含性别、年龄、收入、学历。同时访员记录受访者汽车级别和受访者加油卡卡号（如果用加油卡支付），用以核对信息。

15.2.3 模型分析方法

本项目忠诚度模型采用偏最小二乘法求解，下面对偏最小二乘法做简要说明。

1．偏最小二乘法

偏最小二乘法是通过最小化误差的平方和找到一组数据的最佳函数匹配，换句话说，就是用最简单的方法求得一些绝对不可知的真值，而令原始信息的遗漏率最低。

偏最小二乘法是一种新型的多元统计数据分析方法，在一个算法下，可以同时实现回归建模、数据结构简化和两组变量之间的相关性分析。它可以较好地解决以往用普通多元回归无法解决的问题。同时，它是所有多元校正方法里对变量约束最少的方法，这种灵活性使它适用于传统的多元校正方法所不适用的许多场合，例如可以应用于观测数据少于预测变量数的场合。偏最小二乘回归还可以作为一种探索性的分析工具，在使用传统的线性回归模型之前，可以先对所需的合适的变量数进行预测并去除噪声干扰。

偏最小二乘法建模过程为，设有q个因变量和p个自变量，为了研究因变量与自变量的统计关系，观测n个样本点，由此构成了自变量与因变量的数据表X和Y。偏最小二乘回归分别在X与Y中提取出t和u，要求：

（1）t和u应尽可能大地携带它们各自数据表中的变异信息。

（2）t和u的相关程度能够达到最大。

在第一个成分被提取后，偏最小二乘法分别实施X对t的回归以及Y对t的回归。如果回归方程已经达到满意的精度，则算法终止；否则，将利用X被t解释后的残余信息以及Y被t解释后的残余信息进行第二轮的成分提取，如此往复，直至能达到一个较满意的精度为止。若最终对X共提取了多个成分，偏最小二乘法回归将通过施行Y对X的这些成分的回归，表达成Y关于原自变量的回归方程。

此次研究的加油站模型中，一级指标“顾客忠诚度”是未知的，二级指标“情感忠诚”和“行为忠诚”也是未知的，只有五个三级指标是可测知的。在这种情况下，三级指标对二级指标的权重以及二级指标对一级指标的权重需要估计，在两次求权重的过程中，偏最小二乘法可以用最简单最有效的方法求出下级指标和上级指标之间最佳的函数关系，即可得最优化的权重值。

2. 权重计算

根据问卷可以采集到每位客户对于不同问题的打分，忠诚度的最后分数是把调查中的打分和问题的权重结合起来。权重表示下级指标对上级指标的影响程度，利用权重和下级指标的数值，加权平均可以得到上级指标的得分。本项目的权重确定采用偏最小二乘法获得。具体过程是，利用偏最小二乘路径模型，首先求得三级指标“整体满意度”“情感偏爱”“对产品劣势的承受能力”对二级指标“情感忠诚”的权重 h_1，h_2，h_3；“重复购买”和“向他人推荐”对“行为忠诚”的权重 h_4 和 h_5；然后求二级指标“情感忠诚”和“行为忠诚”对一级指标“顾客忠诚度”的权重 f_1 和 f_2；最后求五个三级指标在计算顾客忠诚度时使用的权重，即 w_1，w_2，w_3，w_4，w_5。其中：

$$w_1 = h_1 f_1$$
$$w_2 = h_2 f_1$$
$$w_3 = h_3 f_1$$
$$w_4 = h_4 f_2$$
$$w_5 = h_5 f_2$$

3. 忠诚度得分计算

（1）忠诚度绝对得分。

$$\begin{aligned}\text{每名受访者给出的忠诚度绝对得分} = {} & \text{整体满意度得分} \times w_1 + \text{情感偏爱得分} \times w_2 + \text{对产品劣势的承受能力} \times w_3 \\ & + \text{重复购买} \times w_4 + \text{向他人推荐} \times w_5\end{aligned}$$

（2）忠诚度相对得分。相对得分是将绝对得分标准化，以保证将分值控制在 100 之内，具体做法是，在所有受访者中选出忠诚度得分的最大值 max 和最小值 min，对每个受访者得分 x 进行如下处理：

$$\text{最终得分} = \frac{x - \min}{\max - \min} \times 100$$

此时顾客满意度最终得分的取值范围在 0～100 分（包括 0 分和 100 分），此分数即可衡量顾客忠诚度的相对程度。

15.3 数据采集与处理

15.3.1 预调查

进行预调查的主要目的是测试问卷。本项目在正式调查前利用学生假期返乡，对北京、湖南、四川、山东、新疆等地车主进行了预调查，得到50份有效问卷，进行分析得知问卷信度与效度良好，问卷可以用于正式调查。但问卷些许字眼存在理解困难，课题组对问卷措辞进行了修改完善。此外，问卷的内容也比较多，完成一份问卷需7～8分钟。在实地调查中，7～8分钟的时长会影响受访者的心态和加油站的秩序，从而影响问卷的作答质量，因此将问题压缩，最终一份问卷可在3～4分钟完成。

15.3.2 抽样方案

本项目是一个试验性研究，样本量确定为500，这个数量的确定基于两个方面的考虑。一个是研究表明样本量300可以满足偏最小二乘法的需要。根据加油站相关人员介绍，到A石油集团加油站加油的顾客中有大约1/3的顾客是经常到A石油集团加油站加油的，样本量500就可以保证样本中经常到A石油集团加油站加油的顾客达到300人以上，从而满足模型对样本量的需要；样本量确定为500的另一个考虑是调研经费的制约。

样本抽取采用分层二阶段抽样，第一阶段抽加油站，第二阶段在抽中的加油站中抽顾客。由于本项目是A石油集团研究课题，得到某市A石油集团分公司的大力协助，有充分的辅助信息，如该市所有A石油集团加油站的信息，包括加油站名称、规模、地理位置等。首先将A石油集团所有加油站按地理位置（市区、郊区、高速公路）分层，按加油站规模采用PPS方法抽取8个加油站，在抽中的8个加油站中采用系统抽样方式抽取顾客，最终调查了580位受访者。

15.3.3 数据采集

此次调查在某市8家A石油集团加油站内进行，以等待加油的客户为调查对象，采取系统抽样，每间隔若干人调查一人，被选中的受访者自己填答问卷。同时，在调查中注意：

- 访员需要注意筛选受访者，做到选择样本男女比例适当，各年龄段人数比例适当，注意配额的数量；要选择那些有充分时间完成问卷的加油等待者。
- 不要选择带婴儿的等待者。
- 不要选择那些看起来很匆忙（赶时间）的人。
- 调查中不要站在加油站的通道或阻碍人群通过的地方。
- 抽取受访者时不应感到歉意或不好意思，要态度积极。
- 事先告知受访者问卷长度，以免受访者因时间紧张而影响访问质量。对于受访者敷衍作答的，要再次与其确认，屡次出现问题则及时终止访问；对于不耐烦或者有亲朋催促的受访者，要及时终止访问。
- 督导要负责监督抽样过程，每隔一段时间核对配额。

同时，为了增加客户的配合度，调查中对完整作答的受访者赠送小礼品，小礼品包括导航手机小支架、充电插头、车挂吉祥包、车用抽纸等，由受访者根据个人需求选择。这种激励方式有效地提高了问卷完成率，使调查组在规定时间内超额完成了规定任务。

15.3.4 质量控制

为了保证数据质量，调查中采用了一些质量控制措施：

(1) 访员的选择。选择中国人民大学在校大学生担任访员，访员具备良好的口头表达能力，有责任心，服从管理。

(2) 培训。对所有招募的访员进行项目培训，培训内容包括对问卷中问题的理解、选项的解释、对各种超出选项范围回答的处理，熟悉拦访的基本技巧、对各种意外情况的应变方式。在培训的最后阶段，安排访员对部分随机抽选的受访者进行试访问，及时纠正可能存在的问题。

(3) 现场监控。在每个加油站安排一名有经验的督导对调查过程进行监控。督导将了解访员的访问过程，发现问题及时纠正。同时，对于使用加油卡的客户记录其加油机号和时间，以实现加油卡与后台数据的匹配。

15.3.5 数据处理及信效度分析

调查最终回收580份问卷，数据处理过程中发现部分问卷存在质量问题，主要表现是，问卷中许多问题没有填答，有些问卷所有打分基本相同。对于缺失项较少的问卷，采用插补法进行补救，如果缺失项超过20个（问卷总共45题）就将此卷删除，对于打分都相同的问卷也删除，最后得到522份有效问卷。

接下来对问卷进行信度与效度检验。信度检验问卷回答结果的一致性，反映被测特征的稳定程度；效度检验问卷题目的有效性，反映测量工具是否能够准确测出所需变量。经过数据检验，问卷整体可信度超过0.5，可信度比较高；其他指标一致性都很好，但三级指标“情感偏爱”的两道题目结果没有一致性，不能真实反映客户对竞争产品的态度，不能测量出客户的情感偏爱水平。这可能是由两个因素造成的：一是题目文案设置欠妥，提问方式不合适；二是回答惯性的影响，问卷大部分题目采用10级李克特量表正向测量客户态度，但是情感偏爱的两道题目反向测量客户态度。由于受访者的回答惯性，很可能误认为这两道题目为正向测量题目，采用正向打分法。因此，在后面忠诚度分析中，课题组去除了三级指标“情感偏爱”的分析。

15.4 数据描述

15.4.1 权重计算

依据15.2.3节权重计算方法，分别计算三级指标对二级指标和一级指标的权重，得到如表15-3所示结果。

表 15-3　　下级指标对上级指标的权重

二级指标	对上级指标权重	三级指标	对上级指标权重
情感忠诚	0.50	整体满意度	0.21
		对产品劣势的承受能力	0.79
行为忠诚	0.50	重复购买	0. 48
		向他人推荐	0. 52

根据表 15-3，可以看出“整体满意度”对“情感忠诚”的影响并没有事先想象的那样大，情感忠诚的核心影响力是客户对喜爱产品出现负面影响时的承受能力。“重复购买”和“向他人推荐”对“行为忠诚”的影响程度大体相仿。三级指标对顾客忠诚度的最终权重见表 15-4。

表 15-4　　三级指标对顾客忠诚度的最终权重

一级指标	三级指标	权重
顾客忠诚度	整体满意度	0.10
	对产品劣势的承受能力	0.40
	重复购买	0.24
	向他人推荐	0.26

根据上述权重可以得到每个受访者的忠诚度最终得分，并用于后续分析。

15.4.2　数据描述

在填答有效的 522 位受访者中，有 408 位（占 78.16%）表示经常去 A 石油集团加油站加油，因为调查地点是 A 石油集团加油站，这个结果是符合情理的。将经常去 A 石油集团加油站的受访者定义为 A 石油集团客户。有 114 位（21.84%）受访者表示经常去 B 石油集团加油站加油，将这些受访者定义为 B 石油集团客户。

- 将忠诚度得分在 50 分以下的客户定义为“低忠诚客户”①。
- 将忠诚度得分在 50 分至 80 分的客户定义为“中忠诚客户”。
- 将忠诚度得分在 80 分以上的客户定义为“高忠诚客户”。
- 将年加油金额在 10 000 元以下的客户定义为“低消费客户”。
- 将年加油金额在 10 000 元至 30 000 元的客户定义为“中消费客户”。
- 将年加油金额在 30 000 元以上的客户定义为“高消费客户”。

下面主要从分类和对比的角度，对部分内容进行描述。

1．交叉列联表

交叉列联表 15-5 展示的是 408 位 A 石油集团客户忠诚度与性别和消费水平的关系，

① 忠诚度得分以及年加油金额的划分都来自样本的分位数划分，此种划分方式能保证在每部分都有足够的样本单元，以方便进行后续分析。

在性别上男性比女性忠诚度更高；在消费水平上年加油金额越高，忠诚度越高。

表 15-5　　性别及年消费金额与忠诚度交叉列联表

	性别		年消费金额		
	男	女	低消费	中消费	高消费
低忠诚	24.31%	29.16%	29.00%	22.43%	17.54%
中忠诚	20.25%	22.92%	21.00%	20.54%	17.54%
高忠诚	55.44%	47.92%	50.00%	57.03%	64.92%
总计	100.00%	100.00%	100.00%	100.00%	100.00%

2. A，B石油集团客户忠诚度对比

使用408位A石油集团客户和114位B石油集团客户调查数据构造雷达图，比较A，B石油集团客户在忠诚度得分方面的差异。由图15-5看出，A石油集团客户忠诚度得分在60分以上的有63.50%，B石油集团客户只占38.50%，A石油集团客户的忠诚度高于B石油集团客户。图中还显示B石油集团客户的忠诚度分布离散程度比较高，认可A石油集团产品的比例也比较高，因此开展忠诚度活动吸引竞争对手的客户十分有必要。

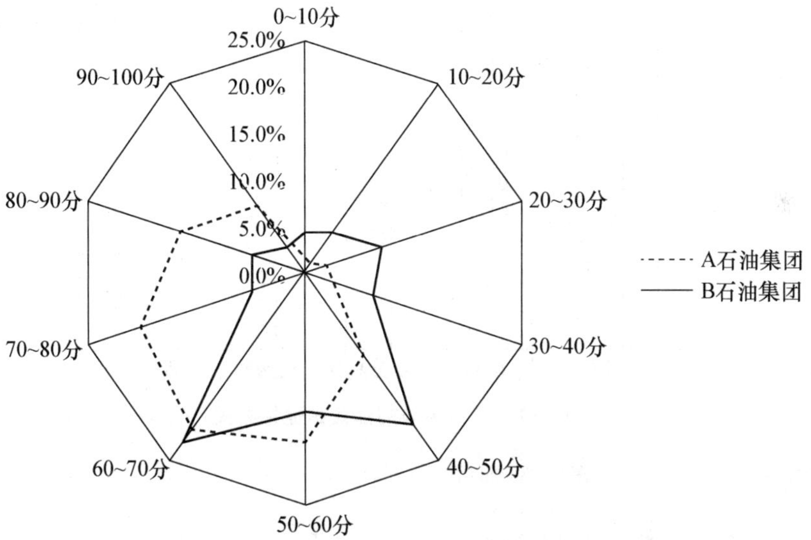

图 15-5　A，B石油集团客户忠诚度对比雷达图

3. 加油站选择与影响因素

在加油站选择上大部分受访者表示是自己决定，但也有小部分受访者表示与朋友推荐有关；对于加油站各式各样的促销活动，受访者表示参加最多的是加油打折活动，其次是赠品活动和积分兑换活动。具体数据如图15-6和图15-7所示。

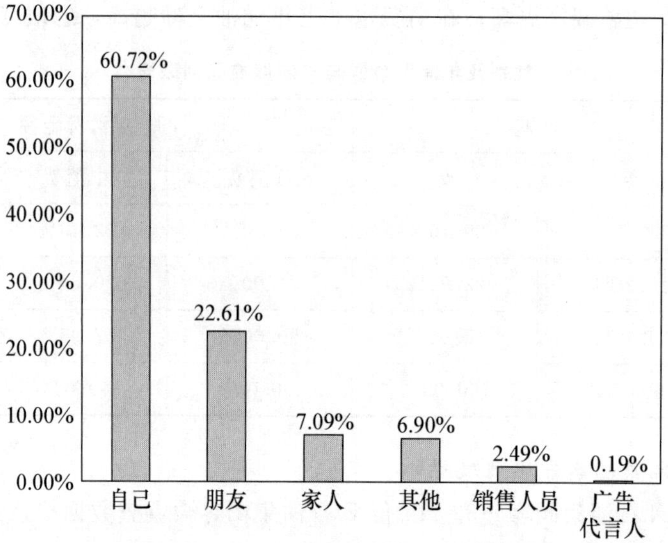

图 15－6　客户选择加油站时主要受谁影响

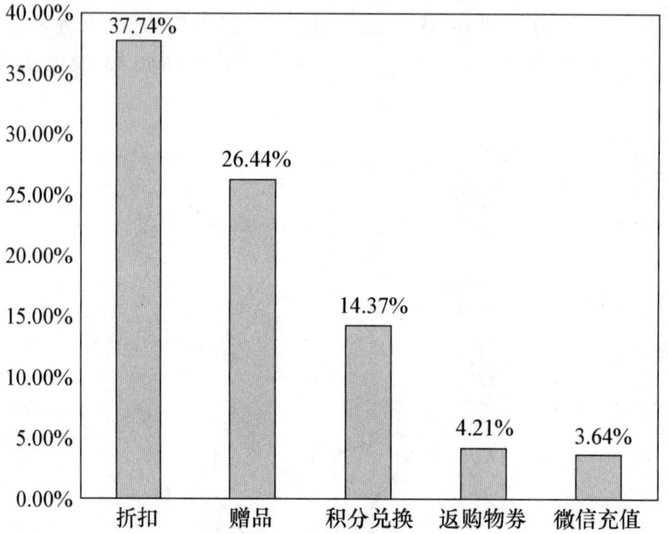

图 15－7　客户参与的加油站促销方式

说明：客户参与的加油促销方式为多选题，所以百分比相加大于 100%。

4．A，B 石油集团客户行为对比图

这部分内容是比较 A，B 石油集团客户的行为习惯，由于对比指标较多，这里仅举两例。

（1）花销谨慎度。

问卷问题为“购物前您通常会比较几家商店同类商品的价格”，受访者在 1～10 分之间打分，分值越高认可度越高，调查结果如图 15－8 所示。

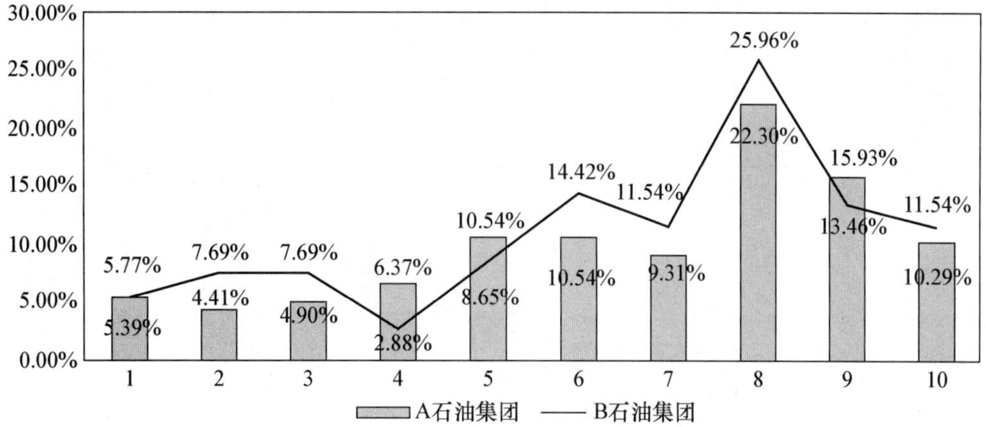

图 15-8 购物前您通常会比较几家商店同类商品的价格

相较于A石油集团客户，B石油集团客户更偏爱比较几家商店同类商品的价格，对待自己的花销更谨慎。

(2) 做事计划性。

问卷问题为“您做事一向都有计划”，要求受访者在1～10分之间打分，分值越高表示越认可，调查结果如图15-9所示。

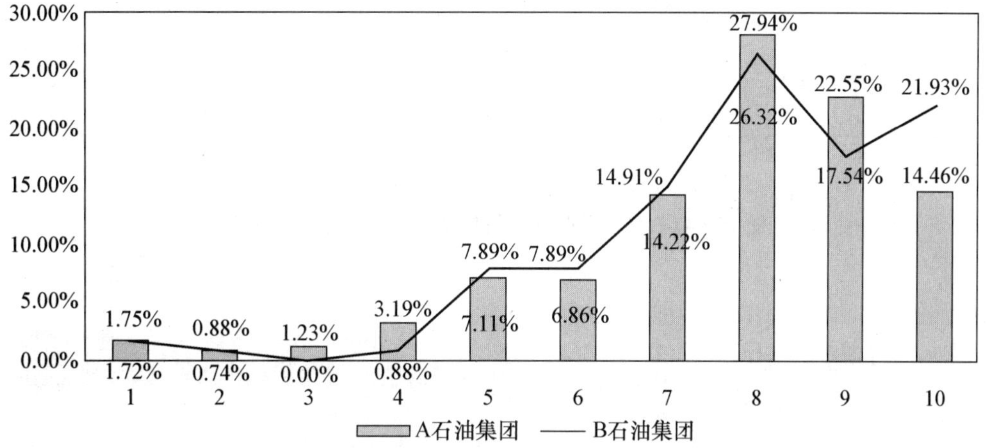

图 15-9 您做事一向都有计划

相较于B石油集团客户，A石油集团客户认为自己做事更有计划，并且不偏爱冲动做事。

5. A，B石油集团客户影响因素分布图

这里也仅选两例，一个是加油站位置对加油站选择的影响，另一个是其他品牌促销活动是否会改变加油站的选择。受访者在1～10分之间打分，分值越高表示认可度越高，调查结果如图15-10和图15-11所示。

与B石油集团客户相比较，更多的A石油集团客户认为A石油集团加油站所处位置较为便利。同时有相当部分的A石油集团客户和B石油集团客户都认为自己会因为其他品牌促销活动而改变现有品牌的消费。

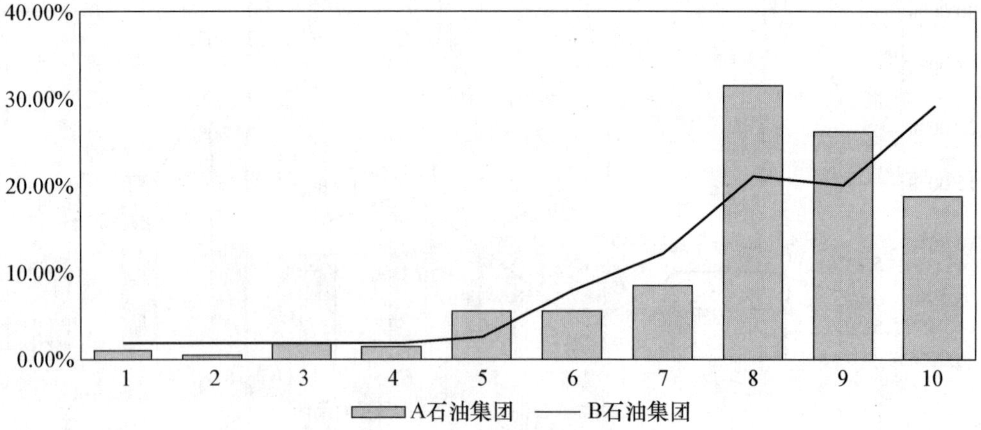

图 15－10　加油站所处位置便利

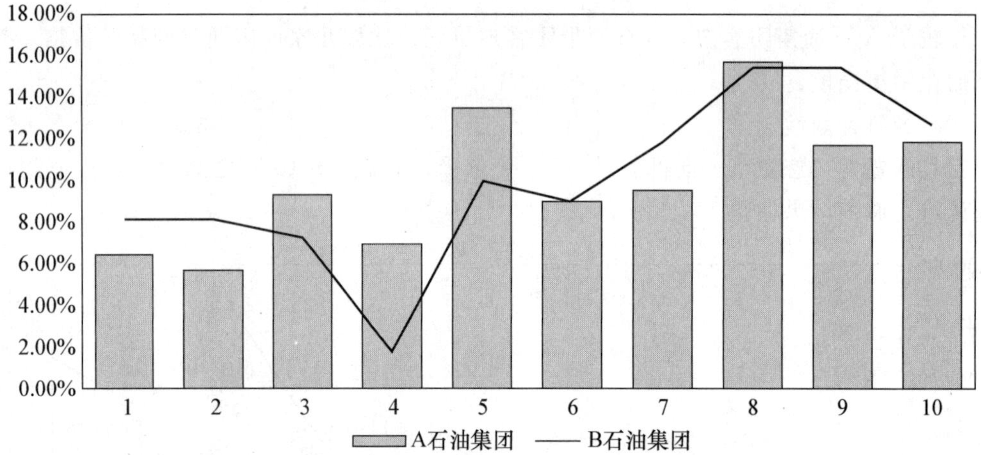

图 15－11　其他品牌促销活动会改变现有品牌的消费

15.5　数据分析

15.5.1　分析目标

本项目的研究目标是在前面忠诚度描述的基础上，进一步提炼和验证影响客户忠诚度的因素，将客户细分为不同类型，结合影响因素和不同客户类型，有针对性地为A石油集团制定忠诚客户发展计划提供客观依据。

1. 客户忠诚度影响因素

客户忠诚度的影响因素不同于客户忠诚度衡量标准，就服务行业而言，美国的服务管理研究组合帕拉苏拉曼、泽斯曼尔和贝里（Parasuraman，Zeithml and Berry）最早提出了感知服务质量，创建了一种量化评价服务质量的SERVQUAL量表，量表包括五个维度：服务质量的有形性、可靠性、响应性、保证性和移情性。但也有研究指出，顾客对服务的这五个维度的感知并不代表服务质量的水平，只有在经历感知的服务与期望的服务进行比较后才能判断服务质量的水平。在之后的发展中，研究者又提出 SERVPREF 量表，用业绩指标代替业绩-期望指标来判断服务质量，并且证明 SERVPREF 量表比 SERVQUAL 量表更有效。这些研究成果对于我们具有借鉴意义。

根据已有研究，结合加油站特点，本项目提出客户忠诚度的影响因素如图 15－12 所示。

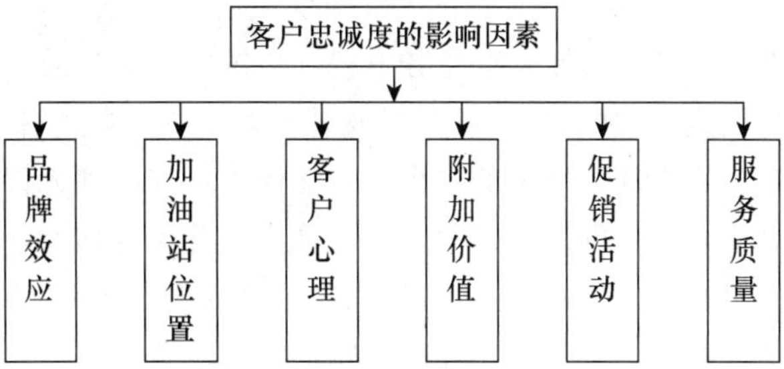

图 15－12　客户忠诚度的影响因素

本次调查从六个方面考虑客户忠诚度影响因素，在问卷中设计的相关问题主要有：

（1）品牌效应。这是指客户对该石油品牌的综合印象，从加油站营业场所、设备、设施等硬件配置、员工专业程度、油品质量以及油品价格六个角度综合评价品牌效应。

（2）加油站位置。这里考虑加油站地理位置对客户忠诚度的影响，包括位置是否便利、进出站是否方便、站内停车是否容易。

（3）客户心理。从客户自身角度出发考虑客户忠诚度的影响因素，包括是否信赖石油品牌，以及服务人员是否及时解答客户疑问、处理客户抱怨等。

（4）附加价值。是指向客户提供油品以外的服务而获得客户暂时满意，提供其他如便利店、洗车等服务，由此分析客户是否需要这类服务，以及这类服务对忠诚度是否有影响。

（5）促销活动。促销活动主要通过促销措施展示，包括是否开展促销活动、开展活动的频率、促销力度、促销方式等对客户忠诚度的影响。

（6）服务质量。从服务态度和是否重视服务细节两个角度考察服务质量对加油站客户忠诚度的影响。

2. 客户分类

客户细分（customer segmentation）是指按照一定的标准将企业的现有客户划分为不同的客户群。客户细分是客户关系管理的核心概念之一，是实施客户关系管理重要的工具和环节。正确的客户细分能够有效地降低成本，获得更强、更有利可图的市场渗透。通过客户细分，企业可以更好地识别不同客户群体对企业的价值及其需求，以此指导企业的客户关系管理，达到吸引合适客户、保持客户、建立客户忠诚的目的。

客户细分并没有统一的模式，企业往往根据自身的需要进行客户细分，研究目的不同，用于客户细分的方法也不同。本研究关注客户，主要是私家车驾驶员对加油站的选择，这与驾驶员人口统计学特征（年龄、性别、收入、职业等）有关，也与驾驶员行为和心理有关，因此在进行客户分类时除了背景信息，还有一套反映生活方式、消费模式、消费心理的统计指标。

15.5.2 分析方法

为了实现上述分析目标，本研究选择的分析方法主要有：分位数回归、因子分析、聚类分析、对应分析。

1. 分位数回归

分位数回归（quantile regression）是利用解释变量的多个分位数（如四分位、十分位、百分位等）得到被解释变量条件分布的分位数方程。传统的最小二乘法是估计回归系数的最基本方法，它描述了自变量 X 对于因变量 Y 的均值影响。如果模型中的随机扰动项来自均值为零且同方差的分布，那么回归系数的最小二乘估计为最佳线性无偏估计；如果随机扰动项服从正态分布，那么回归系数的最小二乘估计为最小方差无偏估计。但是在实际的经济生活中，这种假设常常不能满足，比如数据出现尖峰或厚尾的分布、存在显著的异方差等情况，这时的最小二乘估计将不再具有上述优良性质，稳健性非常差。为了弥补传统最小二乘法在回归分析中的缺陷，科恩克尔（Koenkel）等人于 1978 年提出了分位数回归的思想。它依据因变量的条件分位数对自变量 X 进行回归，这样得到了所有分位数下的回归模型。分位数回归更能精确地描述自变量 X 对于因变量 Y 的变化范围以及条件分布形状的影响，能够捕捉分布的尾部特征，当自变量对不同因变量的分布产生不同影响，例如出现左偏或右偏时，分位数回归系数估计比最小二乘法回归系数估计更稳健。

2. 因子分析

因子分析是研究如何以最少的信息丢失将众多原始变量浓缩成少数几个因子，使因子变量具有较强的可解释性的一种多元统计分析方法。

该方法的特点是：第一，它不是对原始变量进行取舍，而是根据原始变量的信息进行重新组合，找出影响变量的共同因子，简化数据；第二，它通过旋转使得因子变量更具可解释性，命名清晰度高。因子分析流程图如图 15－13 所示。

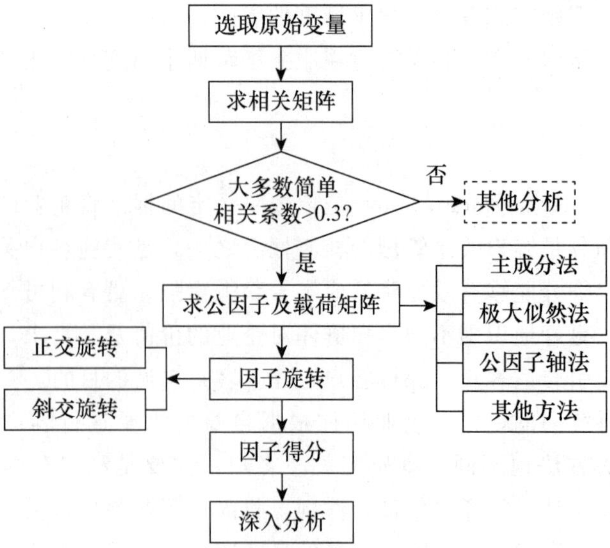

图 15－13 因子分析流程图

3. 聚类分析

聚类分析是将个体（样品）或者对象（变量）按相似程度（距离远近）划分类别，使同一类中的元素之间的相似性比其他类的元素的相似性更强，也就是使类间元素的同质性最大化和类与类间元素的异质性最大化。聚类分析的优点是结果直观，形式简明；聚类分析的缺点是在样本量较大时，有可能将不相关的变量处理为相关的变量，从而得出不准确的结论。聚类分析流程图如图 15-14 所示。

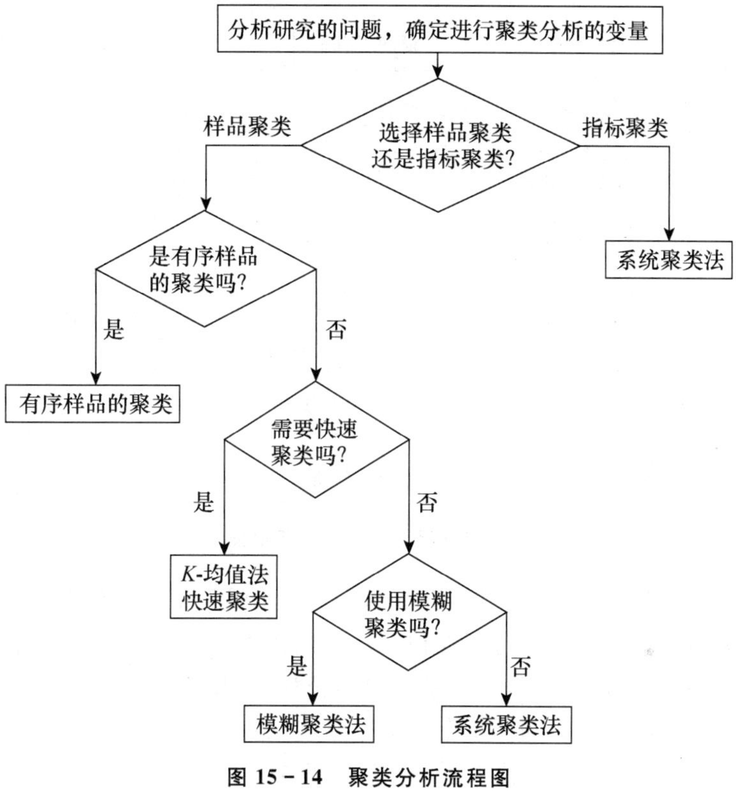

图 15-14　聚类分析流程图

4. 对应分析

对应分析也称关联分析，是近年发展起来的一种多元相依变量统计分析技术，通过分析可以揭示同一变量的各个类别之间的差异，以及不同变量各个类别之间的对应关系。这种方法的优点是揭示行变量类别间与列变量类别间的联系。定性变量划分的类别越多，这种方法的优势越明显。还可以将名义变量或次序变量转变为间距变量，将类别联系直观地表现在二维图中。缺点是这种方法不能用于相关关系的假设检验，维度要由研究者决定，有时候对二维图的解释比较困难，该方法对极端值比较敏感。对应分析流程图如图 15-15 所示。

15.5.3 影响因素因子分析

影响因素因子分析是采用因子分析方法检验对忠诚度的影响因素。前面部分由理论分析提出影响客户加油站忠诚度的六个要素，分别是品牌效应、加油站位置、客户心理、附

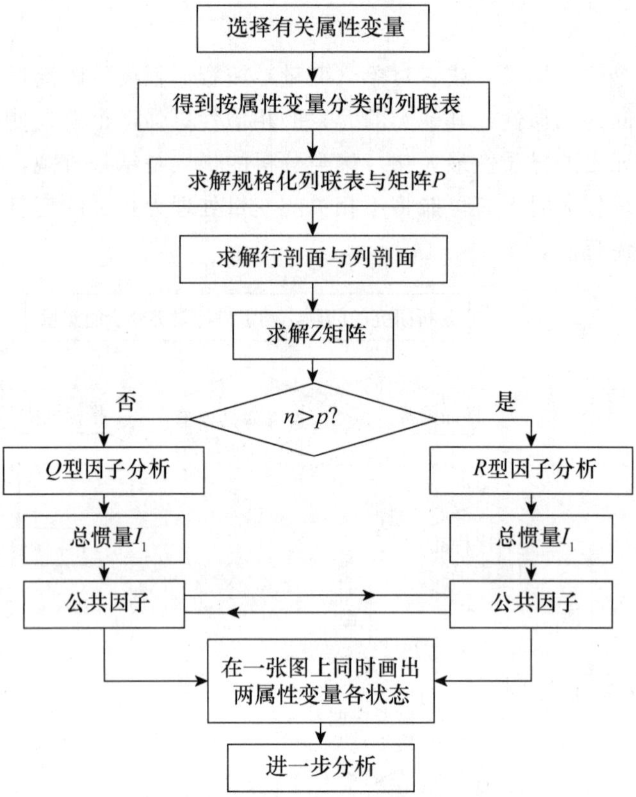

图 15-15　对应分析流程图

加价值、促销活动、服务质量。因为附加价值只有一个显变量，暂时不予考虑，对其他五个影响因素提取因子，进行信度与效度检验。这里使用 SPSS 对五个影响因素计算因子，可以看到每个影响因素的因子载荷系数都大于 0.68，且大多数在 0.8～0.9 左右，因子的解释方差在 60%～70%左右，说明整个数据符合问卷设计时预设结构，结构效度良好。同时信度分析中除促销活动外，其他因子的信度系数都在 0.84 以上，说明数据能比较好地反映受访者的情况。表 15-6 为影响因素效度、信度分析表。

表 15-6　影响因素效度、信度分析表

一级指标	二级指标	效度		信度
		因子载荷	解释方差	Cronbach's α 系数
品牌效应	营业场所	0.83	66.64%	0.90
	设备	0.85		
	设施	0.89		
	员工专业	0.85		
	油品质量	0.76		
	价格	0.68		
加油站位置	位置	0.86	78.76%	0.86
	进出站	0.91		
	停车	0.89		

续前表

一级指标	二级指标	效度		信度
		因子载荷	解释方差	Cronbach's α 系数
客户心理	信赖	0.85	78.52%	0.86
	疑问	0.92		
	抱怨	0.89		
促销活动	促销力度	0.92	76.19%	0.35
	促销活动	0.93		
	参与次数	0.90		
	改变品牌	−0.73		
服务质量	服务态度	0.93	86.08%	0.84
	服务细节	0.93		

15.5.4 影响因素分位数回归分析

将前面计算的忠诚度得分作为因变量，五个因子和附加价值得分作为自变量，进行分位数回归，以揭示忠诚度的不同分位数下主要影响因素有哪些。如前所述，分位数回归能更好地拟合本项调查的数据，充分提取数据中的信息。

先分析 0.01～0.99 分位数上各个变量对忠诚度回归系数的变化情况，由图 15－16 中可以看出，品牌效应因素的系数较大，对忠诚度影响程度高，且其在分位数大的地方（0.8 分位数处）系数下降，说明此处影响程度发生变化。另外，客户心理、附加价值、促销活动三个因素在不同分位数上对忠诚度的影响程度不一样，变化比较明显。

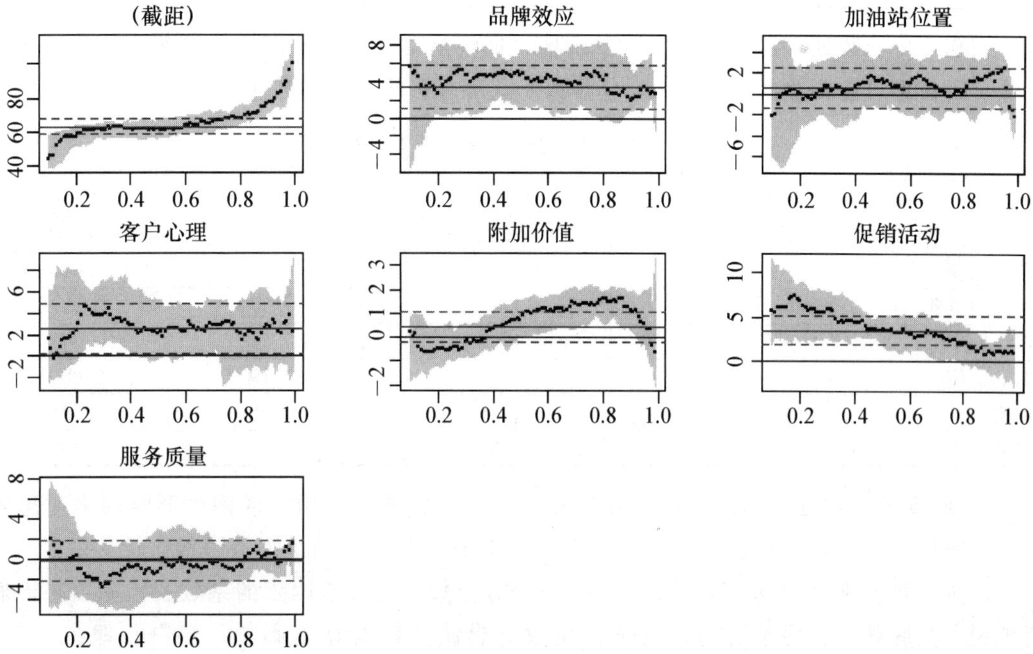

图 15－16 影响因素分位数回归结果

进一步计算0.25，0.5，0.75三个分位数影响因素的系数，分析这几个影响因素对忠诚度的影响程度，结果如表15－7、表15－8和表15－9所示。

表15－7　　0.25分位数处各个影响因素的系数及检验表

	值	标准差	t 值	P 值
截距	60.49	2.90	20.88	0.000
品牌效应	4.27	1.94	2.20	0.028
加油站位置	－0.28	1.31	－0.21	0.831
客户心理	4.35	1.44	3.03	0.003
附加价值	－0.49	0.40	－1.24	0.217
促销活动	5.80	1.26	4.58	0.000
服务质量	－1.83	1.67	－1.10	0.273

在0.25分位数处，品牌效应、客户心理、促销活动三个影响因素对忠诚度的系数通过检验，即在忠诚度低的地方（0.25分位数）这三个影响因素比较重要。

表15－8　　0.5分位数处各个影响因素的系数及检验表

	值	标准差	t 值	P 值
截距	61.55	1.57	39.13	0.000
品牌效应	4.73	1.60	2.95	0.003
加油站位置	1.47	1.14	1.29	0.198
客户心理	2.04	1.58	1.29	0.198
附加价值	0.74	0.28	2.67	0.008
促销活动	3.46	0.92	3.75	0.000
服务质量	－1.34	1.32	－1.01	0.313

在0.5分位数处，品牌效应、附加价值、促销活动三个影响因素对忠诚度的系数通过检验，即在忠诚度中等的地方（0.5分位数）这三个影响因素比较重要。

表15－9　　0.75分位数处各个影响因素的系数及检验表

	值	标准差	t 值	P 值
截距	67.36	2.52	26.77	0.000
品牌效应	4.72	1.67	2.83	0.005
加油站位置	－0.13	1.32	－0.10	0.921
客户心理	3.20	1.57	2.04	0.042
附加价值	1.36	0.36	3.79	0.000
促销活动	2.30	1.16	1.98	0.048
服务质量	－0.93	1.23	－0.75	0.452

在0.75分位数处，品牌效应、客户心理、附加价值、促销活动四个影响因素对忠诚度的系数通过检验，即在忠诚度高的地方（0.75分位数）这四个影响因素比较重要。

通过计算分别得到0.25，0.5，0.75三个分位数不同影响因素的系数及检验结果。概括地说，品牌效应、促销活动在三个分位数对忠诚度都有显著影响，客户心理在0.25，0.75分位数影响显著，附加价值在0.5，0.75分位数影响显著。如果配合各个影响因素的系数，可以看到，按重要性排序，影响忠诚度的因素分别为品牌效应、促销活动、客户心理和附加价值。另外，品牌效应随着忠诚度提高，其影响呈上升趋势，促销活动影响随着忠诚度提高呈下降趋势，客户心理影响对低忠诚客户的作用最大，而附加价值的影响对高忠诚客户的影响较大，将其总结如表 15－10、图 15－17 所示。

表 15－10　　不同分位数显著影响因素的系数

	分位数		
	0.25	0.5	0.75
品牌效应	4.27	4.73	4.72
客户心理	4.35		3.2
附加价值		0.74	1.36
促销活动	5.8	3.46	2.3

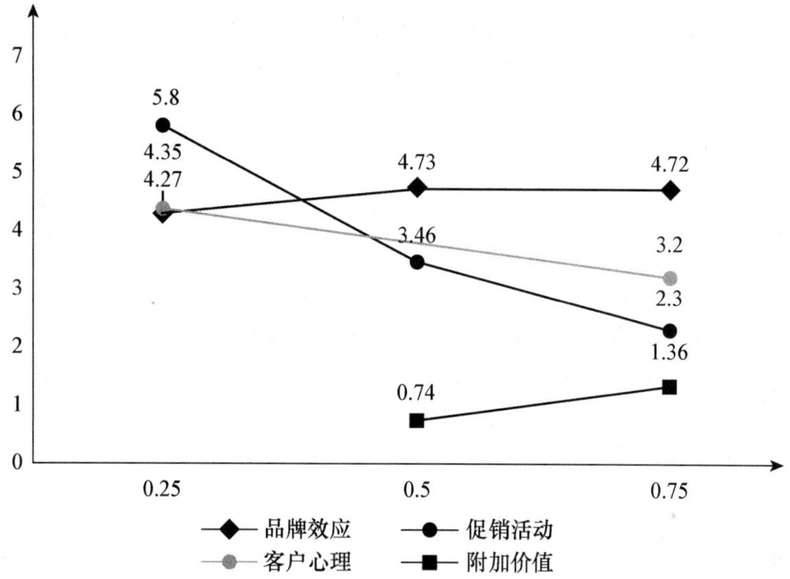

图 15－17　不同分位数显著影响因素的系数变化

总结表 15－10 的内容，A 石油集团提升客户忠诚度的关注点分别是：

（1）对于低忠诚（0.25 分位数）客户：促销活动、品牌效应、客户心理是影响其忠诚度的主要因素。

（2）对于中忠诚客户（0.5 分位数）：品牌效应、促销活动、附加价值是影响其忠诚度的主要因素。

（3）对于高忠诚（0.75 分位数）客户：品牌效应、客户心理、促销活动、附加价值是影响其忠诚度的主要因素。

总结图 15－17 内容，A 石油集团可以参考的策略是：

（1）品牌效应随着客户忠诚度的增加其影响呈上升趋势，说明忠诚度越高的客户，会更加注重品牌效应，所以，不断提升品牌价值是提高客户忠诚度的重要策略。

（2）促销活动的影响随着忠诚度增加呈下降趋势，可见促销活动对低忠诚客户影响较大，高忠诚客户并不在意促销活动。所以在实施促销活动时，对促销形式等内容可以主要考虑低忠诚客户的需求，从而维护这部分客户，并使其向高忠诚度转化。

（3）在客户心理影响方面，相较于高忠诚客户，对低忠诚客户的影响最大，可见低忠诚客户心理较为敏感，可以考虑建立良好的客户心理感受，增加低忠诚客户心理体验度。

（4）附加价值的影响相较于中忠诚客户，对高忠诚客户的影响较大，说明高忠诚客户有更高层次的客户需求，不仅体现在对石油产品本身的需求，还包括对加油站的一系列附加价值的需求，如设立超市、公厕等。因而，可以考虑从该方面入手，维护高忠诚客户。

15.5.5 客户分类聚类分析

通过聚类，对A石油集团客户数据分析，共提取四个因子，定性描述为消费因子、广告敏感因子、计划性因子及冲动因子，四个因子的方差解释百分比分别是59.25%，85.81%，68.02%及84.67%。通过方差解释百分比可以看出，四个因子的代表性较好。根据提取的四个因子，将A石油集团客户分为三类，分别为谨慎敏感型客户、中庸型客户、保守自我型客户，每种类型客户对应的样本量占比分别为39%，28%和33%。

15.5.6 对应分析

对应分析结果如图15-18所示。从中可以看出受访者被分成三个区隔，每个区隔的客户特征明显区别于其他区隔客户。下方区隔是谨慎敏感型客户，占受访者比例39%。这部分客户消费谨慎、做事有计划，同时关注广告，该类客户忠诚度平均得分73.68。左侧区隔客户特征大约处于中等水平，是中庸型客户，占受访者比例28%，这部分客户在计划性、消费、广告敏感及冲动等方面的态度均属中等水平，该类客户忠诚度平均得分60.21。右侧区隔客户是保守自我型客户，占受访者比例33%，这部分客户不关注广告，也没有冲动行为，该类客户忠诚度平均得分61.34。

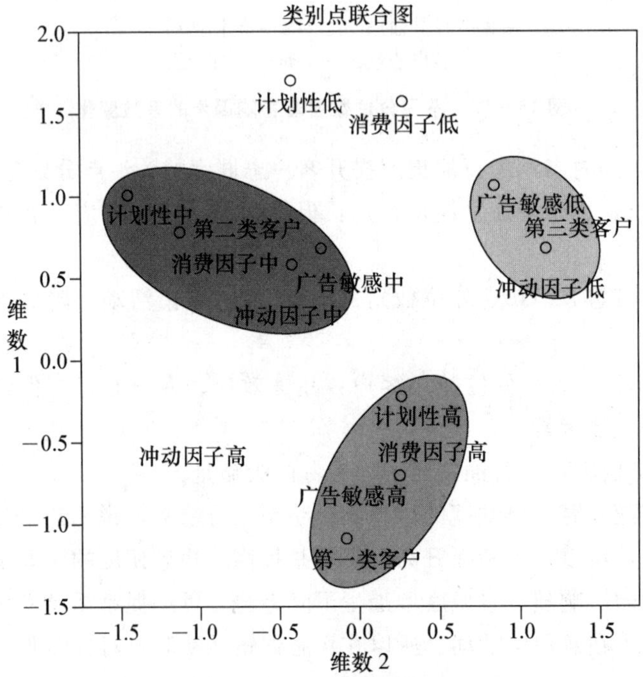

图15-18 对应分析结果

15.5.7 潜在客户分析

基于客户分类的结果，考虑忠诚度影响因素，对三个区隔的客户数据进行回归分析，得到谨慎敏感型客户注重品牌效应和服务质量，中庸型客户注重加油站位置和促销活动，保守自我型客户注重品牌效应、客户心理和加油站位置。

谨慎敏感型客户是A石油集团的核心客户，该类型客户的忠诚度得分高，需要保持他们的忠诚度，提高服务质量，扩展加油站附加价值是重要途径。此外，要在客户中扩大这个群体的比例。通过对潜在用户分析，得到中庸型客户中有18.02%的潜在客户会转向谨慎敏感型客户，保守自我型客户中有13.08%的潜在客户会转向谨慎敏感型客户。所以，可以通过改善加油站位置、增加促销活动来促使中庸型潜在客户转移；通过提高品牌效应，改善客户心理及加油站位置来促使保守自我型潜在客户转移，争取使谨慎敏感型客户的比例提高至50%，从而提高客户的整体忠诚度。

思考题

15.1 项目研究中为什么非常重视对以往研究文献的研读？对以往研究文献研读的主要作用是什么？

15.2 调查设计包含哪些要素？做好调查设计需要哪些前期工作？

15.3 聚类分析主要解决什么类型的问题？以本案例为例进行分析说明。

15.4 因子分析主要解决什么类型的问题？以本案例为例进行分析说明。

参考文献

[1] 迈克丹尼尔，等. 当代市场调研：第4版. 北京：机械工业出版社，2000.
[2] 加拿大统计局《调查技能》项目组. 调查技能教程. 北京：中国统计出版社，2002.
[3] 巴比. 社会研究方法基础：第8版. 北京：华夏出版社，2002.
[4] 黄登源. 市场调查方法. 台北：辅仁大学管理学院管理技术中心，2000.
[5] 黄登源. 统计调查设计与分析. 台北：辅仁大学管理学院管理技术中心，2000.
[6] 范伟达. 市场调查教程. 2版. 上海：复旦大学出版社，2002.
[7] 柯惠新，丁立宏. 市场调查与分析. 北京：中国统计出版社，2000.
[8] 胡玉立. 企业预测与决策. 北京：中国财政经济出版社，1995.
[9] 简明. 营销理论与实务. 香港：天马图书有限公司，2001.
[10] 马尔霍特拉. 市场营销研究——应用导向：第3版. 北京：电子工业出版社，2002.
[11] 科特勒. 营销管理：新千年版·第10版. 北京：中国人民大学出版社，2001.
[12] 格林伍德，等. 企业经济学：原理与案例. 大连：东北财经大学出版社，1999.
[13] 吴明隆. SPSS统计应用实务. 北京：中国铁道出版社，2000.
[14] 郑宗成，陈进. 市场研究实务. 广州：中山大学出版社，2002.
[15] 黄升民，等. 广告调查. 北京：中国物价出版社，1997.
[16] 郭国庆. 市场营销学通论. 北京：中国人民大学出版社，2000.
[17] 郑方辉，等. 市场研究典型案例. 广州：华南理工大学出版社，2001.
[18] 朱欣民. 西方企业市场调研方法. 成都：四川大学出版社，1997.
[19] 杨欣. 餐饮市场调查与经营预测. 沈阳：辽宁科学技术出版社，2000.
[20] 金勇进，等. 抽样调查. 北京：中国人民大学出版社，2002.
[21] 珀西. 市场调研：点铁成金. 北京：机械工业出版社，2000.
[22] 简明，等. 市场预测与管理决策. 3版. 北京：中国人民大学出版社，2003.
[23] 漆晨曦，等. 电信市场经营分析：方法与案例. 北京：人民邮电出版社，2007.
[24] 刘德寰. 市场研究与应用. 北京：北京大学出版社，2006.
[25] 德威利斯. 量表编制理论与应用：第2版. 重庆：重庆大学出版社，2006.

图书在版编目（CIP）数据

市场调查方法与技术/简明等编著. —4版. —北京：中国人民大学出版社，2018.8
21世纪统计学系列教材
ISBN 978-7-300-26080-8

Ⅰ.①市… Ⅱ.①简… Ⅲ.①市场调查-高等学校-教材 Ⅳ.①F713.52

中国版本图书馆CIP数据核字（2018）第188816号

教育部高等学校统计学类专业教学指导委员会推荐用书
21世纪统计学系列教材
市场调查方法与技术（第4版）
简　明　金勇进　蒋　妍　王维敏　编著
Shichang Diaocha Fangfa yu Jishu

出版发行　中国人民大学出版社
社　　址　北京中关村大街31号　　　**邮政编码**　100080
电　　话　010－62511242（总编室）　010－62511770（质管部）
　　　　　　010－82501766（邮购部）　010－62514148（门市部）
　　　　　　010－62515195（发行公司）　010－62515275（盗版举报）
网　　址　http://www.crup.com.cn
经　　销　新华书店
印　　刷　北京东君印刷有限公司
规　　格　185 mm×260 mm　16开本　　**版　　次**　2004年5月第1版
印　　张　17 插页1　　　　　　　　　　　　2018年8月第4版
字　　数　398 000　　　　　　　　　**印　　次**　2021年4月第5次印刷
　　　　　　　　　　　　　　　　　　　定　　价　39.00元

教师教学服务说明

中国人民大学出版社工商管理分社以出版经典、高品质的工商管理、财务会计、统计、市场营销、人力资源管理、运营管理、物流管理、旅游管理等领域的各层次教材为宗旨。

为了更好地为一线教师服务，近年来工商管理分社着力建设了一批数字化、立体化的网络教学资源。教师可以通过以下方式获得免费下载教学资源的权限：

在中国人民大学出版社网站 www.crup.com.cn 进行注册，注册后进入“会员中心”，在左侧点击“我的教师认证”，填写相关信息，提交后等待审核。我们将在一个工作日内为您开通相关资源的下载权限。

如您急需教学资源或需要其他帮助，请在工作时间与我们联络：

中国人民大学出版社　工商管理分社

联系电话：010-62515735，82501048，62515782，62515987

电子邮箱：rdcbsjg@crup.com.cn

通讯地址：北京市海淀区中关村大街甲 59 号文化大厦 1501 室（100872）